주제로 보는
한국사 2

주제로 보는 한국사2_ 고려편
이정란 지음

1판 1쇄 발행 | 2005. 12. 15.

글 · 사진 저작권자 ⓒ 2005 이정란 · 권태균
이 책의 저작권자는 위와 같습니다. 저작권자의 동의 없이
내용의 일부를 인용하거나 발췌하는 것을 금합니다.
Copyrights ⓒ 2005 by Lee Jung-ran · Kwon Tae-gyun
All rights reserved including the rights of reproduction
in whole or in part in any form. Printed in KOREA.

발행처 | 고즈윈
발행인 | 고세규
신고번호 | 제313-2004-00095호
신고일자 | 2004. 4. 21.
(121-819) 서울특별시 마포구 동교동 200-19번지 오비브하우스 501호
전화 02)325-5676 팩시밀리 02)333-5980

값은 표지에 있습니다.
ISBN 89-91319-52-1
　　　 89-91319-54-8(세트)

주제로 보는 한국사

교양인을 위한 우리 역사 87가지 이야기

2

이정란 지음

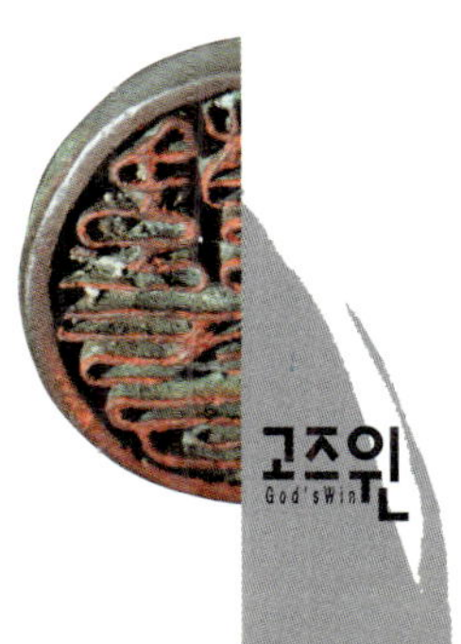

"역사의 진정한 가치는
과학적인 것이 아니라 윤리적인 것에 있다.
따라서 역사는 하나의 윤리 과학인 것이다."
— 칼 베커(Carl Becker)

도서관이나 서점에 진열된 중고등학교 교과서와 대학 교재 등 한국사 관련 개설서 내지 통사류는 사실(史實)만을 나열한 백과사전식 책들이 대부분, 아니 절대 다수를 차지하고 있다고 해도 결코 지나친 말이 아니다. 때문에 한국인이면 대다수가 한국사 하면 달달 외워야 하는 것이거나 재미없는 과목으로 여길 것이다.

한국사가 이렇게 인식된 데에는 국사학계에 일차적인 책임이 있다. 국사학자 대부분이 이른바 실증사학이란 미명하에 기록 자체에 매몰되어, 그 이면에 담겨 있는 실체는 도외시한 채 사실의 진위 여부만에 천착한 연구 성과를 제출해왔기 때문이다. 한국사 관련 교과서나 교재가 사실, 즉 정보만으로 이루어질 수밖에 없는 구조적인 문제점이 바로 여기에 있다. 당연히 이런 유의 책을 읽은 독자들은 한국사에 대한 전반적인 이해는 고사하고 엄청난 정보에 질려 본능적으로 한국사 관련 책들에 아예 접근하지 않으려는 기피경향을 갖고 있을 것이다.

이러한 문제의식 아래 이 책에서는 각 시대(고대·고려·조선)마다 한국사에 대한 전반적인 이해, 나아가 그 실체에 접근하는 데 도움이 되는 핵심 주제 30개 내외를 선별하여 서술하는 방식을 택했다. 이런 방식을 취한 데에는 한국사도 재미있으면서 흥미로운 분야라는 점을 인식시켜주려는 의도도 담겨 있다.

고려사를 다룬 2권에서는 고려 왕조만의 특성을 드러내주는 주제를 여섯 부분으로 선별하여 글을 구성하였다. '용의 후손, 고려 왕실'에서는 끊임없이 근친혼했던 고려 왕실의 독자성을 살펴보고 그 과정에서 개성왕씨이면서도 다른 성씨(姓氏)를 칭해야만 했던 왕비들의 존재를 다루었다. 또 국왕의 자녀이면서도 왕자나 공주의 대접을 받지 못했던 소군(小君)을 통해 신분제에서 드러나는 고려의 독자성을 밝혔다. 이러한 신분제 상의 독자성은 '고려 사회의 이중성-개방성과 폐쇄성'에서도 다시 점검했다. 예컨대 혈연상으로는 천계적 요소를 지니고 있어 차대의 대상이 되었던 최씨정권의 후계자들이 그럼에도 불구하고 최고 집정에 오르게 된 과정을 다루면서, 그를 통해 고려 왕조의 혈연적 폐쇄성과 아울러 개방성을 살폈다. 그리고 여성의 지위를 통해 고려적 특성도 밝혔다.

다음으로 '고려 귀족들이 살아가는 법'과 '고달팠던 고려인의 삶과 죽음'에선 귀족, 평민 등 여러 계층의 다양한 삶을 다루었다. '역사의 갈림길에 선 사람들'에서는 역사 속에 존재했던 개인의 삶에 주목하여, 고려 왕조를 살다간 다양한 유형의 인간 군상을 조망해보았는데, 개인으로서 인생의 결정적 순간에 어떤 결정을 내렸는가를 살펴봄으로써 그들의 극적인 인생역정뿐 아니라 고려의 역사를 되짚어보는 기회를 갖고자 하였다. 어떤 한 개인에게 있어 결정적 선택의 순간은 때에 따라 왕조의 운명을 가르는 지점이 되기도 했기 때문에, 그때 그가 한 결정이 그의 인생에 어떤 전환점이 되었는가를 살폈다. 나아가 그러한 개인의 결정이 왕조에 어떤 영향을 끼쳤는지도 아울러 다루었다. 이를 위해 선택된 인물이 왕건, 신돈, 최영, 인종 등이다.

'세계 속의 고려'에서는 마지막으로 고려 왕조가 차지했던 동아시아 속 위치를 가늠해보았다. 기존에 고려의 역사를

소개했던 많은 서적에서 활발한 대외무역을 고려 왕조의 특
성으로 자주 꼽았는데, 이 책은 거기서 그치지 않았다. 동아
시아 역사 속에서 실제 고려가 누렸던 위상과 당시 고려 왕
조인들이 꿈꾸고 갈망했던 고려 왕조의 이상적인 지위에 대
해 살펴보았다. 예컨대 황제국체제를 지향했던 고려 왕조,
외국인의 마음을 사로잡았던 명품의 제조국가, 명분의 선점
을 통해 실리외교와 국제적 위상을 제고했던 고려인들의 모
습 등이다.

　마지막으로, 이 책 내용 가운데는 지은이의 독창적인 견해
만이 아니라 학계의 연구성과를 반영한 부분도 있음을 밝혀
둔다. 그리고 이 책을 통해 한국사의 전반적인 이해, 나아가
그 실체에 접근하는 데 도움이 되었으면 한다.

2005년 11월
이희근, 이정란

4 고려 사회의 이중성 ─ 개방성과 폐쇄성

5 역사의 갈림길에 선 사람들

6 세계 속의 고려

조선편

우리 역사상 고려 왕조는 대외관계가 비교적 활발하였던 시대로 알려져 왔다. 이러한 고려의 성격은 국제 무역항 '벽란도'와 '코리아(Korea)'라는 호칭의 유래 등을 근거로 활발했던 당시의 대외무역 전개라는 측면에서 흔히 설명되어왔다. 하지만 고려 왕조에 살았던 '민초들'의 피부에 와 닿았던 외국과 외국인에 대한 이미지는 주로 '전쟁'을 통해 구축되었다. 다시 말해 줄기차게 지속된 전쟁과 그를 통한 외국과의 교섭이 고려의 대외관계의 실상에 더 가깝다고 하겠다.

끊임없이 지속된 외국과의 전쟁으로 인해, 고려 왕조의 역사는 '전쟁사'의 전개만으로도 일목요연하게 정리할 수 있다. 국초인 11세기의 거란, 12세기의 여진, 13세기 몽고와의 격돌과 그 이후 각기 진행된 교섭관계의 전개가 고려 왕조사를 관통하였다. 아울러 고려 말기에 국가 사이의 외교관계는 아니었지만 이웃 섬나라 일본인이 주로 행하였던 왜구(倭寇)가 고려 전쟁사의 마지막 페이지를 장식하였다.

●농경민족을 통치할 줄 알았던 유목민족, 거란-요(遼)나라

국초에 고려와 주요한 외교관계를 맺은 민족은 거란족이었다. 5세기부터 요하(遼河) 상류인 시라무렌(Siramuren) 유역에서 여러 부족으로 분열되어 유목생활을 하고 있던 거란족의 통일은 907년 야율아보기(耶律阿保機)의 등장과 함께 시작되어, 916년에 흩어졌던 여러 부족이 통합되기에 이르렀다. 이후 그의 아들인 태종(太宗, 야율광덕)이 중국의 연운(燕雲) 16주를 차지하였고 947년에 국호를 요(遼)로 삼았다. 991년에는 당시 한족(漢族) 왕조인 송나라를 격파함으로써, 거란은 동북아의 강자로 굳게 자리매김하였다. 특히 6대 성종(聖宗) 대 황제가 직접 송(宋)을 공격하여 송으로부터 해마다 막대한 세폐(歲幣)를 받는 조건으로 화의를 맺어, 이후 3대 약 100년 간의 전성기를 맞이하였다. 하지만 요의 번성은 그리 오래가지 않았다. 1115년에 여진족의 금(金)나라의 건국으로 위기를 맞아, 마침내 1125년에 멸망하였다.

약 2백여 년간 지속된 요나라의 존재는 이후 유목민족의 역사에 상당한 영향을 끼쳤다. 오랜 기간 북중국의 농경민족을 지배해본 그들의 경험이 이후 출현하는 유목민족에 전수되었기 때문이다. 요나라의 멸망 이후 왕족인 야율씨(耶律氏)는 대대로 금나라를 섬겨 농경민족에 대한 통치술을 전수하였고, 아울러 몽고제국의 건설과정에서도 그들의 노하우는 커다란 역할을 담당하였다. 그중에서 몽고에게 농경민을 다스리는 기술을 전수한 대표적 인물이 야율초재

(耶律楚材, 1190~1244)다. 지리·수학·의학·유교·불교·도교에 두루 정통했던 그는 1215년에 연경(燕京, 지금의 베이징)을 점령한 칭기즈칸에 항복하고 그의 정치고문이 되어 북중국〔화북(華北)〕에 알맞은 정책을 실시하도록 하였다. 예를 들어, 군정과 민정을 분리하여 군인이 민정을 간섭하지 못하게 하였고, 세제를 정비하여 제국의 경제적 기초를 확립하였다. 또한 칭기즈칸에게 '정주지대에 대한 정복과 지배가 가능할 뿐만 아니라 그것이 단순한 약탈보다 훨씬 더 많은 대가를 가져다주는 것'임을 각인시켜주었다. 이후 몽고의 전술은 약탈에서 정복으로 변경되었고, 세계를 경영하는 몽고제국이 건설되기에 이른다. 유목민족에 대한 이러한 거란족의 영향력은 거란문자가 이후 서하(西夏)나 여진의 문자 제작에 큰 영향을 주었던 점에서도 확인된다.

● 오뚝이 같은 여진족의 나라, 금(金) 왕조(1115~1234)

여진족은 쑹화강〔松花江〕·무단강〔牧丹江〕·헤이룽강〔黑龍江〕 유역과 동만주 일대에 살던 종족으로, 10세 이전 발해(渤海)의 지배하에 있을 때는 말갈족(靺鞨族)으로 불리기도 하였다.

오랜 세월 동안 여러 부족으로 분립되어 있던 여진족은 1115년에 아구다[아골타(阿骨打)]의 완안부(完顔部)를 중심으로 통일을 이루어 마침내 금(金)나라를 건국하였다. 이후 아구다는 요나라 군대를 차례로 격파하면서 그 영토를 넓혀나갔으며, 1120년에는 송(宋)나라와 함께 협격하여 만주지역으로부터 요의 세력을 몰아냈다. 이어 1125년에는 태종(太宗, 재위 1123~1135)이 요를 멸망시키고 서하(西夏)·고려를 차례로 복속시켰다.

이전까지 고려를 부모의 나라로 섬겼던 여진족이 1117년에는 형제관계를, 1125년에는 부자관계를 고려에 요구하여 양국의 관계가 역전되기에 이르렀던 것이다. 그뿐 아니라 여진족은 한족(漢族) 왕조인 송과의 관계도 새로이 정립하였다. 이전에 송나라와 동맹을 맺어 요나라를 협공하였던 금나라는 1127년에 송을 공격하여 휘종(徽宗, 재위 1101~1135)과 흠종(欽宗)을 사로잡고 북중국의 땅을 차지하였다. 나아가 3대 희종(熙宗, 재위 1135~1149) 때에 이르러 남송의 황제에게 신례(臣禮)를 받고 은(銀) 25만 냥과 견포(絹布) 25만 필을 세폐(歲幣)로 받는다는 조건으로 화의를 체결하여, 몽고 부족의 등장으로 멸망하였던 1234년까지 동아시아의 최대 강자로 군림하였다.

금 왕조는 칭기즈칸의 등장으로 멸망하였지만, 여진족은 오뚝이 같았다. 금나라의 멸망 후 여러 부족으로 분산되어 한동안 원나라와 명나라의 지배를 받았지만, 누르하치〔奴兒哈赤〕의 등장과 함께 1616년(광해군 8)에 후금(後金)이 건국되고, 1636년(인조 14)에는 청(淸)으로 국호를 바꾸어 다시 한번 중국대륙을 차지하였다.

● 세계를 경영했던 민족, 몽고-원나라(1271~1368)

12세기 중엽 몽골고원에서 유목생활을 하고 있던 테무친〔鐵木眞〕이 1189년경 몽골 여러 부족을 통일하고 1206년 칭기즈칸이라는 칭호를 받고 즉위하였다. 이후 주변의 여러 부족을 정복하여, 몽골고원을 통일하는 데 성공하였다. 나아가 칭기즈칸은 북중국을 차지하고 있던 금나라와 서하(西夏) 등 남쪽방면의 농경지역을 공략하고, 유라시아 대륙으로 통하는 동서무역로를 확보하기 위해 서방으로 대군을 진격시켰다. 또한 서아시아의 호라즘 샤왕조에 통상사절단을 파견한 뒤 사신 일행의 죽음을 핑계로 서방세계에 대한 대원정(大遠征, 1219~1225)을 감행하였다.

칭기즈칸은 자신이 차지한 여러 영토 중 유목지역은 그의 아들과 동생들에게 각각 나누어주었고, 몽골 본토는 자신의 직할지로 삼아 몽고의 전통에 따라 막내아들 툴루이에게 계승하도록 하였다. 즉

남(南)러시아의 킵차크 초원지대는 맏아들 주치(Juchi, 朮赤)에게(후의 킵차크 울루스), 서요(西遼)의 옛 땅인 중앙아시아는 둘째 아들 차가타이에게(후의 차가타이 울루스), 외몽골 서부에서 톈산산맥[天山山脈]에 걸친 몽골고원 일대는 셋째아들 오고타이에게(후의 오고타이 울루스) 나누어주고, 동부 몽골고원과 만주 방면은 동생들에게 주어 다스리게 하여, 몽고제국을 성립하였다.

고려의 역사에 가장 깊숙이 관여한 몽고족이 세운 왕조는 원(元)나라였다. 세계제국을 건설했던 것은 칭기즈칸 때부터였으나 몽고제국을 중국식의 집권적(集權的) 관료국가로 만든 인물은 그의 손자 쿠빌라이칸[世祖]이었다. 또한 고려가 오랜 전쟁 끝에 항복했던 몽고의 황제 역시 쿠빌라이칸이었다.

쿠빌라이칸은 즉위 후 수도를 몽골고원의 카라코룸에서 화북(華北)에 가까운 상도(上都)와 화북 안에 있는 대도(大都, 북경) 두 곳으로 옮긴 후, 국호를 대원(大元)이라 하였다. 이후 1274년부터 남송(南宋)을 평정하여 중국 전 대륙을 백 년간 차지하였다.

세계를 경영했던 몽고제국은 번영의 상징인 로마 제국을 '팍스로마나'로 지칭하였던 것에 견주어, 흔히 '팍스 몽골리카(Pax-Mongolica)'라고 호칭된다. 몽고제국의 세계 경영시기에 있었던 미증유의 국제 통상이나 활발한 인사왕래와 함께, 인종·언어·문화를 초월하여 우수한 것은 우수한 것으로 인정하는 실력주의와 실질을 중시했던 시대였다는 의미에서다. 즉 몽고제국은 재정 부문에서는 모슬렘인을, 학술 정보와 기술 부문에서는 유럽인을, 종교와 문화 부문에서는 티베트인과 인도 네팔인을 중용하여, 자신의 왕조와 문화를 번성시켰다.

● 나약했지만 화려했던 송(宋)나라 (960~1279)

송나라는 군사적으로 나약했지만 눈부신 경제발전을 이루었던 한족(漢族)의 왕조였다. 처음에는 카이펑〔開封〕을 도읍으로 삼았으나, 금나라가 송의 황제 휘종과 흠종을 잡아간 정강(靖康)의 변란(1126) 이후 강남(江南)의 임안〔臨安, 지금의 항주(杭州)〕으로 수도를 옮겼다. 이로 인해 전반기를 북송(北宋), 후반기를 남송(南宋)이라고 부른다.

군인 출신으로 송왕조를 건설한 조광윤(趙匡胤, 태조)은 이전 시기에 무인들로 인한 잦은 왕조의 멸망을 목격해왔던 터라, 즉위와 동시에 곧 무인을 억누르고 문관을 우대하는 문치주의를 채택하였다. 이로 인해 송왕조는 이후 미약한 군대를 가지게 되었는데, 그러면

서도 한편으로 거란-여진-동고로 이어지는 지속된 대외전쟁으로
인해 군사비가 재정의 80퍼센트를 차지하는 모순에 휩싸이게 되었
다. 종래의 국가 재정 수입만으로는 늘어나는 군사비를 감당할 수
없어, 차(茶)·소금·술·백반 등 일용필수품에 대한 전매제도를
실시하여 방대한 군사비의 지출에 사용하였다. 또한 잇단 대외전쟁
의 패배로 거란과 여진에게 굴욕적인 외교관계를 맺어 엄청난 양의
은(銀)과 비단 등을 '세폐(歲幣)'라는 명목으로 그들에게 주어 평화
를 샀다. 어쨌든 돈으로 산 평화가 일정 기간 지속되자 송의 시대에
는 호경기가 지속되었고 화려한 봉건경제의 발전을 이룩하여 중국
의 '근세' 시대를 열었다.

1

용龍의 후손, 고려 왕실

1 용(龍)의 후손임을 표방한 고려 왕실

"왕씨(王氏)는 용(龍)의 핏줄이므로, 아무리 못난 자손과 먼 후손이라도 그 몸의 어딘가에 반드시 비늘이 있다. 세상에 전해오는 말에, 우왕(禑王)의 왼쪽 어깨 위에 바둑돌만한 비늘이 있었는데, 항상 숨기고 나타내지 않았다. 그런데 강릉에서 우왕이 죽임을 당하던 날에는 어깨를 드러내어 옆 사람에게 보이면서, '지금 만약 보여주지 않고 죽으면 내가 신씨(辛氏)가 아님을 너희들이 어찌 알겠느냐?' 라고 하였다."

위의 이야기는 조선 후기의 저서인 『송와잡설(松窩雜說)』에 전해지는 기록이다. 책은 덧붙여 "그 일은 역사책에 기록되지는 않았으나, 지금도 강릉 사람들은 그 이야기를 하고 있다."고 여운을 남기고 있다.

이성계(李成桂)의 무리에 의해 공민왕(恭愍王)이 아닌 신돈(辛旽)의 아들로 몰려 강릉에서 최후를 맞이한 우왕과 고려의 멸망을 못내 아쉬워한 '고려의 유신(儒臣)' 과 그 후손들이 만들어낸 이야기겠지만, 우왕이 공민왕의 핏줄임을 입증하려는 증거로 제시한 것이 '어깨에 있는 비늘' 이라는 사실은 흥미롭다. 고려뿐만 아니라 조선

시대 사람들에게도 '고려 왕실＝용의 후손'이라는 등식이 여전히 유효했음을 보여주기 때문이다.

고려 왕실을 떠받들던 중세적 심성

그렇다면 고려 왕실이 용의 후손이라는 얼토당토않은 이야기가 왜 그렇게 오랫동안 고려인과 조선인의 뇌리에 박혀 있었던 것일까? 또 자신의 조상이 독수리·수달·곰·떡갈나무 등과 관계가 있다고 여기는, 고대인의 정신세계에서나 용인될 만한 토테미즘적 사고에 대해 중세를 살았던 고려인은 왜 별다른 거부감을 나타내지 않았을까? 문제의 해결에 앞서 고려 왕실이 용의 후손이었다는 믿음이 어떻게 전개되었는지 그 양상을 살펴보자.

석관(石棺)에 새겨진 용 문양 현재 국립박물관에 스장되어 있다.

용은 물속에 살면서도 때론 하늘에 오르고, 비·바람·번개·구름을 일으킬 수 있으며, 조화능력이 있어 작아지고자 하면 번데기처럼 작아지고 커지고자 하면 천하를 덮을 만큼 커질 수도 있고, 높이 오르고자 하면 구름 위로 치솟을 수 있고, 아래로 들어가고자 하면 깊은 샘 속으로 잠길 수도 있다고 한다. 이런 특별한 능력을 지닌 용은 하늘을 상징하며 우주를 지배한다는 천신관념으로 인해 흔히 임금을 상징한다.

그런데 고려 왕실은 상징으로서가 아니라 '용의 후손' 그 자체로 인지되었다. 설화에 따르면, 왕건의 할아버지 작제건(作帝建)은 당나라 황제였던 아버지를 찾으러 나섰다가 도중에 서해에서 용왕(龍王)을 만나게 된다. 그 뒤 용왕의 고민거리를 풀어준 작제건은 보답으로 그의 딸을 배우자로 삼게 되고, 그 사이에서 용건(龍建)이 출생한다. 용건은 왕건의 아버지다. 설화를 그대로 믿는다면 고려 왕조의 건국자인 왕건은 용왕의 증손자인 셈이고, 그 후손은 모두 용손(龍孫)이 된다.

왕실이 용의 후손이라는 설화는 여느 설화와는 달리 구전(口傳)으로 전해진 것이 아니었다. 즉 주몽(朱蒙)·박혁거세 등의 건국설화가 오랫동안 구전되다가 고대와 중세의 문턱에 이르러서 문자화되었던 것과 달리, 용건 가계에 대한 설화는 건국과 거의 동시에 기록되었다. 그리고 그것은 고려 왕실에 의해 끊임없이 재생산되고 선전되었다.

현재 우리에게 고려 왕실의 선세(先世)를 알려주는 『고려사(高麗史)』의 「고려세계(高麗世系)」는 김관의(金寬毅)가 편찬한 『편년통록(編年通錄)』을 근거로 하고 있다. 김관의는 고려 중기에 해당하는 의종(毅宗) 때의 신하이며, 『편년통록』은 관찬서(官撰書)이다. 현재 전해지지는 않지만, 『편년통록』은 그것을 기초로 작성된 「고려세계」의 내용만 보더라도 어떤 성격의 편찬물인지 짐작할 수 있다. 죽은 사람이 산 사람과의 교합을 통해 자녀를 낳았다거나, 용왕의 딸과 혼인하였다거나, 고려 왕실이 당나라 황제의 후손이라는 믿기 어려운 내용으로 구성되어 있기 때문이다. 이 점은 "김관의는 여러 가문에서 개별적으로 보관하고 있던 문서를 널리 수집하여 서술하였다."는 당대의 평가에서도 엿보인다. 즉 공식문서가 아닌 사적인 문서를 책의 편찬에 많이 이용하였다는 점에서, 그의 책은 신이한 설화가 주요 내용으로 채워졌을 가능성이 높다고 하겠다.

『편년통록』에 실린 왕실 세계(世系)에 대한 신이한 설화의 내용은 이후에도 계속 편찬되어, 고려 후기의 유학자 민지(閔漬)가 저술한 『편년강목(編年綱目)』에도 어느 정도 그런 분위기가 지속되었다고 한다.

그러나 고려 말의 학자 이제현(李齊賢)의 시대에 이르면 그러한 분위기는 일변(一變)한다. 이제현은 『편년통록』과 『편년강목』이 왕실의 선세(先世)에 대해 믿기 어려운 내용으로 채워져 있다고 비판하면서, 왕건의 선세를 나름대로 '근세인'의 눈으로 재구성하려고 노력하였다. 즉 그는 왕실의 세계를 정리하면서 작제건의 부인 용녀(龍女)를 평주인(平州人) 두은점(豆恩坫)의 딸이라고 기재한 『성원록(聖源錄)』*에 주목하였다. 그리하여 그는 고려 왕실을 용손에서 인간의 세계로 내려오게 하였다.

---

* 고려 태조 왕건의 선세에 대해 기록한 책. 현재 전하지 않으며 저자·편찬시기·책수 등에 대해 알려진 내용이 없다. 왕건의 선세를 '男-男-男-女-男-男'으로 정리하여 계보상에 여손이 끼어 있도록 했던 김관의의 『편년통록』과 달리, 부계(父系)로만 왕건의 선세를 정리하여 고려 후기의 성리학자 이제현이 주목하였던 책이다.

　불교와 유학이라는 중세적 사상이 사회의 중심 이데올로기로 확고히 자리를 잡았던 고려 중기에, 고려 왕실은 왜 『편년통록』과 같은 책의 편찬을 통해 '믿기 어려운' 설화를 끊임없이 재생산하고 선전하였을까?

　왕건에 의해 고려가 건국되었던 국초는 아직 고대적 유풍이 남아 토테미즘적 사고가 어느 정도 그 기능을 발휘할 수 있었다. 또한 후삼국이 오랫동안 분열되어 통일적인 구심점이 필요하던 시기였다. 그런 시기에 왕건의 선세가 용왕이었다는 '조작' 된 설정은 시대의 요구에 어느 정도 부응하는 면이 있었다.

　그런데 그 후 거의 200년이 흐른 의종대에 굳이 『편년통록』과 같은 책이 편찬된 이유는 무엇이었을까. 그것은 아무래도 왕실의 권위 쇠퇴와 연결해서 생각할 수밖에 없다. 의종의 아버지는 인종(仁宗)이었다. 인종대는 고려 왕실로서는 위기의 시기였다. 이자겸(李資謙)에 이어 계속된 묘청(妙淸)의 반란 등으로 왕실의 권위는 실추될 대로 실추된 상태였다. 이런 시기에 즉위한 의종의 당면 과제는 당연히 왕실 권위의 회복이었을 것이다. 그리고 그것을 위해 이미 '폐기처분' 되어야 할 운명이었던 '고대적 토테미즘' 을 부활시켜, 무너진 왕실의 권위를 되찾으려 했던 것은 아닐까?

　의종의 노력이 어느 정도 실효를 거두었던지, 이후 고려 왕실은 계속해서 용의 후손임을 자처하였다. 고종 41년 산천에 제사를 지낸 제문(祭文)에 "본조(本朝)는 옛 삼한(三韓)으로부터 셋이 갈려 영토를 서로 다투어 만성(萬姓)이 진흙탕에 빠졌는데, 우리 '용조(龍祖)' 께서 때에 응하여 일어나셨다."는 문장이 있다. '용조' 로 호칭된 분은 물론 태조 왕건이니, 그때까지도 고려 왕실은 스스로 용의 후손임을 천상과 지상에 알렸던 것이다.

이제 처음의 의문으로 돌아가자. 국왕이 용의 후손이라는 황당한 이야기는 왜 그리 오랫동안 지속되었을까? 또 왜 고려인은 그런 토테미즘적 사고에 거부감을 나타내지 않았을까? 그 이유는 의외로 간단하다.

고려 왕실은 후삼국의 혼란을 일거에 척결하였던 시대의 영웅 왕건에 대한 추모와 신격화를 통해 자신들의 권위를 끊임없이 유지하려고 했다. 그리고 그것이 어느 정도 효력을 발해 고려인의 뇌리에 깊이 뿌리를 내렸던 것이다. 또한 그때까지도 고대적 사고를 간직하고 있던 중세인에게 국왕의 핏줄이 '용왕'과 연결된다는 이야기는 그리 허무맹랑하게 들리지 않았던 것이다. 물론 '유교적 합리주의'로 철저히 무장하였던 '조선인'에게 용손설화는 언급할 가치조차 없는 황당한 이야기였겠지만, 중세인의 심성을 가지고 있던 고려인에게 그런 설화는 여전히 믿어지고 이야기되고 전파되었다.

용손(龍孫)은 12대(代) 만에 끝난다?

그러나 용손의 영험은 그 기능을 오래 변함없이 유지할 수 없었다. 당시는 이미 불교나 유교와 같은 중세적 '합리주의'가 이데올로기로서의 역할을 수행하였던 시기였기 때문이다. 이 점은 『편년통록』이 편찬되었던 시기에 한편으로 『성원록』과 같이 객관적 사실에 중점을 두고 서술된 기록물도 함께 편찬되었던 사실에서 더욱 분명해진다.

용손의 영험이 실효성을 잃기 시작한 기점은 '무신정변'이었다고 여겨진다. 그때를 기점으로 "용왕의 후손이며 삼한 통일의 영웅" 왕건의 후손이라는 '엄청난 타이틀'은 점차 기울어 가는 '쇠퇴 일로'에 있다는 느낌이 강해졌다. 누가 만들었는지는 모르겠지만, 무신정변으로 왕실의 권위가 땅으로 곤두박질친 이후 "용손은 12대에 끝난다〔龍孫十二盡〕."는 참언이 여기저기에서 흘러나왔다. 이때 이의민(李義旼)은 옛 참언에 있던 이 말과 '십팔자(十八子)'란 말을 듣고 왕이 되기를 꿈꾸기도 했다.[*]

삼별초(三別抄)의 변란[**]이 일어났을 때도, 많은 사람들은 그 '유언비어'가 비로소 실현되고 있다고 여겼다. 삼별초의 변란에 어떻게 처신해야 할지 갈팡질팡하던 안방열(安邦悅)은 봉은사(奉恩寺)에 있는 태조의 영정 앞에서 점을 쳤는데, '반존반망(半存半亡)'이란 점괘를 얻었다. 이에 그는 망하는 자는 '육지로 나가는 자'요, 사는 자는 '삼별초를 따라 바다에 들어간 자'라고 뜻풀이를 하고 삼별초를 따라갔다. 그러면서 아울러 "용손은 12대에 끝나니 남쪽으로 향하여 황제의 수도를 만든다."는 참언을 이 시점에서 증험하리라고 맹세하였다. 물론 참언은 이루어지지 않았고, 그는 병졸들에게 죽임을 당하였다.

'용손이 12대에 다한다.'는 말은 예로부터 전해진 참언인 듯 전

[**] 고려가 몽고의 요구에 따라 항쟁의 거점이었던 강화도에서 본래 수도였던 개경으로 도읍을 옮기는 것에 반대하여 일어난 변란. 몽고와의 항쟁에서 주도적인 역할을 하였던 군대인 삼별초가 변란의 주축이었기 때문에 '삼별초의 변란'으로 호칭되었다. 원종 11년(1270)에 시작된 변란은 왕족인 승화후(承化侯) 온(溫)을 왕으로 추대하고 관부(官府)를 설치하는 등 새로운 왕조의 건설을 시도하였을 뿐만 아니라, 거제도와 제주도를 거점으로 삼아 4년이라는 오랜 기간 동안 고려 조정과 몽고에 대항하였다.

파되었지만, 실제로는 무신정변 이후 왕실 권위의 급격한 하락과 밀접한 연관이 있는 것으로 보인다. 몽고에 복속하고 원나라 왕실과 직접 혼인관계를 맺어 고려 왕실의 권위가 어느 정도 회복된 이후에는 12대와 관련된 어떠한 언급도 보이지 않기 때문이다. 오히려 '주상(主上)께서는 백대의 용손으로서 천자(天子)의 부마가 되셨으니'와 같이 용손의 영원성을 암시하는 글들이 보일 뿐이다.

용손이 그 수명을 다했다는 참언이 다시 유행한 것은, 고려 말 이성계의 급부상과 때를 같이한다. 이성계를 도와 조선 건국에 일조를 한 권근(權近)의 시를 보자.

화악(華岳)은 높아높아
한강(漢江)은 넘실넘실
산과 물이 돌고 돌아
하늘이 만든 도읍 터

용손(龍孫)이 운 다하면
선리(仙李)가 꽃핀다더니
천년을 앞서서
그 징조 심히 밝았네

『양촌집』 권 1 「진숭화시(進崇華詩)」

권근은 '용손이 운 다하면 선리(仙李)가 꽃핀다더니'라고 하여, 고려의 왕씨가 그 운을 다하면 조선의 이씨가 꽃을 피운다는 참언이 실현되었다고 읊고 있다.

2 왕자의 이름이 '외자'였던 까닭은?

신성한 이름은 함부로 부를 수 없다

"기해(己亥)에 유사(有司)가 임금의 이름과 비슷한 것을 피하게 할 것을 청하여, '탁(卓)'과 유사한 여러 성들은 외가의 성을 따르고, 만일 내외의 성이 같으면 조모의 성이나 외조모의 성을 따르게 하였다."

『고려사』 권 21 신종 원년 5월

위의 기록은 고려 20대 임금인 신종(神宗)이 자신의 이름과 발음이 같은 '탁(卓)'을 성(姓)으로 삼고 있는 사람들에게 다른 성을 칭하도록 명령한 기록이다. 신종은 인종(仁宗)의 다섯째 아들로 원래이름은 '왕민(王晫)'이었다. 다섯째임에도 '무인시대'라는 특수 상황으로 인해 '뜻하지 않게' 국왕에 즉위하게 된 왕민은 즉위와 동시에 이름을 '왕탁(王晫)'으로 고쳤다.

고려인들은 신상에 변화가 생길 경우 자주 이름을 개명(改名)하였는데 국왕도 예외는 아니었다. 왕자의 신분에서 하루아침에 국왕이되자 이름을 고쳤던 것이다. 그런데 이름을 '탁'으로 바꾸게 된 그럴싸한 사연이 『고려사』에 첨부도어 있다.

　국왕이 되기 전 왕민은 어떤 사람이 자신을 ‘천탁(千晫)’이라고 부르는 이상한 꿈을 꾸었다. 그리고 얼마 지나지 않아 국왕에 즉위하게 되었는데, 마침 당시 동아시아를 호령하던 금나라 황제 장종(章宗)과 자신의 이름이 같았다. 대외적으로 금나라에게 신하라고 칭하고 있던 고려로서는 하는 수 없이

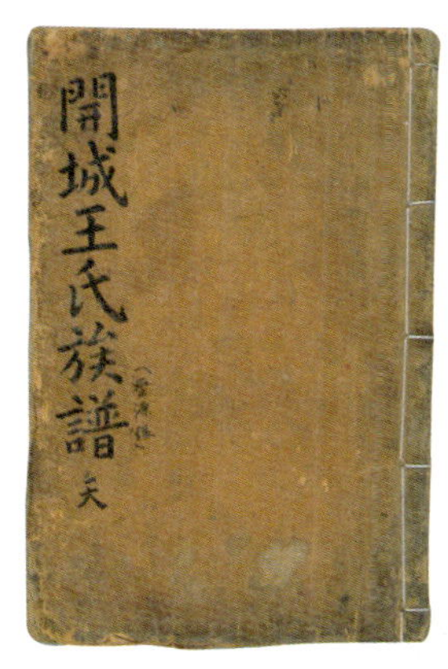

개성왕씨족보

국왕의 이름을 바꿀 수밖에 없었다. 이에 재상(宰相)들로 하여금 적당한 이름을 지어 바치게 하였더니, 참지정사(參知政事) 최당(崔讜)이 ‘탁(晫)’자를 올렸다. 이에 신종은 자신의 꿈과 일치한다고 여겨 이름을 왕민에서 왕탁으로 고쳤다고 한다.

　그런데 국왕의 이름이 갑자기 ‘탁’으로 바뀌자, 또 다른 문제가 발생한다. 전근대 사회에서 ‘국왕’의 함자는 함부로 부르거나 쓰지 못했다. 그것을 ‘피휘(避諱)’라고 한다. ‘휘(諱)’는 본래 돌아가신 분의 이름을 지칭하는 용어이지만, 좀 더 넓은 의미로 말하면 ‘생존하고 있는 높은 분의 이름’도 ‘휘’라고 한다. ‘피(避)’는 ‘피한다’는 뜻이다. 따라서 ‘피휘’란 ‘이름을 피한다’는 뜻으로, 임금이나 부모의 이름을 직접 호명하지 않는다는 의미다.

　피휘하는 방법은 대개 함자를 직접 호명하지 않을 뿐만 아니라, 함자와 음이 같은 글자조차 직접 부르거나 쓰지 않고 다른 것으로 대체하는 식이다. 그런데 중국 춘추시대(春秋時代)에 성립된 본래의

피휘법은 조금 달랐다. 피휘법의 세부사항을 정리한 『예기(禮記)』를 보면, '휘' 자의 본뜻에 맞추어 피휘는 사후(死後)에 하도록 되어 있다. 또 글자는 다른데 음만 같은 경우에는 피휘하지 않았으며, 이름이 두 글자로 된 경우 한 글자씩 따로 떼어 피휘하지도 않았다.

그러다가 진시황(秦始皇)의 천하 통일 후 『예기』의 원칙은 무너지기 시작했다. 진시황의 이름은 '영정(嬴政)'이었는데, 그의 사후에 아들이 '영정'의 '정(政)'과 발음이 같다고 하여 '정월(正月)'을 '단월(端月)'로 고쳤던 것이다. 더욱이 한대(漢代)에 들어와서는 살아 있는 사람의 이름까지 피휘하였고, 당나라에 이르러서는 두 글자 이름도 각각의 글자에 대해 피휘하였다.

우리나라에서도 신라시대부터 이미 피휘법을 사용하였다. 그런데 그 세부 규정은 중국 춘추시대에 비롯된 본래의 피휘법에서 벗어나 있었다. 즉 음만 같은 단어도, 두 글자 이름에서 각각의 글자도, 모두 피휘의 대상이 되었고, 살아 있는 사람을 위해서도 피휘하였다.

결국 피휘란 왕족이나 귀족들이 자신의 이름을 함부로 부르지 못하게 함으로써 권위를 높이려는 의도에서 마련된 법식이라 할 수 있다. 덕(德)이 아니라 권력으로 '권위'를 얻으려고 하니 피휘의 법식은 점차 복잡해질 수밖에 없었다.

죽은 사람을 높여 '신성한 이름'을 감히 부르지 않았던 전통은, 산 사람에게로 이어졌다. 또 산 사람에게 혼란을 주지 않기 위해 해당 글자나 이름 단위로만 좁혀 사용하던 것이 동일한 발음의 글자로까지 확대되었고, 그 한 글자마다 피휘를 하는 '예속'의 강화로 귀결되었던 것이다. 본뜻은 사라지고 '법식'만이 남아 산 사람을 옭아매는 형국이었다고나 할까?

왕자의 이름이 외자인 까닭

피휘하는 방법은 여러 가지다. 우선 피휘해야 할 글자 대신에 '모
(某)'나 '휘(諱)'를 쓰거나 아예 빈칸으로 남겨두는 경우가 있다. 두
번째로 같은 발음을 가진 다른 글자를 쓰는 방법이 있다. 세 번째는
피휘해야 할 글자를 쓸 때, 한두 획을 생략하는 것이다. 예를 들어
당태종의 이름은 '이세민(李世民)'인데, 그중 '민(民)'자는 획을 생
략하여 '씨(氏)'로 썼다고 한다. 네 번째로 파자(破字)가 있다. '파
자'란 글자를 쪼갠다는 뜻인데, '성(星)'을 '일생(日生)'으로 나누어
쓰는 것을 말한다.

하지만 가장 흔히 사용되던 방식은 유사한 뜻을 가진 다른 글자
로 교체하는 방법이었다. 몇 가지 사례를 살펴보자. 태조 왕건의 장
남으로 고려의 2대 임금이 된 혜종(惠宗)의 이름은 '무(武)'였다. 국
왕의 이름을 함부로 부를 수 없으므로, 고려인들은 '무(武)'자를 쓰
거나 말할 수 없어 다른 글자로 바꿔 사용하였다.

"주(周) 나라의 호왕(虎王)이 왕위에 오른 기묘년(己卯年)에 기자(箕
子)를 조선에 봉하니 단군은 장단경(藏唐京)으로 옮겼다가 나중에 돌
아와 아사달에 숨어 산신이 되었다."

위의 내용은 일연(一然)이 편찬한 『삼국유사(三國遺事)』의 단군신
화에 대한 기록이다. 그런데 그 글 속에 단군과 기자가 교체된 시기
를 중국 주나라 '호왕'이 즉위하던 해라고 했는데, 주나라에는 '호
왕'이라 호칭된 임금이 없었다. 이것은 고려 왕조의 백성이었던 일

연이 국왕의 이름을 피휘하면서 생긴 일로, 호왕은 주나라 '무왕(武王)' 이었다. 2대 임금의 함자인 '무(武)'를 함부로 기재할 수 없었던 고려인들은 '무(武)'를 비슷한 느낌을 지닌 '호(虎)' 자로 교체해서 사용했던 것이다.

그런데 '무(武)'는 사실 '문무(文武)'라든지 '무인(武人)', '무관(武官)'이란 식으로 아주 흔히 쓰이는 단어 가운데 하나이다. 국왕의 함자가 이렇게 쉽고 흔히 사용되는 글자였을 때, 당대인이 느꼈을 불편은 이만저만이 아니었을 것이다. 모든 공문서와 기록물에서 '무(武)'를 사용하면 안 되었기 때문이다.

왕자의 이름이 외자이며 게다가 흔히 사용되지 않는 어려운 한자만을 골라 사용한 이유가 여기에 있었다. 왕자란 '국왕'이 될 수 있는 후보자이므로 훗날에 있을 문제의 소지를 미리 없애는 차원에서, 외자의 이름을 선택하여 하나만을 피휘할 수 있도록 하였고 그것도 자주 사용되지 않는 한자를 골랐던 것이다.

왕건은 자신이 한 나라의 국왕이 되리라는 사실을 예측하지 못했는지, 장남의 이름으로 '무'와 같이 흔히 사용되는 글자를 선택하였다. 그런데 그는 국왕으로 즉위한 이후에 태어난 아들들의 이름 또한 한결같이 쉽고 흔한 글자로 지었다. 태조의 아들로 이름이 알려진 경우만 보면 무(武) · 태(泰) · 요(堯) · 소(昭) · 정(貞) · 욱(旭) · 욱(郁) 등이 있다. 그나마 다행스러운 것은 이름을 모두 외자로 지었다는 점이라고 할까? 이는 제도가 미처 정비되지 않은 국초의 상황에서 일어난 사태였거나, 자신과 후손들의 권위를 높이기 위해서 백성들의 불편쯤은 애써 외면하였던 결과인지도 모른다. 아무쪼록 필자는 전자이기를 바란다.

그렇다면 후대 고려의 국왕들은 아들의 이름을 어떻게 지었을까? 문종(文宗)에게는 13명의 아들이 있었다. 그들 각자의 이름은 휴(休, 훗날의 순종) · 증(蒸, 훗날의 선종) · 희(熙, 나중의 이름은 옹이며 훗날의 숙종) · 후(煦) · 수(琇) · 탱(竀) · 비(丕) · 음(愔) · 침(忱) · 경(璟) · 도(燾) · 수(潃) · 유(愉)였다. 모두 외자였고 대개 흔히 쓰이지 않는 글자이다.

한 가지 예만 더 살펴보자. 숙종(肅宗)에게는 7명의 아들이 있었는데, 그중 승려가 되어 국왕의 후보자에서 아예 제외된 셋째아들 징엄(澄儼)을 빼면 모두 외자였다. 그들의 이름은 우(俁) · 필(泌) · 보(俌) · 효(侾) · 서(偦) · 교(僑)였다. 사실 숙종은 부왕인 문종의 셋째아들로 한 나라의 국왕이 될 가능성이 높지 않았다. 그런데도 자신의 아들 이름을 하나같이 외자로 지은 것이다. 특히 그의 장남 왕우는 할아버지의 치세기인 문종 33년(1079) 정월에 태어나 사실상 국왕이 될 가능성이 희박했는데도 이름을 외자로 지었다.

이렇게 왕자의 이름을 외자로 짓는 전통은 곧 왕자뿐 아니라 종실로까지 이어졌고, 외자 이름은 왕실의 권위를 상징하게 되었다. 이후에는 일반 관료들도 조상의 이름이나 부모님이 지어주신 '이름'을 직접 쓰는 것을 꺼리게 되어, 호(號)나 자(字)를 짓는 것이 귀족가문에서 일상화되었다.

3

근친혼(近親婚)하는 고려의 공주들

근친혼은 하나의 원칙이었나

왕실의 일원으로서, 고려 공주들의 위치는 매우 독특하다. 우선 '출가외인'이라는 명분에 의해 시집간 딸을 가족구성원에서 배제하였던 부계사회(父系社會)에서 보이는 공주들의 일반적 모습과는 확연히 달랐다. 고려의 혼인을 흔히 '서류부가혼(壻留婦家婚)'이라고 명명한다. 쉽게 말해 딸이 '시집'을 가는 것이 아니라 아들이 '장가'를 와서 '부인의 집'에 머무르는 혼인이라는 뜻이다. 따라서 고려 사회에서는 출가외인이라는 유교적 덕목이 제대로 작용하기 어려웠으며, 왕실도 예외는 아니었다.

더욱 재미있는 사실은 '출가외인'이란 도덕률이 작용하였다고 해도 '출가한' 고려의 공주들을 왕실의 일원에서 배제하기란 어려웠으리라는 점이다. 바로 왕실 내에서 출가를 했기 때문이다. 즉 공주들의 출가는 외부가 아니라 가계 내부에서 이루어졌다. 다시 말해 고려의 공주들은 근친혼을 하였다. 그것도 100퍼센트에 가까울 정도로 거의 모든 공주들이 근친혼을 하였다.

『고려사』의 열전에 실린 공주는 총 71명이다. 그중 개인적 사정으로 인해 미혼으로 생을 마감한 사례를 제외하면 3명의 공주만 근친혼을 하지 않았다. 3명의 공주 중 2명은 태조 왕건의 딸이다. 왕건의 딸 9명 중 맏딸인 낙랑공주(樂浪公主)와 이름을 잃어버린 공주가 근친혼을 하지 않고, 외부인과 혼인을 하였다. 낙랑공주가 혼인한 외부인은 신라의 마지막 왕인 경순왕(敬順王)이었다.

왕건은 경순왕의 항복을 받아 후삼국의 통일이라는 대업을 달성하였다. 그런데 천년왕국의 지배가문인 경주김씨(慶州金氏)와 달리 뿌리 깊은 전통이 미약했던 개성왕씨(開城王氏)로서는 왕권을 강화하기 위해 가문의 '신성화' 작업을 최우선으로 서두를 필요가 있었다. 그러나 한 가문의 신성화는 오랜 시일이 걸리는 일이었고, 그 시간을 단축하는 가장 좋은 방법은 신라 왕실과 혼인을 맺어 그들의 신성성을 그대로 이어받는 것이었다.

이에 왕건은 경순왕 가문과 겹사돈을 맺는다. 경순왕의 사촌 여동생을 자신의 다섯 번째 부인으로 맞이하는 동시에 자신의 두 딸을 경순왕과 혼인시켰던 것이다. 즉 이 혼인은 정치적 계산하에 이루어진 특수한 사례였다. 더구나 공주의 근친혼 원칙이 미처 마련되지 못했을 국초에 이루어진 혼인이었다. 따라서 이 예외 사례는 고려 공주의 근친혼 전통을 살피는 데 별달리 중요한 의미를 가진다고 할 수 없다.

근친혼을 하지 않은 세 번째 공주는 무신정권기의 국왕인 희종(熙宗)의 딸로서, 종실의 남자가 아닌 최전(崔瑻)이라는 인물과 혼인하였다. 최전은 당시 국왕보다 더 큰 권력을 휘둘렀던 최충헌(崔忠獻)의 아들이었다. 사실 이 혼인은 고려 공주가 근친혼을 하지 않은 사례이면서 동시에 역설적으로 공주의 근친혼 전통을 보여주는 의미 있는 경우가 된다. 훗날 이 혼인이 '불법'으로 판명되었기 때문이다. 60년간 지속되었던 최씨가문(崔氏家門)은 고종 45년(1258)에 붕괴된다. 그리고 얼마 후 최전이 사망한다. 그러자 당시 중서성(中書省)에서 "최전이 아버지의 세력으로 공주와 강제로 혼인한 것이니 그의 장례를 제왕(諸王)의 예식으로 할 수 없습니다."라는 상소를 올렸다. 이 상소는 국왕에 의해 허락된다. 여기서 '제왕'은 '여러 명의 왕'이란 뜻으로, 황제의 나라였던 고려에서는 국왕의 아들·형제·사위 등을 '왕'으로 책봉하였고 그들을 아울러 '제왕'이라고 하였다.

상소문을 보면 최전의 장례를 '제왕의 예식'으로 치르지 말 것을 주청하는데, 그 근거로 그가 아버지의 세력으로 강제로 공주와 혼인하였던 점을 제시한다. 그 혼인이 원칙에 어긋나는 것이었음을 암시하는 대목이다. 다시 말해 공주는 근친혼하는 것이 원칙이었는데, 최충헌이 강제로 자신의 아들과 혼인시켰던 것이다. 그리고 최씨가문이 몰락하자, 그 혼인이 원칙에 위배되었음을 주장하는 상소문이 올라왔던 것이다. 이상 근친혼하지 않은 사례를 살펴보는 과정에서, 독자들은 고려 공주의 근친혼 비율이 어느 정도였는지 가늠할 수 있었으리라 여겨진다.

공주의 혼인 대상으로는 일반적으로 종실의 남자가 선호되었지만, 때로는 이복남매끼리 혼인하기도 했다. 이복남매 혼인은 태조 왕건 때 가장 많이 이루어졌다. 왕건은 29명의 왕비 사이에서 25명의 왕자와 9명의 공주를 낳았다. 9명의 공주 중 앞에서 살핀 경순왕과 혼례를 치른 2명과 혼인 대상을 알 수 없는 1명을 제외하면 6명

의 공주들이 모두 이복남매혼을 했다. 그러나 이후 이복남매혼은
적극 장려되지는 않았다.

> "왕비(王妃)는 학술이 있었다. 부여공(扶餘公) 왕수(王璲)가 일찍이
> 적경궁주(積慶宮主)에게 장가드니 왕비가 왕음(王愔)·왕유(王愉) 등
> 과 더불어 간(諫)하기를, '동성(同姓)에게 장가드는 것이 불가하다.'
> 하였으나, 왕이 듣지 않았다."
>
> 『고려사』 권 90 열전 3 종실

위의 기록은 문종의 아들인 금관후(金官侯) 왕비에 관한 기록이
다. 당시 국왕 문종이 자신의 딸인 적경궁주를 자신의 아들 왕수의
아내로 삼으려고 하자, 금관후 등이 동성불혼(同姓不婚)을 내세워 적
극 반대하였다. 물론 이 혼인은 문종의 의지대로 이루어졌지만, 위
의 사례를 통해 그러한 혼인을 터부시하는 사고를 가진 일단의 무
리들이 당시에 존재하였음을 알 수 있다.

그런데 이 혼인에서 더욱 주목되는 점은 왕수와 적경궁주가 이복
남매 이상의 근친이라는 사실이다. 아버지가 같은 두 사람의 어머
니는 각각 인예태후(仁睿太后)와 인경현비(仁敬賢妃)였는데, 두 왕비
는 모두 이자연(李子淵)의 딸이었다. 두 사람은 부친을 기준으로 하
면 이복남매이면서 동시에 외가 쪽으로는 사촌지간이었다.

공주의 근친혼을 강조하는 연구자들은 이러한 문종 자녀 간의 혼
인에 주목한다. 이들은 왕건 시기에 이루어졌던 이복남매의 혼인이
점차 사라지고 있던 시점인 이때, 문종이 왜 다시 그런 혼인을 강행
했을까에 의문을 두고 다음과 같은 결론을 내리고 있다.

13명의 아들과 7명의 딸을 두었던 문종은 말년에 공주의 결혼문제로 골치를 앓았다. 공주들은 근친과 혼인하는 것이 원칙이었는데, 때마침 공주와 혼인할 수 있는 종실의 남자가 별로 없어 자기 생전에 공주를 혼인시키지 못하고 '노처녀'로 늙도록 하는 일이 벌어지지 않을까 늘 걱정하였다. 그로 인해 문종은 점차 사라져갔던 이복남매간 혼인을 강행해서라도 고민을 해결하려 했고, 그 과정에서 자녀들의 반대에 부닥쳤다는 것이 연구의 내용이다. 이상의 견해가 옳다면, 이 사례는 당시 고려 왕실에서 공주의 근친혼 원칙을 얼마나 철저히 지키려 했는지를 보여준다고 할 수 있다.

물론 이상의 사실을 모두 인정하더라도 공주들의 근친혼이 원칙이었다고 쉽게 단정 지을 수는 없다. 『고려사』는 조선인에 의해 그들의 구미에 맞게 서술된 책이다. 따라서 여러 역사적 사실이 왜곡되거나 삭제된 경우가 많다. 그중에서도 「종실전(宗室傳)」이나 「공주전(公主傳)」에 특히 삭제된 내용이 많다. 종실을 빠짐없이 모두 기재한 것이 아니라, 일정한 원칙하에 많은 종실이나 공주를 삭제하였기 때문이다. 「종실전」의 편찬원칙은 사실 고려 말의 유학자인 이제현(李齊賢)에 의해 비롯되었다. 『고려사』의 「종실전」과 「공주전」은 이제현이 편찬한 종실관련 기록을 중심으로 다시 편찬된 것이기 때문이다. 이제 이제현의 「종실전」 편찬원칙을 살펴보자.

"김관의(金寬毅)의 『왕대종록(王代宗錄)』과 임경숙(任景肅)의 『경원록(瓊源錄)』은 종녀(宗女)나 종자(宗子)가 병렬되어 그 세보(世譜)를 들춰보아도 산란하여 분별하기 어렵다.…… 그런즉 종녀는 비록 친(親)이요, 또 귀하지만 부인이요, 외부모의 집이니 생략해야만 할 것이다."

「종실전」의 편찬에 참고한 김관의의 『왕대종록』과 임경숙의 『경원록』이 남녀의 구분 없이 종실의 사람을 모두 기록하여 내용이 너무 복잡하다고 생각하였던 이제현은 종녀를 기록에서 삭제했다고 밝히고 있다. 결국 이제현의 기록을 중심으로 재편집된 『고려사』의 「공주전」 내용은 일정한 원칙 아래 많은 내용이 삭제되었을 가능성이 높다고 할 수 있다. 따라서 「공주전」이 근친혼을 한 공주 위주로 편찬되었을 가능성을 배제하기 어렵고, 그렇다면 「공주전」을 근거로 고려의 공주는 근친혼하는 것이 원칙이었다고 일방적으로 결론내릴 수 없다. 그러나 현재 시점에서 『고려사』를 통해 우리가 알 수 있는 사실은 그곳에 실려 있는 고려의 공주들은 거의 근친혼했다는 것이다.

영원히 '왕족'으로 남았던 공주의 후손

고려 종실의 범위는 간단하게 잘라내어 말할 수 없다. 조선의 경우, 4대봉사(四代奉祀)를 하는 유교적 전통에 맞추어 국왕의 4대손까지만을 좁은 의미에서의 종친으로 규정짓고 있다. 구체적으로 살펴보면, 임금의 적실 자손은 4대손까지, 서얼(庶孼) 자손은 3대손까지 종친으로 대우하여 대군(大君)이나 군(君) 등으로 책봉하고 종친불사(宗親不仕, 국왕의 친척으로 벼슬을 하지 못하게 하는 제도)의 대상으로 삼았다. 즉 5대손의 범위 밖으로 넘어가면 종실은 종실이되 먼 친척으로 분류되어 관직에 나아가는 것이 허락되었다.

그런데 근친혼을 하고 있는 고려 종실에서 좁은 의미의 종친의 범주를 정하는 일은 상당히 까다롭다. 끊임없이 근친혼을 하는 종족의 자녀들에게 부계와 모계에 대한 뚜렷한 구분의식이 없다는 것은 인류학에서 흔히 알려진 사실이다. 계속해서 몇 대에 걸쳐 근친혼을 하던 그룹 내에서 어떤 친족과 '나'의 관계를 간단하게 규정짓기란 어려울 수 있다. 예를 들어 아버지 쪽으로 따지면 아버지의 외가 친척이 될 수 있으나 어머니 쪽으로는 어머니의 친가 쪽 친척이 될 수 있으며, 할아버지나 할머니를 기준으로 하면 또 다른 친척이 될 수 있기 때문이다. 이런 식으로 계속 근친혼을 한다면 그 그룹 내의 어떤 인물과 '나'와의 관계를 명확하게 규정짓기 어렵고, 그 결과 자연히 부계와 모계에 대한 뚜렷한 구분의식마저 사라져버리기 쉽다.

이는 고려의 종실에도 적용된다. 어떤 종친은 일찍이 왕실과의 혼인관계에서 떨어져나가 대수마저 멀어져 먼 종실의 범주에 속하게 되었던 데 비해, 또 다른 종친은 계속해서 왕실의 근친혼 대상이 되어 직계로만 따지면 대단히 먼 친척임에도 실제 상당히 가까운 종친의 범주에 드는 경우가 있기 때문이다. 이상에서 가까운 종친을 부계를 기준으로 4대손까지로 한정지었던 조선과 달리, 고려 종실의 경우, 그 범주를 간단히 규정지을 수 없는 이유가 '근친혼'에 있음을 살펴 보았다.

한 가지 예를 보자(그림 참조). 평양공(平壤公) 왕기(王基)의 가문도 그러했다. 그는 현종(顯宗)의 넷째아들로 태어났는데, 그의 셋째아들 왕영(王瑛)이 정종(靖宗)의 딸 보녕궁주에게 장가들어 왕자의 가문에서 부마의 가문이 되었다. 그 후 왕영의 맏아들 왕정(王禎)이 다시 숙종의 딸인 흥수공주(興壽公主)에게 장가들었고, 손자 왕기(王

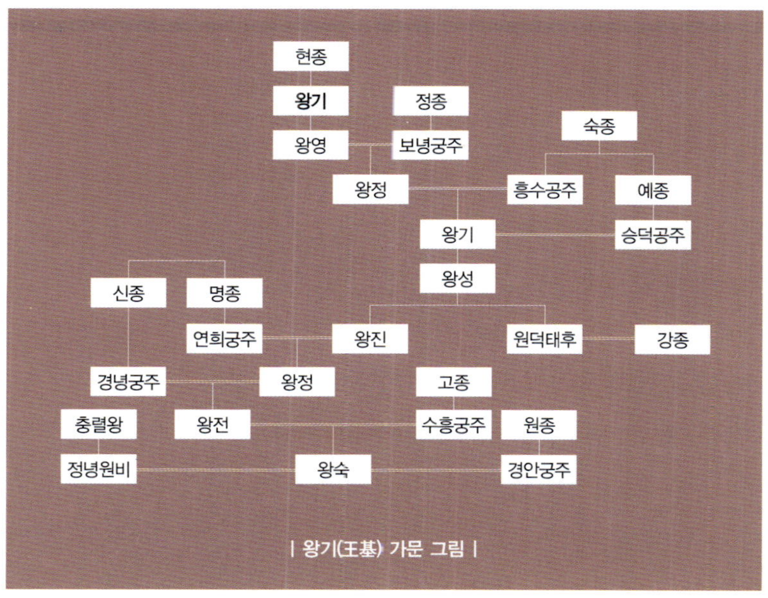

| 왕기(王基) 가문 그림 |

杞)는 예종의 딸 승덕공주(承德公主)에게 장가들었다. 왕기의 맏아들 왕성(王城)은 국왕의 장인이 되었고, 왕성의 둘째아들 왕진(王禛)은 명종(明宗)의 딸 연희궁주에게, 왕진의 아들 왕정(王禎)은 신종의 딸 경녕궁주에게 장가들었다. 왕정의 아들 왕전은 고종의 딸 수흥궁주(壽興宮主)에게, 또 왕전의 아들 왕숙(王淑)은 원종의 딸 경안궁주에게 장가들었다가 홀아비가 된 이후 다시 충렬왕의 딸 정녕원비(靖寧院妃)에게 장가들었다.

이렇듯 근친혼을 통해 왕기와 같은 특정 가문은 여러 대수 동안 국왕의 근친에 속하게 되어 계속해서 작위를 받았다. 그렇다면 공주의 후손은 어느 대까지 종실의 범주에 포함될까? 위에서 살핀 왕기 가문의 사례만 보더라도, 공주의 후손도 계속해서 근친혼을 한다면 영원히 종친의 범주에 들었다고 할 수 있다. 왕기의 가문은 왕자였던 왕기에서부터 시작되었지만, 그의 아들로 공주에게 장가간 왕영을 기준으로 보면 왕자의 가문이 아니라 공주의 가문이라고 할 수 있기 때문이다. 즉 공주 가문 역시 끊임없는 근친혼의 대상이 될 경우 국왕의 근친이 될 수 있었다.

그렇다면 끊임없는 근친혼의 대상이 된 공주 가문 말고 곧바로 왕실과의 혼인관계가 끊어진 '순수한' 공주의 후손은 어느 대까지 종친으로서 품위를 유지할 수 있었을까? 조선의 경우 '종친'은 부계 후손만을 지칭하는 말이므로, 사위나 외손은 공식적으로 '종친불사'의 대상은 아니었다. 그러나 실제로는 국왕의 사위는 대개 '종친불사'의 범주에 포함된다고 인지되었다. 즉 전주이씨(全州李氏)가 아니기 때문에 종친으로 분류하지는 않지만, 어쨌든 부마는 국왕의 가까운 친인척에 포함되어 '종친불사'의 대상처럼 여겨졌던 것이다.

그에 비해, 근친혼의 대상에서 멀어져간 고려 공주의 후손은 어느 대수까지 종친의 범주에 들었을까? 국왕의 근친인지의 여부를 판단할 수 있는 기준은 아무래도 '봉작'에 있을 듯하다. 종실의 일원에게는 '종친불사'하는 대신에 '작위'를 수여하여 그 지위를 유지하도록 하기 때문에, 그 대상에 포함된다는 것은 곧 국왕의 근친에 해당된다는 이야기가 된다. 그런데 숙종 5년의 기록 중에 다음과 같은 것이 있어 주목된다.

"태조의 내현손(內玄孫)의 손자 및 외현손(外玄孫)의 손자를, 태조의 친형제의 현손 및 외현손을, 후대의 정통군왕(正統君王)의 현손의 아들 및 외현손을 각 호(戶)마다 1인을 봉작한다."

『고려사』 권 29 선거지 3

위의 기록은 고려의 왕족으로 봉작의 대상이 될 수 있는 범위를 규정짓고 있다. 태조 왕건의 후손은 '현손의 손자' 즉 6대손까지를, 태조의 형제 가문은 현손 즉 4대손까지를 봉작의 대상으로 삼고 있다. 또 태조 이후 국왕의 자리에 오른 임금의 후손인 경우에는 내손(內孫)은 5대손을, 외손은 4대손을 그 범위로 규정하고 있다.

그런데 흥미로운 사실은 봉작의 대상에 내·외손의 구분이 거의 없다는 점이다. 후대 군왕 후손의 경우 내손이 외손에 비해 1대 정도 더 혜택을 받고 있지만, 전체적으로 종친봉작에 있어 내·외손의 구분이 거의 없다고 할 수 있다. 이 점은 조선의 경우 친손은 4대손까지가 봉작의 대상인 데 반해 공주의 경우는 배우자가 '부마' 로 '~위(尉)'에 임명되는 데 불과했던 점과 대비된다.

결국 고려 공주의 후손은 근친혼의 대상이 될 경우 계속해서 종친의 반열에 오를 수 있었고, 그렇지 않다 해도 왕자의 후손과 거의 동등한 대수까지 종친의 대상이 되어 혜택을 누렸다고 할 수 있다. 한편 공주의 후손에 대한 배려는 앞서 살핀 봉작 외에 다른 분야에서도 매우 광범위하게 이루어졌다.

충렬왕 8년 5월에 교하여 이르기를 '성조묘예(聖朝苗裔)'는 비록 협이십녀(挾二十女)라도 1호(戶)에 예에 따라 1명의 입사(入仕)를 허락하였다.

『고려사』 권 75 지 29 선거 3

위의 기록은 음서(蔭敍)에 대한 규정이다. 고려의 음서는 아버지나 할아버지가 세운 공로에 대한 포상으로 5품 이상 관리의 자제에게 관직을 수여하는 제도로 흔히 알려져 있다. 그런데 그것은 '일반음서'에 대한 정의에 불과하다. 고려의 음서에는 그와 같은 일반음서 외에도 공신의 자손이나 왕족의 후예에게 주는 특별한 음서가 따로 있었다. 특별음서의 경우 그 대상 범위가 굉장히 넓어, 고려 전기 거란의 침입 때 공로를 세운 하공진(河拱辰)의 후손이 고려 말에 이르러서도 음서의 대상이 될 정도였다.

위의 기록은 그런 특별음서에 관한 기록이다. '성조묘예'에서 '성조'는 '성스러운 조상'이란 뜻이고, '묘예'란 '먼 후손'을 의미한다. 국왕에게 성스러운 조상이란 선대의 국왕을 지칭하는 말이므로, 결국 성조묘예는 선왕의 후손 중의 먼 후손을 의미한다. 따라서 위의 기록은 국왕의 원친(遠親)에게 음서의 혜택을 주는 규정이다.

그런데 '협20녀라도 한 집마다 한 명씩 음서를 허락한다.'는 구절 중, '협20녀'란 용어가 눈에 띈다. 협(挾)은 '끼어 있다'는 뜻이다. 따라서 협20녀는 '20명의 여자가 끼어 있다.'는 이야기가 된다. 정확히 말하면, 가계의 계보상 20명의 여자가 끼어 있다는 것이다. 이해를 돕기 위해 비교적 간단한 '협3녀'에 대해 먼저 설명해보겠다.

협3녀는 계보상에 여자 3명이 끼어 있는 가계를 지칭한다. 예를 들어, 왕건의 후손 중 '딸→아들→딸→딸'이나 '아들→딸→딸→딸'(〈협3녀도〉의 ⑧) 등으로 이어지는 가문이 협3녀 가문이다. 즉 왕건의 딸의 아들의 딸의 딸로 이어지거나 왕건의 아들의 딸의 딸의 딸의 가문 등이 협3녀의 가문인 것이다.

협3녀가 이와 같은 가문이라면 왕건의 협20녀 가문은 방계로 얼

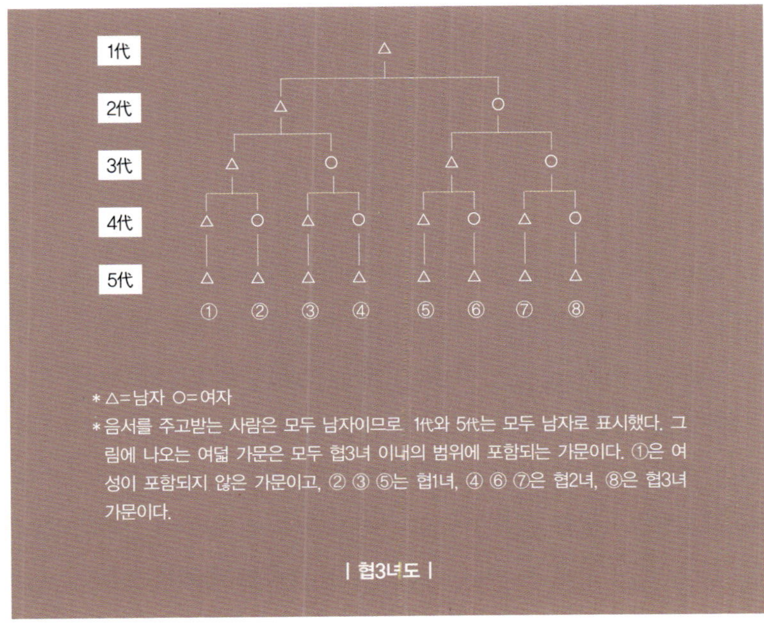

| 협3녀도 |

마나 먼 가문인지 상상할 수 있을 것이다. 위의 기록은 협1녀부터 협20녀까지의 모든 가문에 대해 한 집마다 한 명씩을 음서의 대상으로 삼는다는 명령이다. 물론 협1녀도 되지 않는 가문, 즉 왕건의 아들에서 아들로만 이어지는 가문도 그 대상임은 말할 필요도 없다. 위의 기록에서 우리는 고려가 공주의 후손에 대해 상당히 넓은 범위까지 그 혜택을 나누어주었음을 살필 수 있다.

이렇듯 고려는 왕자나 공주 가문에 대해 계속해서 근친혼의 대상이 되었을 경우 '종친'의 범주에 포함시켰으며, 그렇지 못한 경우라도 아주 넓은 범위의 내·외친족에게 왕족으로서의 혜택을 주었다.

4

고려의 공주들은
왜 성(姓)을 바꾸어야 했을까?

이미 설명하였듯이 고려 공주의 혼인대상은 종실의 남자였다. 여기서 종실의 남자란 왕자를 비롯한 왕족 출생의 사내들인데, 그들 중에는 당연히 '국왕'도 포함되었다. 그렇다면 고려의 공주들 중에는 구중궁궐에서 태어나 태자나 국왕과 결혼하여 곧바로 태자비나 왕비가 되어, 평생을 궁내에서 살다간 경우도 있었겠다.

국왕의 혼인대상 '1순위'―고려의 공주들

근친혼 전통을 고려 국왕의 입장에서 보면, 공주나 종실의 여자가 왕의 혼인대상 1순위라는 사실로 귀결된다. 실제로 『고려사』의 「후비전(后妃傳)」을 살펴보면, 국왕의 첫 번째 배우자는 대체로 공주이거나 종실의 여자였다. 참고로 고려 왕실의 혼인에 대해 잠깐 살펴보자.

고려는 조선과 달리 국왕에게 동시에 여러 명의 왕비가 있을 수 있었다. 즉 1명의 정비와 후궁으로 구성되었던 조선의 내명부(內命

婦)와 달리, 고려는 후궁이 아닌 왕비가 동시에 여러 명이 있을 수 있었다. 다시 말해 왕실만을 기준으로 한다면 고려는 '일부다처(一夫多妻)'의 사회였다. 물론 왕비들 사이에 '순위'가 없지는 않았다. 대개 가장 먼저 혼례식을 치른 왕비가 제1비(妃)가 되었을 것으로 추측되는데, 그들은 대체로 공주이거나 종실의 딸이었다.

그런데 이렇게 왕비가 된 공주나 종실의 딸에 대한 「후비전」의 기록을 살펴보면, 흥미로운 사실을 발견하게 된다. 그들의 성(姓)이 '왕씨'가 아니라는 점이다. 몇 가지 예를 보자. 덕종(德宗)의 첫 번째 부인 경성왕후(敬成王后)는 덕종의 이복남매로 아버지는 현종(顯宗)이었다. 그런데 그녀는 「후비전」에 왕씨가 아니라 '김씨'로 기재되어 있다. 경종(景宗)의 세 번째 부인인 헌애왕태후(獻哀王太后)는 종친인 대종(戴宗)의 딸이었는데, 대종은 태조 왕건과 신정왕태후(神靜王太后) 사이에서 태어난 아들이다. 따라서 헌애왕태후의 성은 당연히 '왕'이어야 하는데, 어찌된 일인지 「후비전」에 '황보(皇甫)' 씨로 기록되어 있다. 또 희종(熙宗)의 1비(妃)인 성평왕후(成平王后)는 「후비전」에 '임씨(任氏)'로 기재되어 있는데, 그 아버지는 종실인 영인후(寧仁侯)였다.

이상의 사례에서 보듯이 고려의 왕비들은 공주이거나 종실의 딸이면서도 '왕'씨가 아닌 다른 성을 취하고 있었다. 「후비전」에 실린 공주나 종실의 딸로 왕비가 된 25명 중 무려 21명이 왕씨가 아닌 다른 성을 칭하고 있다. 아버지의 성을 물려받아야 하는 오랜 부계사회의 전통이 21명의 왕비에게는 적용되지 않았던 것이다.

그렇다면 이들은 왜 다른 성씨를 칭하게 되었을까? 또 이들이 칭하고 있던 성은 어떤 일정한 원칙 없이 마음대로 붙인 것일까? 아니면 일정한 원칙이 있었을까? 우선 두 번째 의문부터 풀어보자.

"기해(己亥)에 유사(有司)가 임금의 이름과 비슷한 것을 피하게 할 것을 청하여, '탁(卓)'과 유사한 여러 성들은 외가의 성을 따르고, 만일 내외의 성이 같으면 조모의 성이나 외조모의 성을 따르게 하였다."

『고려사』 권 21 신종 원년 5월

위의 기록은 앞에서 한 번 본 바 있다. 국왕의 이름과 발음이 같은 '탁'을 성으로 하고 있는 사람들에게 다른 성씨를 칭하도록 명령한 기록이다. 그런데 재미있는 것은 당시 고려 왕조가 '탁씨'들에게 성을 고치게 하면서, '친절하게도' 성을 고치는 방법을 하나하나 알려주었다는 사실이다. 국가에서는 탁씨가 고쳐서 사용해야 할 성으로 어머니의 성을 1순위로 제시하였다. 그리고 만약 어머니의 성도 '탁씨'일 경우 친할머니의 성을, 그 성도 같을 경우 외할머니의 성을 쓰라고 명하였다. 즉 성을 고치는 데도 일정한 원칙이 있었던 것이다.

이는 가문과 문중(門中)을 중시하였던 조선 시기에는 생각도 할 수 없는 일이었다. 자신의 성(姓)을 국가에서 쓰지 못하게 한다는 것 자체가 있을 수도 없는 일이거니와, 친인척의 성으로 자신의 성을 바꾼다는 것은 더더욱 말도 안 되는 조치였기 때문이다. 예를 들어,

‘A’를 성으로 하고 있던 어떤 가문이 특별한 사정으로 인해 성을 고쳐야만 해서 그 소속원 각자가 자신의 어머니나 할머니의 성을 쓰게 된다면, 이것은 ‘A’를 성으로 하고 있는 가문이 문을 닫는 것이나 마찬가지였다. 군이 성을 고쳐야 한다면, 조선시대 사람들은 다른 성씨를 만들어 자신의 소속원을 그대로 보존하려 했을 것이다. 고려의 왕족이었던 개성왕씨(開城王氏)들이 조선왕조가 건국된 이후 ‘옥(玉)’으로 성을 고쳐 사용했던 것과 같이 말이다.

어쨌든 국가에서 제시한 위의 개성(改姓) 원칙은 왕비가 된 공주나 종실의 딸이 ‘왕씨’ 대신 다른 성을 취할 때도 적용되었다. 몇 가지 예를 보자. 우선 앞서 살핀 헌애왕태후의 경우 왕건의 손녀이면서도 왕씨가 아닌 ‘황보’를 성으로 칭하였는데, 그 조상 중 개성왕씨가 아닌 다른 성을 가진 사람은 정주유씨(貞州柳氏)인 외할머니와 황주황보씨(黃州皇甫氏)인 친할머니 둘뿐이었다. 결국 헌애왕태후는 외할머니보다 친할머니의 성을 우선시하였던 개성(改姓) 원칙에 따

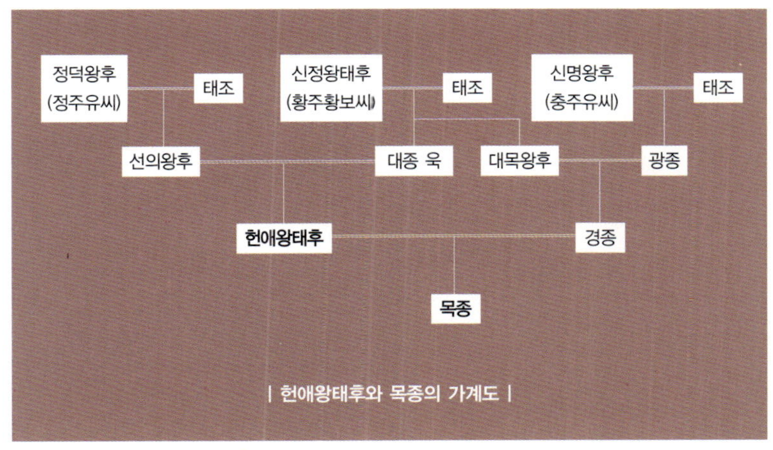

| 헌애왕태후와 목종의 가계도 |

라 '황보'를 자신의 성으로 삼았던 것이다.

또 다른 예를 하나 더 보자. 강종의 왕비 원덕태후는 '유씨(柳氏)'라고 한다. 그런데 그녀는 계속된 왕실의 근친혼에서 태어났다. 어머니에 관해서는 전하는 사실이 없어 외가의 계보는 알 방법이 없다. 그러나 부계의 조상은 모두 왕족이었다. 아버지는 왕성(王珹)이며 할아버지는 왕기(王杞), 친할머니는 승덕공주(承德公主)였다. 물론 성씨는 모두 왕씨였다. 증조할아버지는 왕정(王禎)이며 증조할머니는 흥수공주로 숙종의 딸이었다. 역시 모두 왕족이었다. 친할머니인 승덕공주의 아버지, 즉 원덕태후의 외증조 할아버지는 예종이었고, 승덕공주의 어머니 즉 외증조 할머니는 문경태후 이씨였다. 외증조할아버지인 예종과 증조할머니인 흥수공주는 친남매지간으로 그 부모는 숙종과 명의태후 유씨였다. 기록에서 찾아지는

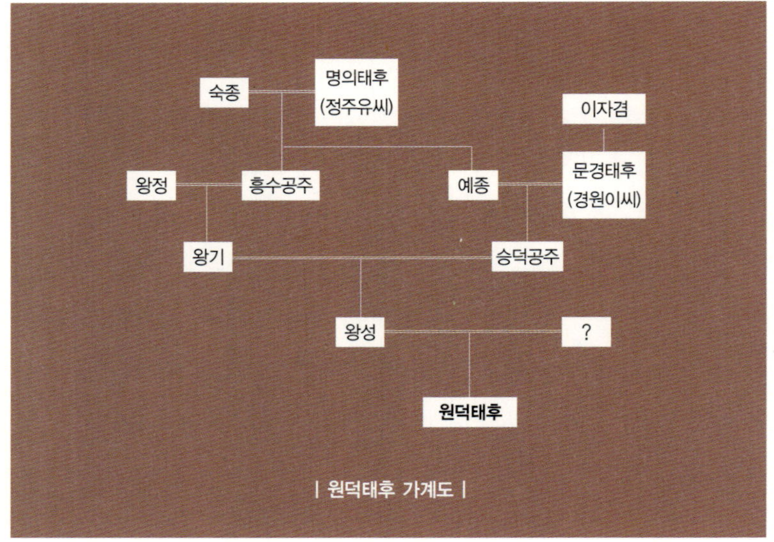

| 원덕태후 가계도 |

원덕태후의 조상 중 왕씨가 아닌 사람은 외고조할머니인 명의태후 유씨와 외증조할머니인 문경태후 이씨가 있는데, 원덕태후는 그중 외고조할머니의 성씨 '유'를 선택했다. 증조가 아니라 1대수 위인 고조대에서 자신의 성씨를 찾은 정확한 이유는 알 수 없으나, 외증조할머니가 반란을 일으킨 이자겸(李資謙)의 딸인 데서 비롯된 것은 아닐까 여겨진다.

이처럼 왕비가 된 고려의 공주(또는 종녀)는 '왕씨'가 아닌 다른 성을, 그것도 자신의 선조 중의 한 명이 사용했던 성을 자신의 성으로 칭했다. 흥미로운 사실은 성을 고르는 문제에 있어서 가짜 성씨는 개성(改姓)의 대상에서 제외하였다는 점이다.

「후비전」에 희종의 왕비 성평왕후(成平王后)의 공식 성씨는 '임(任)'으로 기록되어 있는데, 그의 딸로 고종의 왕비가 된 안혜태후(安惠太后)는 '임'이 아니라 '유(柳)'를 공식 성으로 칭하고 있다. 앞에서 살펴본 기준대로라면 근친혼한 왕비가 다른 성을 칭할 때 가장 우선적으로 고려하는 것이 어머니의 성이었으므로, 안혜태후는 어머니의 성인 '임'을 자신의 성으로 칭하여야 한다. 그런데도 그녀는 '유'를 자신의 성으로 칭하였다. 어머니의 성인 '임'이 진짜 성이 아니었기 때문이다. 성평왕후 역시 근친혼한 왕비로 진짜 성은 왕씨였다. 따라서 안혜태후는 어머니가 혼인 후 고친 성을 선택하지 않고 진짜 다른 성을 가진 가까운 선조에게서 자신의 성을 골랐던 것이다. 물론 선택된 가까운 성이 바로 '유'였다.

그런데 공주들은 왜 성을 바꾸었을까? 근본적인 물음에 들어가 보자. 혹자는 근친혼하는 것을 대외적으로 숨기기 위해 공주의 성씨를 바꾸었다고 하지만 그것은 사실이 아니다.

물론 근친혼의 사실을 숨기기 위해 왕비의 성씨를 고의적으로 숨긴 적이 있었다. 신라 시기에 그랬다. 소성왕(昭聖王)과 헌덕왕(憲德王)의 부인은 당나라의 책봉문에 따르면, 각각 숙(叔)·정(貞)을 성으로 칭하고 있다. 물론 이들의 본래 성은 김(金)이다. 동성혼(同姓婚)을 야만시하였던 당나라를 의식하여 외교문서에 '임시로' 성을 바꾸어 알렸기 때문에, 당의 책봉문에 그렇게 기록된 것으로 파악된다. '임시로' 성을 바꾸었다는 사실은, 우선 성으로 칭해지고 있는 것이 흔히 성으로 사용되지 않는 글자라는 점과, '숙씨'라고 칭한 소성왕의 부인인 계화부인의 경우 아버지의 이름이 '숙명(叔明)'이라는 점에서 추론된다. '숙명'에서 '숙'자를 따서 딸의 임시 성으로 삼았을 것으로 추측되기 때문이다.

그러나 고려는 신라와는 달랐다. 외교적 문제가 될까 부랴부랴 왕비의 성을 고친 것도 아니고 아무런 원칙 없이 이름 중의 한 글자를 그냥 성으로 표기한 것도 아니었다. 앞에서 살펴본 것처럼, 일정한 원칙 아래 성을 골라 사용하였다. 따라서 고려가 근친혼한 왕비의 성을 달리 부른 것에 대해 대외관계에서 해답의 실마리를 찾기는 어렵다. 더구나 달리 부른 왕비의 성이 단순히 '호칭상'의 기능만을 하지 않았다는 점은 더욱 그러한 판단이 틀렸음을 알려준다.

임시방편이 아닌 개성(改姓) 원칙

근친혼한 왕비는 개성(改姓)하였을 뿐만 아니라, 그 성을 칭하고 있던 친척에게 굉장한 친연성을 보여주었다.

"김치양(金致陽)은 동주인(洞州人)이니 천추태후(千秋太后) 황보씨(皇甫氏)의 외족(外族)이다. 성품(性品)이 교활하고 음경(陰莖)이 능히 수레바퀴를 끌 수 있을 만큼 강성하였다. 일찍이 거짓 삭발하고 천추궁(千秋宮)에 출입하여 자못 더러운 소문이 있자, 성종(成宗)이 이를 알고 먼 곳에 곤장 쳐서 유배 보냈다."

『고려사』 권 127 열전 40 김치양

앞에서 살핀 경종의 왕비 헌애왕태후의 다른 이름은 천추태후이다. 경종이 일찍 사망하자 그녀의 오빠 성종이 국왕에 즉위한다. 위의 기사는 성종의 재위시절의 일이다. 전왕의 왕비이자 과부인 여동생이 외족인 김치양과 사통관계를 맺고 있다는 괴상한 소문이 퍼지자, 성종은 김치양을 매 쳐서 유배를 보낸다.

성종의 사망 후 천추태후의 아들인 목종(穆宗)이 왕위를 물려받게 된다. 어린 아들이 국왕에 즉위하여 태후의 자리에 오른 천추태후는, 과부 시절에 좋지 않은 소문의 당사자인 김치양을 다시 불러들인다. 그 후 김치양과 함께 국정을 독단하면서 둘 사이에 낳은 사생아를 국왕의 자리에까지 앉히려다가 결국 강조(康兆)의 정변*으로 궁궐에서 쫓겨나게 된다. 흥미로운 사실은 그 뒤에 벌어진다.

---

* 고려 목종 12년(1009)에 강조가 국왕 목종을 시해하고 일으킨 정변. 어머니 천추태후가 김치양과 모의하여 그들 사이에서 태어난 아들을 자신의 후사로 삼으려 한다는 사실을 알게 된 목종은, 만일의 사태에 대비하여 서북면도순검사 강조에게 왕궁을 호위하도록 했다. 그러던 때에 목종이 사망했다는 헛소문이 개경에 나돌았다. 이에 강조는 군사 5,000명을 이끌고 개경으로 입성했으나, 국왕이 죽지 않았다는 소식을 듣고는 김치양 일파를 제거하고 아울러 목종을 폐위하고 시해하여 정권을 장악하였다. 그러나 이 변란은 국왕을 시해한 역신(逆臣)을 처벌한다는 미명하에 거란이 고려에 침입하는 명분을 제공하였고, 강조는 거란과의 전쟁에서 사망하였다.

정변을 일으켜 김치양 부자를 죽인 강조이지만, 태후와 국왕만은 차마 죽이지 못하여 궁궐에서 쫓아내는 것으로 정변을 마무리하였다. 궁궐에서 쫓겨난 목종은 태후를 모시고 자신의 고향인 충주로 말고삐를 향한다. 눈썰미 있는 독자라면 이상한 점을 발견했을 것이다. 구중궁궐에서 태어나 제대로 궁궐 밖을 나가보지도 못했을 국왕에게 고향이 있다니? 이 문제는 이야기를 더 들은 후 해결하자.

국왕을 살려두는 것이 아무래도 찜찜했던 강조는 암살자를 보내 목종을 시해한다. 그러자 홀로 남게 된 태후는 말머리를 바꾸어 고향인 황주로 떠났고, 그곳에서 21년을 더 살다가 죽었다고 한다. 아들과 마찬가지로 종실에서 태어난 태후에게 수도 개성(開城)이 아닌 다른 곳에 고향이 있었다는 사실은 아무래도 납득하기 어렵다.

이 모든 문제는 앞에서 살펴본 근친혼한 왕비가 다른 성을 가지고 있었다는 사실과 밀접하게 관련된다. 천추태후가 고향으로 여긴 황주는 그 자신이 성으로 칭했던 황보씨의 본관이다. 즉 천추태후는 본래의 성인 '왕씨' 대신 황보를 성으로 칭하였을 뿐만 아니라, 황보씨의 본관 지역을 자신의 고향이라고 여겼던 것이다.

그러면 목종은 왜 충주를 자신의 고향이라고 여겼을까? 목종의 계보를 따져보자(53쪽 헌애왕태후와 목종의 가계도 참조). 목종의 아버지 경종은 광종의 아들이었고, 어머니 천추태후 황보씨는 종실인 대종의 딸이었다. 할아버지 광종은 왕건의 아들이었고 친할머니 역시 왕건의 딸이었다. 외할아버지 대종과 외할머니도 모두 왕건의 자녀였다. 이제까지 살핀 목종의 선조는 모두 왕족이었다. 그런데 증조대(曾祖代)에서 왕족이 아닌 사람이 발견된다. 충주 출신으로 유씨(劉氏)를 성으로 하고 있는 증조할머니와 황주의 황보와 정주의 유를 진짜 성으로 칭하고 있는 두 명의 외증조할머니가 그들이다. 여기서 같은 대수라면 외가보다는 친가쪽 할머니의 성씨를 선택하였던 왕비의 성씨 선택 원칙을 상기해보자. 목종이 자신의 고향을 '충주'로 여겼던 것은 결코 우연이 아니었던 것이다.

결국 고려의 국왕은 성을 고치지는 않았지만, 근친혼한 왕비의 개성 원칙과 마찬가지로 자신의 고향을 만들어냈다고 할 수 있다. 나주(羅州)는 조선 후기까지 고려의 2대 임금 혜종(惠宗)의 고향으로 알려져 있었다. 혜종의 어머니는 나주오씨였다.

이제까지의 내용을 종합하면 왕비의 성을 고친 것은 외교적 문제를 해결하기 위해 취한 일시적인 조치가 아니었다고 할 수 있다. 성을 고치면서 아울러 그 성씨의 본관을 자신의 고향으로 삼았고, 그 성씨의 사람들을 친척으로 여겼기 때문이다. 실제로 근친혼한 왕비들 중에는 성씨의 고향 사람들을 정치적 지지기반으로 여긴 왕비가 있었다. 어린 아들을 국왕의 자리에 앉힌 천추태후가 대표적이다. 태후가 권좌에서 쫓겨났을 당시 "강조가 김치양 부자를 죽이고 태후의 친척들을 섬에 귀양보냈다."는 기록이 그것을 입증하기 때문이다. 사료에 드러난 태후의 친척은 황주를 본거지로 하고 있던 황보씨였다.

5

국왕의 아들이었지만 '왕자'가 될 수 없었던 소군(小君)

고려 왕실의 구성원 중에 특이한 존재가 있다. 아버지가 국왕이더라도 어머니의 신분이 왕비가 되기에 부적합할 경우, 그 소생 자녀는 일반 왕자나 공주와 같은 대우를 받지 못하였다.

그들은 대개 궁인(宮人)의 소생이었다. 그중 남자아이는 소군(小君)으로 호칭되었는데, 어려서 출가하여 승려가 되어야 했다. 궁인 소생의 딸 역시 일반 공주와는 다른 대우를 받았다. 궁인의 몸을 빌려 태어난 왕녀(王女)는 '종실의 남자'가 아닌 일반 관료의 자제와 혼인하였다. 그리고 왕녀와 혼인한 사람은 '나라의 사위' 또는 '국왕의 사위'라는 뜻을 가진 '국서(國壻)'로 불렸다.

소군이 승려가 되어야 했던 이유

『고려사』는 소군에 대해, "나라의 제도에 궁인이 국왕을 모시다가 아들을 낳게 되면, 곧 머리를 깎아 승려로 만들고 '소군'이라고 칭하였다."고 개념을 규정하고 있다.

"겨울 10월에 명하여 폐비(嬖婢, 총애를 받은 여자 노비)의 아들인 선사(善思)를 승려로 삼았는데, 나이가 겨우 10세였다. 의복과 예질(禮秩)이 적자와 다름이 없었으며, 칭하여 '소군'이라 하였다. 궁궐을 출입하여 자못 위엄과 복을 마음대로 하였다. 때에 여러 폐첩(嬖妾)의 아들이 모두 머리를 깎아 유명한 사찰을 골라서 거주하며 권력을 마음대로 행사하여 뇌물을 받으니, 요행(僥倖)을 바라는 사람들이 많이 아부하였다."

『고려사절요』 권 13, 명종 22년 10월

소군 중 가장 기록을 많이 남긴 이는 무신정권 시기의 국왕인 명종(明宗)의 소군이다. 명종은 특이하게도 왕비를 한 명만 두었고 왕비의 사망 이후에도 다른 아내를 맞이하지 않아, 자연히 일반 왕자나 공주보다 궁인·기생 등과의 소생이 많았다. 즉 다른 국왕에 비해 소군이 많았다. 명종에게는 대략 10여 명의 소군이 있었는데, 이들은 모두 어린 나이에 승려가 되어야만 했다.

위의 기록에 나온 명종의 스군인 선사는 10세에 승려가 되었다. 선사에게 다행이었는지 불행이었는지, 국왕 명종은 승려가 된 소군들을 매우 아껴 궁궐을 출입하며 권력을 행사하도록 내버려두었다. 이후 최충헌이 권력을 잡게 되면서 명종의 소군들은 유배되거나 사찰로 보내졌다고 한다.

한편 당시에 소군은 국왕의 적자(嫡子)와는 다른 존재로 인식되었다. 그러다 보니 위의 기록에서 확인되듯 그 어머니를 폐첩(嬖妾), 즉 '첩'으로 기재하거나 소군을 '서얼'이나 '서자'로 흔히 묘사하였다. 즉 당시인들은 소군을 국왕의 서얼이라고 여겼다.

‘묘지명’ 자료에도 몇몇 소군에 대한 기록이 있다. 그중 하나만 예를 들어보자. ‘왕지인묘지명(王之印墓誌銘)’에 따르면, 왕지인(1102~1158)은 16대 임금인 예종과 은씨(殷氏) 성을 가진 여인 사이의 소생이었다. 숙종 7년에 궁궐이 아닌 사제(私第)에서 태어나 9세가 되던 해에 머리를 깎고 승려가 되었으며, 훗날 광지대선사(廣智大禪師)로 불렸다. 그런데 그 어머니 은씨는 국왕의 잉(媵), 즉 ‘첩’으로 호칭되었다.

명종의 소군 선사와 예종의 소군 왕지인만 보더라도 궁인 소생이었던 소군은 대개 10세 전후에 승려가 되었음을 알 수 있다. 그렇다면 고려 왕조는 왜 그들을 굳이 승려로 만들었을까? 덕흥군(德興軍)에 관한 기록 중에 그에 대한 정확한 이유를 기재한 것이 있다.

덕흥군의 어머니는 충선왕(忠宣王)의 궁인으로 출궁해서 다른 사람의 배우자가 된 인물이었다. 어머니가 궁인의 신분이었으므로 덕흥군 역시 ‘소군’이었다. 그 역시 자신의 운명을 거스를 수 없어, 어린 시절에 승려가 되어야 했다. 그러나 성인이 되자 마음대로 환속(還俗)하고는 원나라로 도망갔다.

원나라로 도망갔던 그가 고려 왕실에 문제가 되었던 것은 ‘공민왕의 폐위’와 관련되어서였다. 공민왕은 즉위 초부터 적극적인 ‘반원정책(反元政策)’을 실시하여 원으로부터 미움을 받아왔다. 그러나 원나라는 국내 사정으로 인해 당시 고려의 문제에 적극 개입하지는 못했다. 그러다가 공민왕 12년(1363)에 국내의 반란이 어느 정도 진압되자, 즉각적으로 공민왕을 폐위하고 덕흥군을 고려의 국왕으로 임명하는 동시에 군사를 파견하였다. 이에 대해 고려 조정은 “불령한 무리를 모아 헛소문을 퍼뜨려 사람의 마음을 현혹시키는” 덕흥군은 한 나라의 국왕이 되기에 부족한 인성의 소유자라고 역설하는 한편, 출생 신분을 문제 삼아 그의 즉위를 막으려 했다. 출생 신분에 관한 문제란 '소군'과 관련된 것이었다. 즉 "선왕(先王) 이래로 왕실의 서얼을 반드시 승려가 되게 한 것은 적자와 서얼의 구분을 분명히 하여 (왕위를) 엿보는 싹을 막기 위함"이었으니, 덕흥군을 고려의 국왕으로 삼는 것은 천부당만부당한 일이라고 하였다.

덕흥군의 사례에서 알 수 있듯이 소군을 어린 나이에 승려로 만들었던 첫째 목적은 국왕의 아들로서 당연히 누려야 할 '왕위계승권'을 박탈하는 데 있었다. 훗날에 '천한' 혈통의 소생이 국왕에 즉위하는, 뜻하지 않은 사태를 예방하려는 의도에서 비롯된 것이다.

그러나 소군에 대한 차별이 왕위계승권을 박탈하는 데 그쳤던 것은 아니었다. 승려 사회에서도 소군은 일반 왕자나 다른 귀족의 자제보다 차별을 받았다. 예종의 소군이었던 왕각관(王覺觀)에 대해 "승통(僧統)에 임명될 수 없는 궁빈(宮嬪, 국왕의 첩) 소생이었으나 뛰어난 덕행으로 인해 승통에 임명될 수 있었다."는 기록이 있다. 승통은 승려가 누릴 수 있는 최고의 승계(僧階), 즉 승려 사회의 관등이었다. 그런 관등에 소군인 왕각관이 임명될 수 있었던 이유가 뛰어난 성품의 소유자였기 때문이라는 것은, 당시 소군들이 대부분 승통에 임명될 수 없었다는 사실을 반증한다. 소군은 국왕의 '아들'이었지만 '왕자'로서의 특혜를 누리지 못하고 오히려 천한 '궁인'의 소생이란 이유로 차별을 받았던 것이다. 한편 원종대(元宗代)의 어느 소군은 금법(禁法)을 범하였다가 일개 서리에게 능욕을 당하기도 하였다. 아무리 나라의 금법을 범했다고 해도 '국왕의 아들'인 소군이 서리에게까지 굴욕을 당했다는 사실은 소군의 사회적 위상이 그만큼 낮았음을 보여준다고 하겠다.

왜 왕자와 공주가 될 수 없었을까?

이미 설명하였듯 국왕의 서녀(庶女)는 공주와 달리 근친혼(近親婚)을 하지 않고 일반 관리의 자제와 혼인하였고, 그녀와 혼인한 사람은 '국서'라 불렸다. 그런데 국서는 자신의 혈통에 아무런 하자가 없는 귀족의 자제였음에도 배우자의 혈통적 하자로 인한 불이익을 감수해야만 했다.

손변(孫抃)은 국서였다. 국서는 당시의 관행상 대성(臺省), 정조(政曹) 등에 임명되지 못하였다. 어느 날 그의 아내가 손변에게, "공(公)이 나의 세계(世系)가 천함으로 말미암아 유림(儒林)의 청요직(淸要職)을 밟지 못하니 감히 청컨대 나를 버리고 다시 세족(世族)에게 장가드소서."라고 했다. 그러자 손변은 웃으면서 "자신의 관직 생활을 위하여 30년 조강지처를 버리는 행위는 차마 하지 못할 짓인데, 하물며 자식이 있는데."라고 하고는 따르지 않았다고 한다. 국서는 아내의 혈연상 하자로 인해 관직자이면 누구나 역임하고 싶어하는 청요직인 대성과 정조 등의 관서에 임명되지 못하였던 것이다.[*]

왜 소군이나 국서의 아내들은 왕자와 공주의 대우를 제대로 받지 못했을까? 그들의 어머니인 '궁인'에 대해 살펴보면 조금 의문이 풀린다. 『고려사』에 "궁인은 천예(賤隷)이기 때문에" "궁인은 본래

---

[*] '대성'이란 고려시대의 언론기관으로 감찰의 역할도 하는 어사대(御史臺)와 중서문하성(中書門下省)의 낭사(郎舍)를 지칭하는 용어이고, '정조'는 문관과 무관의 인사권을 쥐고 있는 이부(吏部)와 병부(兵部)를 이른다. 한마디로 이들 관청은 언론권과 인사권을 담당하는 노른자위 관부인데, 국서는 이곳에 임용될 수 없었던 것이다. 관직자로서 굉장한 불이익이 아닐 수 없다.

천예"라는 기록이 있다. 아버지는 국왕의 신분이지만, 그 어머니가
천한 신분인 것이 문제였다.

> "명종의 서자인 승려 소군 홍기(洪機) 등이 권세를 부려 뇌물을 받
> 으니, 관리들이 다투어 아부하였으나 민식(閔湜)은 홀로 그에게 가지
> 아니하였다. 그 동생이 말하기를, '형은 어찌 가지 아니하나이까?'
> 라고 하니, 민식이 이르기를, '또한 나의 뜻이다.' 라고 하였다. 하루
> 는 동생이 요청하여 함께 (홍기의 집에) 갔는데 술이 취하자 문득 이
> 르기를, '무지개와 같은 사미(沙彌)의 무리들이 나라를 패망시킨다.'
> 라고 하였다. 동생이 놀라 땀을 흘렸는데, 대개 무지개라는 것은 한
> 끝은 땅에 닿고 한끝은 하늘에 걸쳐 있으므로, 소군은 왕자로서 어
> 머니가 비천함을 비유한 것이다.'

『고려사』 권 104 열전 14 민식

명종의 소군 홍기의 무리들이 권세를 부리자, 민식이 그들을 '무
지개와 같은 사미의 무리들' 이라고 비웃었다. '사미' 는 승려를 지
칭하는 용어다. 인용문에 언급된 것처럼, 한쪽의 혈통은 신성한 국
왕과 닿아 있으면서도 다른 한쪽이 '천한 신분' 과 연계되어 있던 소
군은, 한끝은 땅에 닿아 있고 다른 한끝은 하늘에 걸쳐 있는 두지개
와 같은 신세로 비쳤다. 즉 당시인들의 마음속에 소군은 국왕의 아
들이면서도 '천한 혈통의 사람' 으로 각인되어 있었다. 그리고 어머
니 쪽 혈통의 하자가 그들로 하여금 '국왕의 소생' 임에도 각종 차별
과 불이익을 감내하도록 했다.

고려의 폐쇄적 혈통의식

이의민(李義旼)·조원정(曹元正)·석린(石隣)·김준(金俊)·강윤소(康允紹)·지윤(池奫).

이상에서 열거한 이들의 공통점은 무엇일까. 이들은 모두 혈통은 천계에 가까울지언정 고려에서 최고직을 역임하였던 사람들이다. 이들의 존재는 신분사회이면서도 다른 어떤 사회보다 '개방적인' 고려의 모습을 여실히 보여준다.

그러나 한편으로 피의 순수성 유지라는 차원에서 보면, 고려는 조선보다 더 엄격한 신분사회였다. 소군의 존재가 그것을 단적으로 드러낸다. 조선의 경우 궁인의 소생이더라도 왕자인 이상 왕위의 계승권을 박탈당하지는 않았다. 순위에서 밀리긴 해도 적장자가 없을 경우 그 다음 계승자는 될 수 있었다. 무수리의 몸에서 태어난 영조(英祖)가 그러했다. 그러나 영조가 고려에서 태어났다면 결코 국왕이 될 수 없었을 것이다. 고려는 이와 같은 이들이 국왕이 될 수 있는 싹을 처음부터 제거하였기 때문이다.

이는 어떤 한 사람의 신분을 따질 때, 아버지뿐만 아니라 어머니의 핏줄도 철저히 고려하는 전통이 왕실에까지 그대로 이어진 결과였다. 이러한 '폐쇄적 혈통의식'은 1대(代)에 그치지 않았다.

유석(庾碩)의 증조모(曾祖母)는 예종의 후궁 소출이었다. 예종이 일찍이 서도(西都)에 행차하매 평주(平州) 향리의 딸이 길 왼편에 있었는데, 그 자태가 심히 고와 예종이 불러들여 (그 사이에서) 딸을 낳아 드디어 유필(庾弼)에게 시집보냈다. (유석은) 국서의 후손이어서 대간(臺諫), 정조(政曹)에 오를 수 없었다.

『고려사』 권 121 열전 34 유석

유석은 국서의 후손이었다. 그의 증조모는 예종의 딸이었으나 후궁의 소생이었고, 유필이라는 귀족의 자제를 배우자로 삼았다. 즉 유필은 예종의 '국서'였다. 그런데 위의 기록에 따르면 국서인 유필뿐만 아니라 그 후손인 유석까지도 관직 생활에서 불이익을 당했음을 알 수 있다. 증조할머니의 어머니 쪽 혈연 문제가 그 3대 후손에게까지 여전히 하자로 인식되어 차별의 대상에서 벗어나지 못하도록 했던 것이다.

이렇듯 고려 왕조는 어떤 사람의 신분을 결정할 때 아버지와 어머니 양쪽의 혈통과 그 사이 사이에 있는 다양한 혈통을 추적하여, 조금이라도 혈연상의 하자가 발생하면 그에 대한 적절한 차대를 하였다. 국왕과 혈연적으로 연결되는 사람조차 예외가 되지 못했다는 점에서, 고려의 신분제는 유동적이면서도 다른 한편으로 혈통의식에 입각한 폐쇄성을 엄격히 유지하려고 했음이 엿보인다.

6

왕을 꿈꾸었던 사람들

선거철만 되면 희한한 이야기가 장안에 떠돌아다닌다. 어떤 이는 무속인의 충고에 따라 대통령이 되기 위해, 우리도 모르는 사이에 '화폐개혁'을 단행했다는 우스갯소리도 들은 적이 있다. 그만큼 능력이나 노력만으로 그 자리에 오르기란 무척이나 어렵다는 사실을 보여주는 대목이다. 그러다 보니, 평소에는 주목받지 못하다가 선거 때만 되면 한철 장사를 하게 되는 직업이 '무속인'이다. 의원 배지를 달거나 나라를 이끌어갈 대통령이 되려면 하늘의 점지 정도는 받아야 한다고 여기는 사람이 많아서겠다.

왕조 국가에서 '국왕'과 같은 특별한 지위에 오를 인물임을 알려주는 하늘의 점지는 대체로 여러 가지 형태로 발현된다. 그중에서도 가장 흔한 것은 '꿈'을 통한 점지다.

깨어진 꿈과 이의민(李義旼)

왕이 되려다 실패한 사람 중 흥미로운 인물은 이의민이다. 그는 본래 경주 사람으로, 아버지는 소금과 채를 파는 상인이었고 어머니는 연일현(延日縣) 옥령사(玉靈寺)의 종이었다. 비천한 핏줄을 타고 태어났으나, 그가 귀인(貴人)이 될 조짐은 여러 차례 꿈을 통해 발현되었다.

이의민이 어렸을 때 그의 아버지는 아들이 푸른 옷을 입고 황룡사(黃龍寺) 9층탑(塔)에 올라가는 꿈을 꾸었다. 이에 아버지는 아들이 반드시 큰 귀인이 되리라고 생각하였다고 『고려사』는 전하고 있다.

황룡사 9층탑은 당나라 유학에서 돌아온 신라 승려 자장(慈藏)의 요청으로 선덕여왕 14년(645)에 건립된 목탑(木塔)으로, 장륙존상(丈六尊像), 진평왕의 성대(聖帶)와 함께 신라의 3대 보물 중 하나였다. 이 세 가지 보물이 없어지지 않으면 나라도 망하지 않는다고 전해질 정도로 소중히 여겨졌던 국보였고, 이러한 마음은 고려인들에게까지 이어졌다. 고려인의 마음에 꿈에 이 탑에 올라갔다는 것은 그만큼 존귀한 사람이 될 것임을 암시하기에 충분했다.

그의 비범성을 보여주는 또 하나의 꿈이 있었다. 고향

황룡사지

의 지방관인 김자양(金子陽)의 추천으로 이의민이 서울의 군인으로 뽑혀 아내와 함께 개경에 당도했던 밤이었다. 날이 어둑어둑해지고 성문은 벌써 닫혀 있었으므로 성의 남쪽에 있는 연수사(延壽寺)에서 하룻밤을 지내게 되었는데, 그날 밤 그는 이상한 꿈을 꾸었다. 꿈에 긴 사다리가 성문으로부터 대궐까지 뻗쳐 있고, 자신이 그것을 타고 올라가고 있었다. 그러나 다 올라가지 못하고 중간에 꿈에서 깼다.

두 번이나 기이한 꿈의 주인공이 된 후 아마도 그는 비상한 야망을 가지게 되었던 듯하다. 더구나 현실에서도 꿈이 점차 실현되고 있는 듯한 일이 계속 벌어졌다. 출신이 미천한 자신이 무신정변을 통해 고급 장교로 일신하였고, 그 이후 벌어진 무인들 사이의 정쟁(政爭)에서 최고 집정의 자리에까지 오르게 되었으니 말이다.

이에 그는 자신의 꿈을 현실화하고 싶었다. 아니 꿈이 실현되고 있는 중이라고 굳게 믿었는지도 모른다. 그러던 중 그는 또 한 번 기이한 꿈을 꾸었다. 자신의 양쪽 겨드랑이에서 오색 무지개가 돋는 꿈이었다. 이후 그는 더욱더 커다란 자부심을 가지게 되었다. 더구나 옛 도참(圖讖)에 "용손은 12대(代)가 되면 끝난다(龍孫十二盡)."는 말도 있고 또 '십팔자(十八子)'란 말까지 들었다. 용의 후손인 '개성 왕씨'는 12대에 끝나며, 다음의 왕은 '십팔자' 즉 '이씨(李氏)'라는 이야기였다.

자연히 그는 왕위를 넘보게 되었다. 이후 그는 욕심을 억눌러 청렴한 척하면서 명사(名士)들을 등용해서 헛된 명망을 낚았다. 또 자신의 고향이 '경주'인 점을 십분 활용하여, 신라를 다시 일으킨다는 명분으로 민란을 일으킨 김사미(金沙彌), 효심(孝心) 등의 반란군과 내통까지 감행하였다고 『고려사』는 전하고 있다.

물론 반란군과의 내통은 그를 제거한 후 최충헌에 의해 조작된 풍문일 수도 있다. 한 나라의 최고 집정자가 변방 지역의 일개 반역 세력을 도와 국왕의 자리에 오르려고 했다는 것은 쉽게 납득할 수 없기 때문이다.

그러나 그가 적어도 기이한 꿈으로 인해 헛된 욕망에 사로잡혀 있었거나, 그런 꿈을 조작하여 '이룰 수 없는' 꿈을 갈망했던 것만큼은 부정할 수 없다. 『고려사』는 그의 꿈이 헛된 물거품에 불과했음을 꿈의 내용을 전하는 와중에 암시하고 있다. 탑에 올라가거나 대궐까지 이어진 사다리로 올라가는 꿈을 꾸다가 꼭대기까지 도달하지 못하고, 언제나 중간에 잠에서 깨어났던 것이다. 더군다나 '공중에 떠 있는 사다리'는 허망한 계획이라고 해몽된다고 하니, 그의 꿈이 허망한 것이었음을 『고려사』는 전하고 싶었던 것 같다.

곤원사터 명종 3년(1173)에 이의민(李義旼)이 의종을 비참하게 살해하여 북쪽 연못에 던졌다고 전해지는 경주의 곤원사(坤元寺).

본래 글을 몰랐던 이의민은 무당을 믿었다. 당시 경주에서는 나무 인형의 형상을 한 귀신을 '두두을(豆豆乙)'이라고 불렀다. 그는 자기 집안에 당(堂)을 짓고 그 귀신을 맞아다가 날마다 제사하면서 복을 빌었는데, 하루는 갑자기 사당에서 곡성이 들려왔다. 이를 괴상히 여겨 물었더니, 귀신이 답하기를 "내가 너의 집을 오랫동안 지켜주었는데 이제 하늘이 재난을 내리려 하니 내가 의탁할 곳이 없어서 울고 있다."고 했다고 한다. 그에 대한 『고려사』의 이야기가 꿈으로 시작하여 귀신의 이야기로 끝난다는 점 역시 흥미롭다. 헛된 꿈을 꾼 사람의 일대기를 수미일관 형식으로 전하고 있기 때문이다.

여론을 조작하라

하늘의 점지는 어떻게 해서 얻을 수 있을까? 즉 국왕이 될 수 있는 가장 중요한 조건은 무엇인가? 아무리 전근대 사회라고 하더라도 국왕이 될 수 있는 중요한 조건 중의 하나로 백성의 여론을 꼽지 않을 수 없다. 여론의 뒷받침 없이 국왕의 자리에 오르기란 무척 어렵기 때문이다. 그래서 역성혁명(易姓革命)의 정당성을 '천명(天命)'에서 구하였던 맹자(孟子)도 현실에서 천명을 보여주는 것은 백성의 여론이라고 하지 않았던가!

새 왕조를 창조한 인물에 대한 여론은 당대와 후대에 각각 조작되었을 가능성이 높다. 하지만 어쨌든 현재 남아 있는 역사 기록물을 그대로 신빙한다면, 새 왕조를 창조한 인물들은 대부분 대단한 여론의 지지를 받았다. 조작이든 사실이든 간에 그런 기록의 존재

자체가 여론의 중요성을 보여준다고 하겠다.

그렇기 때문에, 자신의 야망을 이루기 위해 여론의 조작도 서슴지 않는 사람들은 어느 시대에나 있게 마련이다. 여론 조작의 대표적 예는 '십팔자왕설(十八子王說)'과 같이 미래의 국왕이 될 사람을 예언하는 형태다. 널리 알려져 있듯이 '십팔자(十八子)'는 '이(李)' 자의 파자(破字), 즉 쪼개놓은 글자이다. 전근대 사회에서 국왕이 될 사람에 대한 예언은 주인공의 성씨를 파자하는 형식으로 많이 이루어졌다. 당나라의 창건자 이연(李淵)이 왕조를 개창할 즈음에 이미 민간에서는 십팔자왕설이 나돌았다고 하니, 이러한 형태의 예언은 아주 오랜 시기부터 있어 왔다고 하겠다.

인종(仁宗)의 외할아버지이자 장인이었던 이자겸은 '십팔자'가 왕이 된다는 도참(圖讖)에 큰 영향을 받았던 인물이다. 그는 자신의 외손주이자 사위였던 국왕 인종을 모해하기 위해, 떡 속에 독을 넣어 왕비에게 올리게 했다. 그러나 왕비는 자신의 지아비이자 조카인 인종을 차마 해할 수 없었다. 그래서 이 사실을 몰래 국왕에게 말하고 떡을 까마귀에게 던졌다. 물론 까마귀는 그 자리에서 죽었다. 그러자 이자겸은 다시 독약을 보내어 왕비를 시켜 왕께 드리게 하였는데, 왕비는 사발을 받들고 가다가 일부러 미끄러져 엎질러버렸다. 이 왕비는 다름 아닌 이자겸의 넷째딸로, 지아비인 인종에게는 배우자이자 이모였던 비운의 여인이었다.

이자겸이 이렇듯 자신의 딸을 희생시키고 또 자신의 핏줄을 모해하려고 하면서까지 국왕이 되려그 했던 것에 대해, 『고려사』는 '십팔자왕설로 인해서'라고 설명하고 있다. 그러나 이자겸은 십팔자왕설을 따른 것이라기보다, 오히려 그것을 이용해 국왕이 되려 했던 것으로 추측된다. 딸을 국왕에게 출가시키고 그 사이에서 태어난 외손주에게 다시 자신의 두 딸을 출가시키는 '기이한' 방식을 통해 권력의 맛을 본 그로서는 자연히 더 큰 야망을 품게 되었을 것이다. 그리고 그의 꿈을 실현시키기 위해 일찍이 중국에서 유행한 참언인 '십팔자왕설'을 교묘히 퍼뜨렸을 것이다.

그리고 마침 당시 십팔자왕설을 뒷받침하는 여러 예언이 개경에 파다하게 퍼져 있었다. 수도인 개경(開京)의 기운이 기울었다느니, 용의 후손인 개성왕씨 가계는 12대에 그친다느니 하는 참언이 바로 그것이다. 이런 예언의 전파에 이자겸이 직접 개입했는지는 알 수 없지만, 어쨌든 왕을 꿈꾸고 있던 이자겸에게는 여건의 조성이 이루어진 셈이었다. 이에 흉흉한 여론의 조성을 더욱 확실히 하기 위해 '십팔자왕설'로 마지막 승부수를 띄웠을지도 모를 일이다. 그러나 그의 승부수는 결국 실패로 돌아갔고, 말년을 유배지 영광(靈光)에서 쓸쓸히 지내고 만다.

꿈을 통해 하늘의 점지를 받든, 여론을 조작하든 한 왕조를 창건하는 일은 아무나 할 수 있는 일은 아닌 듯하다. 왕은 꿈꾼다고 노력한다고 이루어지는 게 아닌가 보다. 너무나 당연하지만 말이다.

십팔자왕설은 이후에도 여러 명이 활용하였는데, 앞서 살핀 무인시대의 이의민과 고려말의 이성계도 그러했다. 이의민은 실패하지만, 이성계는 성공하여 조선을 건국한다. 이성계는 다름 아닌 이의민의 후손이니, 조상의 실패를 거울삼아 재도전하였던 게 주효했을까? 그래서 역사는 참 재미있다.

1) 金塘澤, 「鄭仲夫 · 李義旼 · 崔忠獻」, 『한국사시민강좌』 8, 일조각, 1991.

2) 金基德, 「高麗時期 王室의 構成과 近親婚」, 『국사관논총』 49, 1993.

3) 김기덕, 「고려시대 왕실 선원록의 복원시도」, 『역사와 현실』 43, 2002.

4) 김기덕, 『高麗時代 封爵制 研究』, 청년사, 1998.

5) 金塘澤, 『高麗武人政權研究』, 새문사, 1987.

6) 남인국, 「귀족사회의 전개와 동요」, 『한국사』 고려왕조의 성립과 발전 12, 국사편찬위원회, 1993.

7) 盧明鎬, 「高麗初期 王室出身의 '鄉里' 勢力; 麗初 親屬들의 政治勢力化 樣態」, 『高麗史의 諸問題』, 삼영사, 1985.

8) 李基東, 「金寬毅」, 『한국사시민강좌』 10, 일조각, 1992.

9) 李丙燾, 『高麗時代의 研究』, 아세아문화사, 1980.

10) 이정란, 「高麗前期의 小君과 國庶」, 『한국사연구』 122, 2003.

11) 이정란, 『고려시대 서얼연구』, 고려대학교 박사학위논문, 2003.

12) 張豪晟, 「韓中 避諱法 考察」, 『한문교육연구』 13, 한국한문교육학회, 1999.

13) 鄭求福, 「高麗朝의 避諱法에 관한 연구」, 『李基白先生古稀紀念韓國史學論叢 －古代篇 · 高麗時代篇』 상, 1994.

14) 정용숙, 「《高麗史》〈后妃傳〉의 檢討」, 『高麗王室族內婚研究』, 새문社, 1988.

15) 정용숙, 「公主의 婚姻關係를 통해 본 三室婚의 實態」, 『高麗王室族內婚研究』, 새문社, 1988.

16) 河炫綱, 『高麗王朝成立期의 諸問題』, 연세대학교 박사학위논문.

17) 허인욱, 「〈高麗世系〉에 나타나는 新羅系 說話와 『編年通錄』의 編纂意圖」, 『史叢』 56, 歷史學研究會, 2003.

18) 許興植, 「高麗時代 小君의 身分上 特性」, 『擇窩許善道先生停年紀念 韓國史學論叢』, 1992.

2

고려 귀족들이 살아가는 법

- 붉은 가죽띠로 묶인 스승과 제자
- 부자 아버지와 가난한 아빠
- 글쟁이들의 모임, 시회(詩會)
- 어머니의 교육열에도 상을 주었던 나라

7

붉은 가죽띠로 묶인 스승과 제자

출세를 하려면 우선 인간관계를 잘 맺어야 하는 것이 '고금의 진리(?)' 다. 자신을 이끌어줄 동아줄을 잘 만나야 앞길에 탄탄대로가 펼쳐진다. 아무리 비판하고 개혁을 하려 해도 학벌·지연(地緣) 등의 문제가 우리 사회에서 사라지지 않는 것도 그 때문이다.

출셋길을 보장하는 끈

고려의 개혁군주였던 공민왕은 유생(儒生)들을 자신이 펼칠 개혁정치를 함께할 대상으로 여기지 않았다. "유생은 유약하여 강직함이 적고 또 문생(門生)이니 좌주(座主)니 동년(同年)이라 칭하면서 서로 무리를 지어 정(情)에 따른다."는 것이 그 이유였다.

유생은 대개 당대의 최고 지식인이라고 할 만한, 과거에 합격한 이들이었다. 부패한 기존 관료집단이나 정치를 개혁할 때는 언제나 세파에 물들지 않은 젊고 건강한 인물을 앞장세울 필요가 있었다. 그리고 그 대상은 흔히 이제 막 과거에 합격한 혈기왕성한 유생들

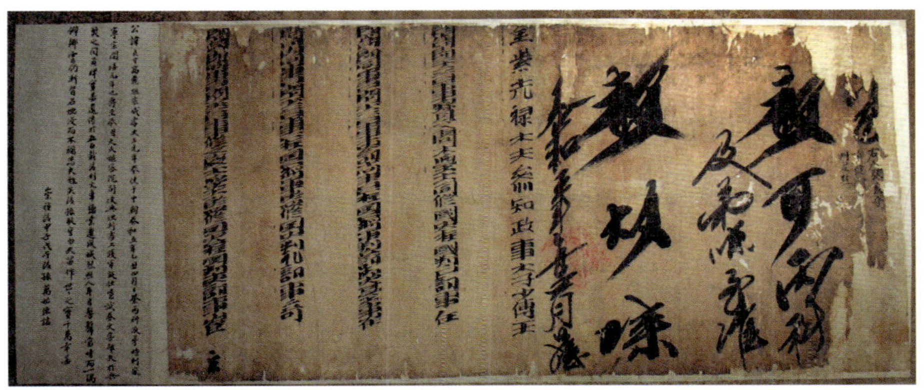

장량수급제첩(張良守及第牒) 고려 희종 원년(1205)에 중서문하성(中書門下省)이 장량수에게 발급한 과거 합격증이다. 현재 경상북도 울진군 울진면 고성리 강원동의 월계서원(月溪書院)에 보관되어 있다.

이었다. 그러나 고려 후기의 유생들은 공민왕의 말처럼 문생이니 좌주니 하면서 무리를 지어 서로를 이끌어주고 있었다. 말하자면 그들이 고려 최대의 학벌 집단이었던 것이다.

좌주는 해당 연도의 과거 합격자가 자신들이 치른 시험을 관장하였던 지공거(知貢擧)와 동지공거(同知貢擧)를 부르는 호칭으로, 혹은 은문(恩門)이라 칭하기도 했다. 한편 좌주 자신이 관장하였던 과거에 합격한 인물을 문생이라고 하였고, 같은 좌주 아래 있는 문생들끼리는 서로를 동년이라 불렀다.

그런데 좌주와 문생은 단순히 한 번의 인연으로 끝나지 않았다. 좌주는 인정상이든 자신의 지지세력을 키우는 차원에서든 관계(官界)에서 자신의 문생을 이끌어주었다. 문생 역시 그런 좌주를 부모와 같이 여기며 따랐다. 박항(朴恒)은 자기 고집이 있고 남의 말을 듣지 않았다고 평가되는 '고지식한' 인물이었다. 그런데도 유독 사

람을 기용하는 데는 공정성을 잃어, 일찍이 자신이 관장하였던 최
종 시험에서 합격자 9명 중 5명을 자신의 문생 중에서 뽑았다고 한
다. 한번 좌주를 잘 만나면 이후의 시험이나 관직 생활에서 위와 같
은 혜택을 얻을 수 있었던 것이다.

따라서 어떤 좌주 밑에서 급제했느냐가 이후 문생의 관로(官路)에
많은 영향을 주었다. 박항처럼 인사권을 쥔 고위직에 오른 인물을
좌주로 모시게 되면, 그 문생은 이후에 평탄한 출셋길로 들어서게
되기 때문이다.

뿌리 깊은 학맥의 미화 작업

좌주와 문생은 서로 이끌어주는 관계를 통해 학맥을 굳건히 하
여, 서로의 보완장치가 되었다. 그리고 당시인들은 그런 관계를 부
모와 자녀의 관계로 미화하였다.

우리나라에서는 시관(試官, 과거 시험을 관장하는 관리)이 된 자를 학
사(學士)라 부르는데, 그 문생은 그를 은문이라 부른다. 문생과 좌주
사이의 예절은 옛날보다 더욱 중하여졌다. 학사의 아버지나 좌주가
살아 있으면 과거 합격자 명단을 발표한 다음에는 반드시 공복(公服)
을 갖추고 가서 뵈었는데, 그의 문생이 줄지어 학사를 따랐다. 그 집
에 당도하여 학사가 문으로 나아가 절을 하면 문생은 그의 뒤에서
절을 한다. 비록 존장(尊長)일지라도 손님으로 참여했으면 모두 마루
에서 내려와 뜰에 서며, 예(禮)가 끝나기를 기다려 읍양(揖讓)하고서

올라가 차례대로 배하(拜賀)하였다. 그러고 나서야 학사가 자기의 집으로 맞이하여 잔을 올리고 오래 살기를 축수하였다.

『역옹패설(櫟翁稗說)』 후집 권 2

위의 기록은 어떤 좌주의 문생이 좌주가 되어 문생을 선발하게 되면, 자신이 뽑은 문생을 이끌고 자신의 좌주나 부모님이 계시는 집에 나아가 극진한 예를 행하였던 고려의 전통을 설명하고 있다. 자녀가 출세하면 영광을 부모에게 돌리는 것처럼, 문생이 좌주가 되면 그 영광을 자신의 좌주에게 돌렸던 것이다.

그러다 보니 당시에 좌주의 문생이 좌주가 되는 것을 가장 큰 영광으로 여겨, 좌주나 자신의 아버지를 위해 큰 잔치를 베풀었다. 충숙왕(忠肅王) 7년에 고려 말의 대학자 이제현이 과거를 주관하게 되자, 문생을 거느리고 아버지의 장수를 비는 잔치를 열었다. 당시 국왕이 고액 화폐인 은병(銀甁) 200개와 쌀 50석을 하사하여 잔치 비용에 충당하게 했다고 하니, 그

익재 이제현 영정 충숙왕 6년(1319) 이제현이 국왕과 함께 원나라에 갔을 때 당시 최고의 화가인 진감여(陳鑑如)가 그린 그림.

잔치가 얼마나 성대했는지 가히 짐작이 간다.

화려한 잔치를 베풀었다는 사실 말고도 문생이 좌주가 되어 문생을 배출하는 일을 고려인들이 얼마나 영광스럽게 여기며 소중한 추억으로 간직하려고 했는지는 다음 이야기에서 알 수 있다.

중찬(中贊) 유경(柳璥)이 과거를 주관하게 되었을 때, 그의 좌주였던 평장사(平章事) 임경숙(任景肅)이 자신이 차고 있던 오서홍정(烏犀紅鞓, 검은 무소뿔이 달린 붉은 허리띠)을 풀어 그에게 둘러주면서 말하기를, "경의 문하에서 경과 같은 자가 나오면 바야흐로 오늘의 내 마음을 알 수 있으리니, 그때는 이 허리띠를 풀어 그에게 주도록 하게나."라고 하였다. 이것이 또한 홍정을 주고받는 기원이 된 것이다.

『목은집(牧隱集)』 권 26 문생장시도가병서

유경은 4번이나 과거의 고시관을 역임하였으며, 인재를 알아보는 특별한 능력을 지녔던 고려 중엽의 인물이었다. 위의 사료는 그런 그가 처음으로 과거의 고시관이 되었을 때의 일을 전한다. 그의 좌주였던 임경숙이 차고 있던 붉은 허리띠를 그 자리에서 풀어 그에게 주면서 '너의 문생 중에 고시관이 나오면 주라.'고 당부했다고 한다.

훗날 스승의 예언처럼 유경의 문생 중에서도 고시관이 배출되었는데, 마침 몇 해 전에 스승으로부터 받은 허리띠를 변란의 와중에 잃어버렸다. 이에 유경은 하는 수 없이 새것을 사러 나갔는데 시장에서, 잃어버렸던 바로 그 허리띠를 만나 자신의 문생에게 전해줄 수 있었다고 한다.

붉은 허리띠와 관련된 또 다른 일화가 있다. 외할아버지가 좌주가 된 문생에게 주었던 허리띠가 결국에는 외손자가 좌주가 됨으로써 그의 가문으로 되돌아왔다는 이야기다. 이 이야기를 전하는 기록은 그것이 얼마나 신기한 일인가에 초점이 맞추어져 있다.

고려인장

하지만 현대 문명사회를 살고 있는 우리에게는 이 이야기들이 좌주와 문생의 끈끈한 학맥관계를 부자의 관계로 승화시키고, 나아가 붉은 허리띠로 그들 간의 끊을 수 없었던 공생관계를 미화하는 것으로 보이니, 왜 그럴까?

왕권도 배제한 유착관계

본인들에게는 아름답고 신기한 이야기가 될지 모르나, 그에 속하지 못한 사람에게 학맥관계란 없애야만 하는 폐단 중의 하나로 여겨졌을 것이다. 이 점은 좌주와 문생의 뿌리 깊은 유착관계에 대해, 고려 말의 개혁가 신돈(辛旽)이 "유자(儒者)는 좌주라 문생이라 칭하며 서로 청탁함이 이제현의 문생과 그 문하(門下)에서 문생이 생겨 드디어 나라에 가득 찬 도적이 되었습니다."라는 극언을 서슴지 않았던 데에서도 충분히 알 수 있다.

이러한 좌주와 문생의 끈끈한 관계에는 국왕조차 개입할 수가 없었다. 그래서 고려의 왕 중에는 자신이 직접 좌주가 되어 이 문제를 해결하려던 국왕도 있었다. 충렬왕은 재위 6년 5월에 문신(文臣)을 직접 시험하여 뽑고는, 그들을 '전시문생(殿試門生)'이라 부르면서 특별 대우하였다. 전시(殿試)란 본래 과거의 최종 시험에 합격한 인물을 국왕이 친히 전각(殿閣)에 불러 시험하는 것을 이르는 말이지만, 사실상 최종 합격자의 등수를 매기는 정도의 형식적인 절차에 불과했다. 그런데 충렬왕은 신하들 사이에 뿌리 깊은 좌주 문생의 관계를 끊기 위해, 형식적이었던 전시에 힘을 실어줌으로써 왕권을 개입시키려 했던 것이다. 그러나 이러한 왕권의 개입은 국왕의 의도대로 되지 않았고, 또한 지속적으로 이루어지지도 못했다. 좌주와 문생의 유착관계는 이후로도 계속되었다.

좌주와 문생의 관계만 끈끈했던 것은 아니었다. 동년끼리의 관계도 그러했다. 따라서 좌주만큼이나 동년이 어떤 사람으로 구성되었느냐에 따라 자신의 출셋길이 달라졌다. 이규보(李奎報)가 "진사(進士) 시험의 동년이 모두 30인이었는데, 그 후 모두들 발탁되어 재상(宰相)이나 현관(顯官)에 올랐으니 우리 동년만큼 융성한 때가 없었다."고 자랑했던 일도 그런 일면을 보여주는 것이라 하겠다.

당시인들은 문생 중에도 장원급제한 사람끼리의 모임을 만들어 대외적으로 세를 과시하기도 했는데, 이 모임을 용두회(龍頭會)라 불렀다. 학맥 속에 다시 학맥을 만들어 그것을 통해 또 다른 특권을 만들어냈으니, 인간의 욕심이란 끝이 없는가 보다.

8

부자 아버지와 가난한 아빠

최근 수험생들의 입시 부정으로 사회가 떠들썩했던 적이 있다. 입시에서 좋은 성적을 올리기 위해 돈을 써서 대리시험을 치르게 하는 삐뚤어진 인성(人性)에서 비롯되었음은 물론이다. 돈으로 모든 것을 해결하려는 '부자 아버지'는 오늘날뿐 아니라 고려시대에도 있었다. 올바르게 사는 길을 알려주지 못하고, 모든 것을 돈으로 해결하려는 부모의 자세가 자녀는 물론 역사에 어떤 악영향을 끼칠지는 불을 보듯 뻔하다.

돈으로 과거에 합격하다

고려 말의 왕강(王康)은 종실의 먼 친족이었다. 그는 공민왕 20년의 과거에 응시하여 합격하였다. 그런데 다른 합격자보다 유난히 나이가 어린 것을 이상하게 여긴 공민왕이 합격자를 불러 모았다. 그리고 말하기를 "판관(判官) 조숭례(曹崇禮)와 진사(進士) 민안인(閔安仁)은 나이가 지긋한 유자(儒者)인데도 아직 합격하지 못하였는데,

하물며 저와 같이 어린아이가 합격할 수 있겠는가? 반드시 다른 사람의 손을 빌었을 것이다."라고 하였다. 그리고 이내 그로 하여금 시험 문제를 다시 쓰게 했는데, 예상대로 능히 쓰지 못했다. 화가 머리끝까지 난 공민왕은 합격을 취소시키면서 동시에 15세 미만 아이들의 과거 응시를 금하였다. 그러나 국왕의 명령은 이후 흐지부지되었는지, 왕강은 몇 개월 지난 뒤 과거에 최종 합격하였다. 돈이 승리하였던 것이다.

문제는 돈으로 과거에 합격한 왕강이 유별한 예가 아니었다는 점이다. 당시 돈과 권력으로 과거에 합격하는 현상이 얼마나 만연했는지를 대변해주는 표현으로 '분홍방(粉紅榜)'이란 단어가 있었다.

우왕 11년 3월에 윤취(尹就)가 과거시험을 관장하면서 합격시킨 사람이 모두 세력(勢力) 있는 집안의 젖내 나는 아이들이었다. 당시인들이 이를 비웃어 '분홍방'이라 하였으니, 그것은 어린아이들이 분홍색의 옷 입기를 좋아하기 때문이었다.

『고려사』 권 74 선거 1

공민왕의 다음 대 국왕이었던 우왕 때 과거를 관장하는 관리가 세력 있는 집안의 '젖내 나는 아이들'을 합격시키자, 당시인들이 그럴듯한 설명을 덧붙여 그 무리를 '분홍방'이라고 불렀던 것이다. 분홍방의 유행은 15세 미만 아이들의 과거 응시 자체를 규제하는 강경책을 내놓을 수밖에 없었던 공민왕의 고민이 어디에 있었는지 알려준다. 돈과 권력만 있으면 어린아이조차 과거의 합격이 보장되던 '문란한' 시대였던 것이다.

부자 아버지의 재산 지키기

하늘이 내는 부자가 있다고 한다. 물론 가난도 있다.

한 자매가 있었다. 관상 보는 사람이 두 자매의 상을 보고 말하기를, "언니는 마땅히 부귀를 향유할 것이나 동생은 박명(薄命)할 것이다."라고 하였다. 그런데 당시 여동생의 남편은 유익겸(柳益謙)이었고, 언니의 배우자는 민영모(閔令謨)였다. 유익겸은 그때 이미 고관직에 있었던 데 비해 민영모는 그럴싸한 관직에 있지 못했기 때문에, 두 자매는 관상쟁이의 말이 틀리다고 여겼다. 그러나 관상은 그대로 맞아 떨어졌다. 훗날 유익겸은 무신정변 중에 사망하였고 민영모는 최고의 관직에 오르게 되었다. 과부가 된 유익겸의 처는 가난하여 항상 언니에게 의탁하여 살았다. 한참 잘 나가던 유익겸이 무신정변으로 인해 비명횡사할 줄 누가 알았겠는가? 하늘이 하는 일인 것을.

그러나 하늘이 내린 부를 지키는 것은 부자 되기보다 더 어렵다. 무인정권 시기에 최세보(崔世輔)란 무인이 있었다. 보잘것없는 가문에서 태어나 글도 읽을 줄 몰랐으나, 무인정권이라는 특수 상황으로 인해 명종 19년에 판이부사(判吏部事)가 되었다. 판이부사란 문관의 인사권을 지닌 최고 관직이었다. 탐욕스러운 성품의 최세보는 판이부사에 임명되자 뇌물의 크기에 따라 관리들의 승진을 결정하였고, 그로 인해 엄청난 재산을 축재할 수 있었다. 하늘이 그에게 부를 내려주었던 것이다.

그런데 그에게는 최비(崔斐)라는 문제가 많은 아들이 있었다. 부유한 아버지의 비호 아래 자란 최비는 뛰어난 용모 덕에 태자궁의

죽순모양주전자

관직에 임명되었다. 어느 날 최비는 궁궐에서 태자가 사랑하는 비(婢)를 보고 한눈에 반해, 귤(橘)을 던져 그녀를 유인하여 간통하는 사건을 저지르고 만다. 최비가 태자의 여인과 간통한 사실을 알게 된 국왕은 법에 의거하여 그를 처벌하고자 했으나, 당시 최고 집정이었던 이의민의 도움으로 겨우 처벌을 면하게 되었다. 그러고도 반성은커녕 간통 사건으로 궁에서 쫓겨나 비구니가 된 비(婢)와 부적절한 관계를 계속 유지하였다. 그러나 그의 행운은 그리 오래 가지 못했다. 그 사이에 최고 집정자는 이의민에서 최충헌(崔忠獻)으로 교체되었고, 최충헌은 그의 죄를 용서하지 않았다. 결국 그는 유배되었고, 최세보의 가문은 그로 인해 문을 닫게 되었다. 최세보 가문의 부는 채 2대도 가지 못했던 것이다.

생전에 최세보는 재산을 축재한 뒤 집을 지었다. 한 동네를 모두 차지하여 사방 네 곳에 각각 저택(邸宅)을 두어 자손의 앞날에 쓰이도록 하였던 것이다. 그러나 그가 죽은 후 얼마 되지 않아 최비로 인해 가문이 몰락하였으니, 자녀 교육을 제대로 시키지 못한 최세보에게는 물거품 같은 재산이었던 것이다.

가난해도 모범이 되었던 아빠

함유일(咸有一)은 일찍이 부모를 여의고 외숙의 집에서 자랐다. 나이 15세에 혈혈단신으로 상경하여, 당시 아버지의 친구이자 재상이었던 이준양(李俊陽)의 도움으로 서울에서 곁방살이부터 시작하였다. 그 후 인종 13년 서경(西京)의 반란에 서리로 종군(從軍)하여 공로를 세워 선군도감(選軍都監)의 기사(記事)에 뽑혔다. 당시 함유일은 밤낮으로 공무에 충실하여 사사로운 일을 잊었으며, 집이 가난하여 항상 해진 옷과 뚫어진 신발을 신고 다녔다. 그의 청렴함에 대해서는 다음과 같은 일화가 전해진다.

당시 임금을 호위하던 친위군(親衛軍)의 식사가 제대로 보급되지 않았다. 그러자 친위군들 사이에서는 "만약 해진 옷을 입은 사람을 얻어 우리 군대의 기사(記事)로 삼으면, 반드시 이처럼 식사가 보급되지 않는 일은 없을 것이다."라는 말이 나돌았다고 한다. '해진 옷을 입은 사람'은 함유일을 지칭하는 말이었다.

그 후 어느 날 임금이 장원정(長源亭)에 행차하여 신하들에게 명하여 활을 쏘게 하였는데, 함유일이 과녁을 맞히어 금과 비단을 하사받았다. 그러나 함유일은 금과 비단을 자신의 집에 가져가지 않고 모두 팔아서 자신이 관장하는 군대의 집기(什器)를 마련하였다.

그의 청렴은 많은 사람들의 존경을 자아냈다. 무인정권 시기에 무부(武夫)들이 병기를 가지고 거리를 횡행하다가도 그를 보면 병기를 거두고 지나가지 않는 자가 없었다고 『고려사』는 전하고 있다. 일생을 청렴하게 살았던 그는 여든의 나이에 사망한다. 그가 평생 입었던 옷은 비단이 아닌 베옷이었고, 사용하였던 그릇은 질그릇이었다. 또한 자신의 장례마저도 간소하게 차릴 것을 유언하고 죽었다. 정말 한평생을 청렴하게 살다간 고려인이라고 할 수 있다.

생전에 축재를 전혀 하지 않는 그의 성품이 답답했던 아내가 어느 날 "당신이 살아 있는 동안에 아이들을 위해 먹고살 기반을 세워주어야 하는데 어찌 걱정하지 않습니까?"라고 물었다. 그러자 그는 "나는 외롭고 도움이 없었어도 근검하고 절개를 지킴으로써 집안을 일으켰습니다. 아이들도 다만 마땅히 정직하고 절약하면서 하늘의 명령을 기다리면 됩니다. 어찌 가난함을 슬프게 생각하겠습니까?"라고 답했다고 한다. 이러한 아버지의 교훈을 잘 이어받아서인지, 아들 3형제 중 함순(咸淳)은 과거에 합격하였으며, 아버지처럼 문장과 절행(節行)으로 당시에 이름이 있었다고 『고려사』는 전하고 있다.

가난은 부끄러운 것이 아니라, 조금 불편한 것일 뿐이라는 말이 있다. 그럴싸하게 들리지만, 가난 앞에서 당당하기란 무척이나 어렵다. 최수황(崔守璜)은 집이 가난하여 의식(衣食)이 곤란하였으나 별로 개의치 않았다. 어느 날 최수황이 과거시험의 주관자로서 합격자들을 위해 '학사연(學士宴)'을 베풀었는데, 차린 음식이 모두 야채뿐이었다. 그러자 어떤 사람이 흰쌀을 한 가마니 보내왔는데, 그는 "나는 국왕이 하사하여도 오히려 받지 않았거늘 하물며 백성의 고혈이리오?"라고 하며 끝내 받지 않았다고 한다.

한희유(韓希愈)는 성품이 활달하고 곧아 꾸밈이 적었으나, 집이 가난하여 자주 남으로부터 빌려 썼다. 그렇지만 국왕의 사냥에 동행하여 목표물을 명중시켜 말을 하사받아도, 곧잘 남에게 주곤 했다. 어느 날 그를 형으로 섬기고 있던 인후(印侯)가 그의 집에 이르러, "아아! 내 형의 가난함이 이 지경이었는가."라고 했다. 그 후 얼

마 뒤 인후는 국왕에게 청하여 그에게 곡식 수백 섬을 내려주게 하
였다. 그러자 한희유는 "넉넉하여졌다."고 말하였다고 한다. 욕심
없이 당당히 살아가는 모습이 참 아름답다.

  그러나 이런 경우는 매우 드문 사례다. 가난한 사람을 도와주고
이해해주는 사회적 장치가 마련되지 않는 한, 가난 앞에 꿋꿋하기
란 매우 어렵기 때문이다. 무조건 꿋꿋하게 살라고 강요할 일도 아
니다. 원종(元宗) 때 밤도둑이 어느 집의 벽을 뚫고 곡식을 훔쳤는
데, 구멍이 작아 능히 나가지 못했다. 그런데 그것을 목격한 집주인
이 도리어 도둑을 밖으로 밀어주어 달아나도록 했다. 그러면서 집
주인이 하는 말이 "당신이 기아(飢餓)에 절박하여 이 지경에 이르렀
는데, 나의 곡식이 없어지는 것이 또한 무슨 근심이겠는가? 마침
나의 가족 중 이 사실을 아는 자 없으니 가지고 갈지어다."라고 했
다. 곡식을 훔쳐 달아났던 도둑은 나중에 자신의 봉급으로 술과 음
식을 사 가지고 와서 집주인에게 감사를 드렸다고 한다. 가난한 자
를 보듬어준 주인의 마음이 잘못된 길로 들었던 도둑을 감동시켰던
것이다.

9

글쟁이들의 모임, 시회(詩會)

무신정변 이후 살아남은 문신(文臣)들은 모두 숨을 죽이고 있었다. 무인들 간의 권력다툼이 한창이었던 당시에 벼슬길이 막혀 있던 그들에게는 딱히 이렇다 할 소일거리가 없었다. 이에 살아남은 몇몇 문신들은 시회(詩會)를 조직하였다. 모임의 이름은 중국의 죽림칠현(竹林七賢)을 본따서 '죽고칠현'* 이라고 불렀다. 이들은 모이면 매번 술을 마시고 시를 지으며 즐겼는데, 마치 곁에 사람이 없는 듯이 행동했다고 한다.

귀족들의 여가 모임, 시회

죽고칠현에 얽힌 흥미로운 이야기를 이규보는 다음과 같이 소개하고 있다.

---

* 고려 무신정권 시기에 정치에 뜻을 버리고 은거하며 자연을 찾아 술과 글로써 청담(淸談)을 즐긴 7인의 문사들의 모임으로, 당시 이인로(李仁老) · 오세재(吳世才) · 임춘(林椿) · 조통(趙通) · 황보항(皇甫抗) · 함순(咸淳) · 이담지(李湛之) 등 일곱 사람이 그에 해당하였다. 해좌칠현(海左七賢) · 동도칠현(東都七賢) · 죽림고회(竹林高會)로도 불렸다.

"글로 세상에 이름난 선배 일곱 사람이 스스로 한때의 호걸이라 생각하고 드디어 서로 어울려서 칠현(七賢)이라 하니, 대개 진(晉)나라의 칠현을 사모한 것이다. 마일 함께 모여서 술을 마시며 시를 짓되 자기들 외에는 아무도 없는 것처럼 하더니, 세상에서 빈정대는 사람이 많아지자 기세가 조금 누그러졌다. 당시 내 나이 열아홉이었는데, 오세재(吳世才)가 나를 '나이를 잊은 친구'로 삼아 항상 그 모임에 데리고 갔었다. 그 뒤에 오세재가 경주에 놀러 갔을 때 내가 그 모임에 참석하였더니, 모임의 회원 중 하나인 이담지가 나를 보고 말하기를, '자네의 친구 오세재가 경주에 놀러가서 돌아오지 않으니, 자네가 그의 보충 인원이 되겠는가?'라고 하므로, 내가 곧 대답하기를, '칠현이 무슨 조정의 벼슬이오? 어찌 그 빠진 것을 보충한단 말이요? 죽림칠현의 혜강·완적이 사망한 후 그들을 계승한 이가 있었다는 말을 듣지 못했소.'라고 하니, 모두들 크게 웃었다."

『동국이상국집(東國李相國集)』 권 21 칠현설

이처럼 시회의 회원들은 마치 벼슬자리가 비게 되면 새로운 인물을 앉히듯, 자신들의 모임을 관리하고 있었다. 벼슬길이 막혀 있던 답답한 그들의 심경을 여실히 보여준다고 하겠다. 벼슬길이 막히면 지배층에서 탈락되었던 전근대 사회에서 무신정변으로 인해 인위적으로 벼슬길을 차단당했던 답답한 마음을 시회의 조직이라는 '끼리의 문화'를 만듦으로써 해소하려 했던 것이다. 이러한 배경으로 만들어진 시회이기에, 그 모임은 생산적일 리가 없었다.

시회를 통해 벼슬을 얻다

무신정변으로 정권에서 소외되어 있었지만 여전히 한 사회의 지배층이자 지식인이었던 고려 중기의 문인들에게 우리가 기대하는 역할은 아무래도 건전한 비판자적 자세라고 하겠다. 행동하는 지성인의 역할까지는 아니더라도 당시 무인정권의 폭압에 허덕이는 백성들을 위해, 부정부패를 일삼는 잘못된 정치에 대해 '시' 형태로나마 쓴 소리 한마디 내뱉기를 바라는 것이다.

그러나 벼슬길이 막힌 답답한 심정을 술 마시고 시 짓는 것으로 푸는 데 만족하였던 그들에게서 건전한 비판을 기대하기란 처음부터 무리였다. 아니 도리어 시회는 처음의 방관자적 입장에서 벗어나 점차 적극적인 출세의 수단이 되기 시작하였다.

고려 귀족들은 인적관계를 넓히는 수단의 하나로 시회를 이용하였다. 그 대표적인 인물 중 하나가 앞서 나온 이규보이다. 그는 23세 되던 명종 20년(1190)에 과거에 합격한 뒤, 7년여의 세월을 기다렸으나 관직에 임명되지 못했다. 답답했던 이규보는 30세였던 해 12월에 당시 재상 조영인(趙永仁)과 임유(任濡) · 최선(崔詵) · 최당(崔讜)에게 관직을 구걸하는 시(詩)를 연이어 보냈는데, 그들은 한결같이 당시 최고 집정인 최충헌과 특별한 인연을 맺고 있던 인물들이었다. '구관시(求官詩)'는 저들에 대한 칭송과 함께 나이 삼십이 되도록 관직에 임명되지 못해 생활이 어려우니 은덕을 베풀어달라는 내용으로 이루어져 있었다. 이러한 그의 노력이 효력을 보았는지, 마침내 그는 재상들의 추천을 받아내는 데 성공하였다. 천거의 소식을 들은 이규보는 뛸 듯이 기뻐하였다.

그러나 그의 불행은 아직 끝나지 않았다. 관직 임명에 대한 임금의 윤허까지 내려졌으나, 평소 그에게 유감을 가지고 있던 인사 담당자가 그의 임명을 허락하는 문서를 인사기구에 보내지 않고 잃어버렸다고 거짓말을 한 것이다. 이로 인해 그의 등용은 취소되었다.

좌절 속에서 세월을 보내던 이규보에게 마침내 기회가 찾아왔다. 32세가 되던 신종(神宗) 2년(1199) 5월에 최충헌이 자기 집의 석류 꽃이 흐드러지게 만발하자, 당시에 유명한 시인을 모두 불러 시를 짓게 하였다. 이규보 역시 여기에 초대되었다. 그리고 '천재적 시인'으로서의 실력을 십분 발휘하여, 최충헌에게 '눈도장'을 찍는 데 성공하였다. 그러나 그는 이에 만족하지 않고, 시회가 파한 뒤 곧바로 최충헌에게 초대에 감사하는 시를 써서 보냈다. 이때 시에 앞서 쓰는 도입부 글에서 최충헌에 대해 "무지개처럼 기운 솟는 담력이요, 옥같이 신통한 품성이라, 일찍이 동해를 기울여 저절로 혼탁한 물을 몰아내는 파도가 되었으니, 남산의 대나무를 모두 벤다 하더라도 어찌 공의 공로를 기록하는 붓을 다 충당할 수 있겠습니까?"라고 극찬하였다. 이 글이 최충헌의 마음을 움직였는지, 그는 그 해 6월에 드디어 7품의 지방관직에 임명되었다.

방관자에서 정권의 고문으로

그러나 이규보는 직설적인 성품으로 인해, 그 이듬해에 어렵게 얻은 관직에서 파직되었다. 그리고 7년여의 세월이 흐른 뒤 다시 관직에 임명될 기회를 얻게 되었다. 이번에도 최충헌의 시회를 통해

서였다. 새로 정자를 지은 최충헌이 이를 기념하기 위해 유명한 시
인들을 불러모았는데, 이규보도 이에 참여하게 되었다. 최충헌은
시인들이 지은 시를 4명의 재상으로 하여금 심사하게 하였는데, 이
규보의 시가 일등으로 뽑혔다. 그가 지은 시를 한번 감상해보자.

물건은 천지(天地)에서 나는 것인데
공(公)이 능히 변화시키고 옮기기를
조물주(造物主)와 함께 표리가 되므로
물건 중에는 공에게 사역(使役)되어
공을 위해 쓰인 것이 많다.
비단 물건만 아니라 사람의 몸과 마음을 닦고 기르는 데 있어서도
또한 두루 갖추었다고 할 수 있으니
누가 공에게 쓰임을 원하지 않겠는가?

『동국이상국집(東國李相國集)』 권 23 기 진강후모정기

시가 아니라 최충헌에 대한 찬양문이라고 해야겠다. 최충헌을 조
물주에 비기면서, 이 세상의 물건이나 사람이 모두 최충헌에게 쓰
임을 당하고 싶어한다는 내용의 글을 지었으니, 그에 대한 보답으
로 관직에 임용되는 것은 오히려 당연하지 않았을까. 그때 이규보
의 나이 사십이었다고 한다. 어찌되었든 시를 좋아했던 최충헌과
시회가 없었더라면 '천재시인' 이규보도 세상에 빛을 내지 못하고
초야에 묻힌 방랑시인이 되었을지 모르겠다.
　최고 집정자를 찬양하며 관직을 얻고 출세했던 이규보의 모습은
당대 지식인으로서 문인이 지녀야 할 역할을 다시 생각하게 한다.

불행한 시대에 잘못된 일에 대해 정면으로 맞서기는커녕, 아니 방관자적 모습을 견지하기는커녕, 이제 문인들은 최고 집정자나 고위층에 대한 찬양문을 스스로 지어 관직을 얻고자 노력했다. 그리고 그것을 위해 시와 시회를 출세의 수단으로 이용하였다. 이런 상황에서 건전한 비판이 가능했겠는가? 굶주리는 백성을 위해 쓴 소리 한마디 내뱉을 수 있었을까? 최씨정권(崔氏政權)이 성립된 이후 이러한 문인들이 오히려 그들 정권의 주구가 되고 정권을 튼튼하게 유지하도록 하는 데 자문역할을 했던 것은 당연한 역사의 필연이었다. 백성을 위해 이규보가 지은 다음의 시가 공허하게 들리는 것은 이 때문이다. 현실과 동떨어진 한갓 단어 놀이에 불과했기에.

장안의 부호한 집에는	長安豪俠家
구슬과 패물이 산처럼 쌓였는데	珠貝堆如阜
절구로 찧어낸 구슬 같은 쌀밥을	春粒瑩如珠
말이나 개에게도 먹이며	或飼馬與拘
기름처럼 맑은 청주를	璧醪湛若油
종들도 마음껏 마시네	霑洽童僕味
이 모두 농부에게서 나온 것	是皆出於農
하늘로부터 받은 것이 아니로세	非乃本所受
남들의 손 힘을 빌고는	假他手上勞
망령되이 스스로 부자가 되었노라 하네	妄謂能自富
……	
희디흰 쌀밥이나	粲粲白玉飯
맑디맑은 청주는	澄澄綠波酒

모두가 이들의 힘으로 생산한 것이니　　　是汝力所生

하늘도 이들이 먹고 마심을 허물치 않으리　　　天亦不之咎

권농사에게 말하노니　　　爲報勸農使

국령이 혹 잘못된 것 아니오　　　國令容或謬

높은 벼슬아치들은　　　可矣卿與相

주식에 물려 썩히고　　　酒食厭腐朽

야인들도 나누어 갖고는　　　野人亦有之

언제나 청주를 마신다오　　　每飮必醇酎

노는 사람들도 이와 같은데　　　游手尙如此

농부들을 어찌 못 먹게 하는가　　　農餉安可後

『동국이상국후집(東國李相國後集)』 권 1

10

어머니의 교육열에도 상을 주었던 나라

최근 실질적으로 '고교등급제'를 실시한 몇몇 대학으로 인해 우리 사회는 '논란중'이다. 교육 문제에 대해 언제나 해결의 실마리를 찾을 수 없는 이면에는 우리의 과도한 교육열이 도사리고 있다. 자타가 공인할 정도인 우리의 교육열은 언제부터였을까?

온 나라에 퍼진 교육의 열기

고려에 관한 기록물은 조선시대에 편찬된 『고려사』, 『고려사절요』와 고려시대 문인들이 기록한 각종 문집(文集)이나 묘지명(墓誌銘)이 그 전부라고 해도 과언이 아닐 정도로 소수에 불과하다. 그런 까닭에 동시대의 중국인이 고려에 관해 기록한 『고려도경(高麗圖經)』은 매우 귀중한 자료이다.

이 책은 북송(北宋) 때의 중국인 서긍(徐兢, 1091~1153)이 기록한 '고려견문기'다. 그는 인종 1년(1123)에 중국 사신의 일행으로 1개월 동안 고려에 체류하였다. 이꼐 보고들은 사실을 본국으로 귀국

한 후 기록하고 필요한 경우 그림까지 곁들여 『고려도경』을 저술하였고, 이를 당시의 황제인 휘종(徽宗)에게 바쳤다고 한다.

본래 글과 그림에 능했던 서현(徐鉉)의 후손으로 태어난 서긍은 조상의 재주를 이어받아 일찍이 글과 그림으로 명성을 날렸다. 그리고 이러한 재주 덕에 불과 1개월이란 비교적 짧은 체류기간과 많은 공식행사에 참여해야만 했던 불리한 조건에서도 『고려도경』이라는 매우 풍부한 글과 그림을 남겨놓을 수 있었다. 그러나 애석하게도 현재 전해지고 있는 『고려도경』에는 그림이 없다. 『고려도경』의 원본은 1126년에 금나라 군사에 의해 북송의 수도가 유린되었던 '정강(靖康)의 난' 와중에 사라져버렸고, 지금 현존하는 것은 그림 부분이 제외된 필사본이다.

이미 언급하였듯 『고려도경』은 고려를 연구하는 데 매우 유용한 자료이다. 고려에 대한 정사(正史)라고 할 수 있는 『고려사』나 『고려사절요』에서는 찾아볼 수 없는 내용을 많이 기술하고 있기 때문이다. 바로 이 『고려도경』의 글 중에 교육열과 관련하여 우리의 주목을 끄는 내용이 있다.

민간의 여염집과 누추한 거리에 경관(經館)과 서사(書舍)가 두셋씩 서로 마주보고 있어, 백성들의 자제로 결혼하지 않은 자들이 무리를 지어 살면서 스승을 좇아 경서를 배운다. 조금 장성하여서는 친구를 선택하여 각각 그 부류에 따라 절간에서 강습하는데, 아래로는 졸병과 어린아이에 이르기까지 시골선생[鄕先生]에게서 글을 배우니, 아아! 훌륭하도다.

고려에서는 민간 마을조차 글방이 마련되어 있다. 그리하여 백성들의 자제들은 스승에게 경서(經書)를 배우며, 조금 장성한 청년들은 무리를 지어 사찰에 나아가 태우고 익힌다. 이러한 교육열은 하층민도 예외가 아니어서, 하위 군인들로부터 어린아이에 이르기까지 모두 선생에게 글을 배우고 있다는 것이 서긍이 고려의 교육에 대해 경탄해마지 않는 내용이다. 중국인에게도 민간이나 시골에서조차 글방과 스승을 두고 자제들을 교육시키는 고려인의 교육열이 눈에 띄어 위와 같이 찬탄하도록 했으니, 그 교육열은 가히 짐작할 만하다. 이 점은 서긍이 고려의 풍물이나 전통에 대해 매사 중국인의 눈으로 비판적으로 서술하였던 점을 염두에 두면 더욱 그러하다. 분명 대단하긴 했던 모양이다.

사립학교의 유행

고려인의 교육열은 우리나라 최초의 '사립학교' 설립과 대유행으로도 입증된다. 최초의 사립학교는 문종대에 최충(崔沖)에 의해 설립된 구재학당(九齋學堂)이다. 당시 중서령(中書令)이라는 고위직을 역임하였던 최충은 후학들을 불러모아 가르치기를 게을리 하지 않았다고 한다. 이에 지배층뿐만 아니라 평민들까지도 그의 집이 있는 거리에 가득 차서 마침내 아홉 개로 나누게 되었으며, 당시인들은 그의 제자를 따로 "최공(崔公)의 무리" 또는 최충의 호를 따라 "문헌공도(文憲公徒)"라고 부를 정도였다. 이러한 구재학당의 영향력은 "의관(衣冠) 자제(子弟)로 무릇 과거에 응시하려는 자는 반드시 먼저 문헌공도에 들어가 학습하였다.”는 『고려사』의 내용만으로도 충분히 짐작이 간다.

구재학당에서는 해마다 더운 달이면 귀법사(歸法寺)의 승방(僧房)을 빌려 하과(夏課, Summer School)를 하였다. 학당의 교사는 그곳 출신으로 학문이 우수하고 재능이 뛰어나며 과거에 합격하고도 벼슬하지 않은 자들 중에서 선출되었다. 간혹 선배들이 학당 앞을 지나가다가 그곳에 들르게 되면, 학당에서 공부하던 후배들이 재주를 뽐낼 수 있도록 기회를 주기도 했다. 촛불에 금을 그어 그것을 제한 시간으로 삼아 시를 짓게 하는 방식으로 시합이 이루어졌는데, 결과는 그 자리에서 즉시 공표되었다. 그중 성적이 좋은 사람은 특별히 선배와 함께 술자리를 가질 수 있었다고 한다.

구재학당 출신 인물 중 이러한 '각촉부시'(刻燭賦詩, 촛불에 금을 그어 시를 짓게 함)에 가장 능했던 인물이 바로 이규보였다. 그는 스스로 시를 짓는 병〔詩癖〕이 있다고 할 정도로 많은 시를 남겼다. 또한 자신의 시에 큰 자부심을 가져 자칭 '당백(唐白)', 즉 당나라의 이백(李白)이라고 하였으며, 당시인들 또한 그를 '주필(走筆) 이당백(李唐白)'이라 하였다고 한다. 이러한 그의 시 짓는 능력은 구재학당 재학 시절부터 이미 정평이 나 있었다. 나이 14세 때 문헌공도에 들어갔고, 하과 때에 '각촉부시' 하는 '급작(急作)'에서 매번 1등을 놓치지 않아 함께 공부하던 무리들이 모두 그를 따르지 못하였다고 한다.

어쨌든 구재학당의 성공은 다른 사립학교의 설립으로 이어졌다. 최충의 구재학당을 본받아 11개의 학당이 연이어 개설되었고, 이때 개설된 사립학교를 당시인들은 구재학당과 함께 사학(私學) 12도(徒)라 불렀다. 그러나 요즈음처럼 그 시절에도 이러한 사립학교의 유행은 곧 국립학교의 부실화로 이어졌다. 거꾸로 국립학교의 투실이 사립학교의 설립을 부추겼는지도 모르지만 말이다. 이 점은 "헛되이 국학(國學)에 이름만 걸어 놓고 과거시험장에서 재주를 겨루는 이는 드무니, 이 점이 내가 밤낮으로 마음에 쌓아두고 자나깨나 걱정이 된다."는 예종의 말에서도 입증된다. 국립학교인 국학에 이름만 등록해두고 허송세월을 보내는 국학생들이 다수 존재하고 실제로 과거시험을 볼 만한 능력을 지닌 자가 드물 정도로 국학의 투실화가 진행되었던 것이다.

물론 국학이 고려시대 내내 최고 교육기관이었음을 부정하기는 어렵다. 사립학교의 발달로 국학의 지위가 잠시 휘청거리기는 했지만, 예종이 대대적으로 국학의 진흥에 매진하여 어느 정도 성과를 거두었기 때문이다. 그러나 한편으로 사립학교의 역할 또한 무시할 수는 없었다. 이는 국학생과 마찬가지로 사립학교 학생에게도 여비시험을 치르지 않고 최종 과거시험에 직접 응시할 수 있는 특권을 부여하는 제도를 마련하였다는 점에서 알 수 있다.

어머니의 교육열에 상을 내리다

무신정권 시기에 이승장(李勝章)이란 인물이 불우한 집안 사정에도 감찰어사(監察御史)라는 고위직에 오를 수 있었던 이면에는 어머니의 교육열이 있었다. 그는 본래 경상도 상주 출신이었으나, 어린 시절에 아버지가 가족들과 함께 상경하여 학문의 길에 들어섰던 까닭에 개성에서 자랐다. 아버지의 재주와 학문은 당대 유명한 시인인 정지상(鄭知常)과 이름을 나란히 할 정도였으나 불행히도 일찍이 세상을 떠났다.

남편이 세상을 떠난 후, 홀로 살기 어려웠던 그의 어머니는 아들을 데리고 재혼하였다. 그 후 어느덧 이승장이 학문에 뜻을 둘 나이에 이르자, 양아버지는 집이 가난하다고 핑계를 대며 그를 공부시키지 않으려 하였다. 이에 그의 어머니는, "첩이 먹고사는 문제로 인해 재가하여 부끄럽게도 절개를 잃었습니다. 그러나 다행스럽게도 남편의 유복자가 있어 지금 학문에 뜻을 둘 나이가 되었습니다. 이 아이의 아버지가 본래 속해 있던 무리〔유학자〕에 속하게 하여 그의 뒤를 따르게 하는 것이 마땅할 것입니다. 만약 그렇게 하지 못한다면 내가 무슨 얼굴로 지하에서 전 남편의 얼굴을 다시 보겠습니까."라고 하며, 절대 불가하다고 하였다. 양아버지도 그녀의 고집에 무릎을 꿇을 수밖에 없어, 이승장은 무사히 공부를 계속할 수 있었다.

그 후 이승장은 당시 유행하였던 사립학교에 입학하여 계속 학문에 정진할 수 있었다. 어려운 가정형편을 감안할 때, 어머니의 교육열이 없었다면 사실상 불가능한 일이었을 것이다. 그가 구재에서 두각을 나타내자, 당시인들은 "이씨(李氏)의 가문이 아들을 잘 두었다."고 칭찬하였다. 그 후 이승장은 의종 22년(1168) 봄에 과거의 예비시험에 응시하여 2등으로 합격하였다.

자녀의 교육을 위해 절개를 버리면서 재혼을 하고, 어떤 역경에도 굴하지 않고 자녀의 입신양명을 도운 이승장의 어머니에게서 현재 우리 어머니들의 자화상을 본다. 최근 우스갯소리로 자녀의 대학 합격은 아버지의 경제력에 어머니의 정보력이 조화를 이루어야 가능하다고들 한다. 그만큼 어머니의 교육열이 합격의 중요한 열쇠가 되었다는 이야기다. 그러나 한편에서는 이러한 어머니의 교육열을 '치맛바람'으로 치부해 곱지 않은 시선을 보내기도 한다. 물론 치맛바람이라 불리는 과도한 교육열의 폐해가 적지는 않지만, 무조건 부정적으로 바라보며 매도할 일은 아니라고 여겨진다. 우리나라가 고도성장을 이룰 수 있었던 가장 중요한 요인 가운데 하나가 그렇게 과도한 교육열이었음을 부정할 수 없기 때문이다. 물론 뭐든지 지나치면 안 되지만 말이다.

그런데 고려는 이러한 어머니의 '교육열'에 대해 자녀의 과거 합격이라는 영광과 함께 어머니에게도 큰 상금과 영예를 내려주었다. 3명의 아들을 모두 과거에 합격시켰을 경우, 그 어머니에게는 '녹봉'과 봉작이 지급되었다.

교육에 대한 부모의 수고를 알아주어야 하며, 그것을 국가가 나서서 함께 짊어져야 할 때라고 여겨진다.

1) 김의규, 「무신정권기 문신의 정치의식과 그 성향」, 『한국사』 고려 무신정권 18, 국사편찬위원회, 1993.

2) 김호동, 『고려무신정권시대 文人知識層의 현실대응』, 경인문화사, 2003.

3) 민병하, 「진양부와 정방 및 서방」, 『한국사』 18, 국사편찬위원회, 1993.

4) 朴性鳳, 「海東孔子 崔冲 小考―고려時代 儒學史의 一部―」, 『사총』 1, 1955.

5) 朴龍雲, 『高麗時代 蔭敍制와 科擧制研究』, 一志社, 1990.

6) 朴贊洙, 『高麗時代 敎育制度史 硏究』, 景仁文化社, 2001.

7) 柳浩錫, 「高麗後期 座主·門生 關係의 變化와 그 性格; 元 干涉期를 중심으로」, 『國史館論叢』 55, 1994.

8) 李楠福, 「麗末鮮初의 座主·門生關係에 關한 一考察」, 『藍史鄭在覺博士 古稀紀念 洋學論叢』, 1984.

9) 李鍾殷, 「竹林七賢과 竹高七賢의 대비적 고찰」, 『한국학논집』 17, 한양대 한국학연구소, 1990.

10) 李興鍾, 「竹林高會 研究」, 『중재장충식박사화갑기념논총 역사학편』, 1992.

11) 許興植, 『高麗科擧制度史研究』, 一潮閣, 1981.

3

고달팠던 고려인의 삶과 죽음

세금의 원천이었던 고려 백성

농경사회였던 고려시대에 사람들은 대부분 농업에 종사했다. 고려는 농민을 '백정(白丁)'이라 불렀다. 많이 알려져 있는 사실이지만, 고려와 조선에서 사용되던 '백정'이란 단어는 전혀 다른 계층을 의미했다. 조선의 백정이 '소를 잡는 것'을 전문 직업으로 하는 특수 집단을 의미한다면, 고려의 백정은 일반 백성을 지칭하는 말에 가까웠다.

백(白)은 '흰 것' 즉 '아무것도 없어 희다'는 의미를 지닌 말이며, 정(丁)은 16세에서 59세에 이르는 성인 남자를 지칭했다. 이 두 단어의 뜻을 모으면 고려의 백정이란, 국가에 부담하는 특정한 역(役)이 '없는' 성인 남자를 호칭하는 말이 된다. 물론 특정한 역을 부담하지 않으므로, 그에 따른 어떠한 특혜도 받지 못한다. 다시 말해 의무도 없고 특혜도 없는 계층을 '백정'이라고 했다. 그러나 본래 의미와 달리 고려의 백정층, 즉 일반민들은 고려 왕조의 세금의 원천이었다. 한마디로 의무만 있고 특혜는 없는 계층이 백정이었다.

특산물이 나는 곳에서는 살기 어려웠던 시대

고려의 백정층은 대부분 농업에 종사하였다. 농업은 일반적으로 천재지변(天災地變)에 크게 영향을 받았으므로, 농민의 생활 수준을 결정짓는 것은 자연섭리의 변화였다. 조금이라도 가뭄·홍수·냉해·우박 등의 재해가 발생하면 일 년 농사를 망치게 되고, 그 다음 해는 '초근목피'에서 벗어나기 힘들었다.

문제는 분명 천재(天災)였지만 농민들을 더욱 무섭게 하고 화나게 하는 것은 천재가 아니라 인재(人災)였다. 요즘도 항상 장마나 홍수 끝에 신문을 펼쳐보면 천재가 아니라 인재라고 떠들어대는데, 그 당시에도 천재보다 인재가 더욱 무서운 농민의 적이었다. 천재지변 없이 일 년 농사를 무사히 마친다 해도, 기다렸다는 듯이 나타나 각종 세금을 거두어 가는 관리들 때문에 여유로운 생활이란 상상도 할 수 없었다. 더구나 한 뙈기의 땅조차 소유하지 못한 농민들의 상황은 더욱 비참했다. 소작료를 지주에게 주고 나면 겨우 초근목피를 벗어날 지경이었는데, 그나마도 국가가 각종 명목의 세금을 징수해 갔기 때문이다.

고려시대 일반민이 국가에 내야 하는 세금을 흔히 조(租)·용(庸)·조(調)라고 한다. 조(租)는 토지 수확물 중 일부를 내는 것이고, 용(庸)은 국가나 지방의 토목공사에 자신의 노동력을 무상으로 제공하는 것이며, 조(調)는 자신이 살고 있는 고장의 특산물을 중앙에 바치는 세금이다.

세 가지 세금 중 특산물을 징수하였던 조(調)는 징발의 형태가 경우에 따라 조금 달랐다. 자기 고장의 특산물을 지방 수령이 가호(家戶)

하양창(河陽倉) 고려는 백성들이 냈던 조세미(租稅米)를 집적하고 원활한 운송을 위하여 성종 11년(992) 전국 13개에 조창(漕倉)을 두고 바닷길로 운송하는 조운체제를 정비하였는데, 하양창은 그 가운데 하나이다. 당시 하양창은 행정적으로 아주(牙州)에 속하였는데, 오늘날 위치는 경기도 평택의 아산만 연안이다.

단위로 거두어서 직접 중앙에 바치기도 했지만, 대개는 백성의 노동력을 부려 특산물을 제작·가공하여 바치는 형태를 띠었다.

전자의 경우 농민들은 직접 특산물을 구해서 바쳐야 했다. 그런데 그 중간에 상인들의 농간으로 농민들이 물품의 실제 가격보다 훨씬 비싼 비용을 들여야 하는 폐단이 많이 발생했다.

노동력을 제공하는 후자의 경우에도 그 고통과 경제적 손실이 적지 않았다. 예컨대, 고장에서 산출되는 특수 농작물은 수령의 감독 하에 재배하여 바쳤으며, 종이·먹과 같은 특산물도 일일이 해당 지방민의 노동력을 동원하여 만들어 바쳤다. 금은과 같은 광산물 또한 지방민을 동원하여 채굴하게 하였다. 일반 백성들은 광산물 채굴이나 종이 생산의 전문 인력이 아니었음에도, 농사일은 돌보지 못한 채 몇 날 며칠 동안 채굴이나 특산물 생산에 노동력을 제공해야 했다. 그러다 보니 체계적이며 효율적으로 노동력을 활용하리라는 기대는 좀처럼 하기 힘들었다. 예를 하나 살펴보자.

충렬왕 3년에 원나라가 금을 요구하자 고려 왕조는 관원을 홍주(洪州) 등지에 파견하여 금을 채굴하도록 했다. 당시에 동원된 인부는 무려 11,446명이었고 채굴에 소요된 기간은 70일이었다. 그런데도 채굴된 금은 겨우 7냥(兩) 9분(分), 요즘 단위로 환산하면 약 270그램에 불과했다. 얼마나 비효율적인 노동력의 동원인가? 또한 얼마나 무자비한 동원이었던가? 농민의 입장에서 보면 기가 막힐 뿐이다.

한마디로 고려의 농민은 삼중고에 시달리고 있었다. 본업인 농사일도 힘에 부친데, 그 외에 국가의 각종 토목공사에 요역(徭役)이란 명목으로 수시로 동원되고, 특산물 상납을 위해 다시 노동력을 착취당해야 했다. 예종 3년에 반포되었던 다음과 같은 국왕의 명령은 세금으로 고통 받는 백성의 모습을 여실히 보여준다.

> 경기도의 주현(州縣)은 상공(常貢) 이외의 요역(徭役)이 번거롭고 무거우므로 백성이 이를 고통스러워하여 날로 도망하여 흩어지고 있다. 주관하는 관청은 계수관(界首官)에게 하문(下問)하여 그 공역(貢役)의 많고 적음을 계산하여 시행하라.
>
> 『고려사』 권 78 식화 1 공부

상공(常貢)이란 일상적으로 내는 공물(貢物), 즉 조(調)에 해당하는 세금을 말한다. 조(調)에는 사실 일정하게 법률로 정해져서 매년 바쳐야 했던 '상공' 이외에 별공(別貢)이라는 항목이 따로 있었다. 즉 중앙에서 그때그때 사정에 따라 필요한 물품을 해당 고을에 추가로 요구하는 것이 바로 별공이었다. 농민의 입장에서 보면, 별공은 일상적인 공물 징수로 인한 노동력의 차출 이외에도 수시로 노동력을 빼앗아가는 거추장스러운 존재였다.

특히 경기도 지역의 농민에게는 문제가 매우 심각했다. 갑자기 어떤 물품이 필요하게 되면 왕조 정부에서는 경기도가 수도와 가깝다는 이유만으로 수시로 그곳의 백성에게 별공을 징수했기 때문이다. 그러다 보니 경기 지역의 백성들이 하나 둘씩 보따리를 싸서 도망갔다. 이에 위에서처럼 국왕이 경기의 지방관에게 공역(貢役), 즉 공물에 노동력을 차출하는 것의 많고 적음을 분간하여 시행하도록 명령을 내리기에 이르렀던 것이다.

국왕의 명령에도 특산물 징수에 따른 백성의 고통은 개선되지 않았다. 오히려 고려 후기에 이르러 각 고을이 중앙의 권력 관청에 따

로 부속되면서 백성은 관청에서 소요되는 물품을 조달하는 직접적
인 수탈의 대상이 되었다.

국왕과 공주가 원나라로 행차하는데 가림현(嘉林縣)의 어떤 사람이
다루가치〔達魯花赤〕에게 고하기를, "우리 현(縣)의 촌락(村落)은 원성
전(元成殿) 및 정화원(貞和院) · 장군방(將軍房) · 홀적(忽赤) · 순군(巡
軍)에 나누어 소속되어 있고, 오직 금소(金所) 한 촌(村)만 남아 있습
니다. 그런데 지금 응방(鷹坊)이 미랄리(迷剌里)를 또 빼앗아 가지니,
우리들은 무엇으로써 홀로 부역(賦役)을 바치리오."라고 하였다. 그
러자 다루가치가 말하기를, "너희 고을만 홀로 그러한 것이 아니고
이와 같은 고을이 많다. 장차 여러 도를 돌아가며 살펴서 그 폐단을
덜게 하겠다."라고 하였다.

『고려사』 권 89 열전 2 흑비

충렬왕대에 가림현 휘하에는 여러 촌락이 소속되어 있었다. 그런
데 그 소속 촌락 중 많은 수가 중앙의 권력기관에 각각 소속되어 그
곳에 따로 공물을 바치고 있던 까닭에, 몇 개 남지 않은 나머지 촌락
들이 공식적인 중앙의 공물을 부담하고 있었다. 그런데 그때 다시
나머지 촌락 중 또 한곳을 응방에서 빼앗아가자, 나머지 촌락의 백
성들이 어떻게 공역에 이바지할 수 있겠느냐고 한탄했다는 내용이
다. 그런데 그런 한탄을 들은 관리가 "너희 고을만 그런 상황에 있
는 것이 아니다."라고 응대했다고 하니, 당시 공역의 폐단이 얼마나
극심했는지 알 수 있다. 상황이 이렇다 보니, 백성들은 자기가 살고
있는 곳에서 특산물이 나는 것이 오히려 두려울 정도였다. 금맥이

나 은맥이 발견되면, 쉬쉬하며 중앙정부에서 모르기만을 바랄 수밖에 없었던 것이다.

전쟁 중에도 차출되었던 백성의 노동력

앞서 살핀 공역 이외에도 고려의 백성들은 시도 때도 없이 노역에 시달려야만 했다. 심지어 몽고와의 전쟁이 한창이었던 때에도 개인의 사치행각을 위해 백성의 노동력이 동원되었다.

몽고의 1차 침입 이후 고려 왕조는 강화도로 천도하여 항전의 태세를 갖추고 있었다. 그런데 이 와중에 당시의 무인집정이었던 최이(崔怡)가 강화도에 자신의 집을 짓기 위해 옛 서울인 개경에서 재목을 실어오게 하였다. 이로 인해 재목의 운반에 동원된 많은 사람들이 바다에 빠져 죽거나 추위로 동사(凍死)하는 지경에 이르자, "사람과 잣나무 중 어느 것이 더 중하냐."는 내용의 벽보가 도심에 나붙었다. 그러나 최이는 백성의 원망을 대수롭지 않게 여기고, 운반해온 재목으로 집을 짓고 수십 리에 뻗어 있던 자신의 정원에 소나무와 잣나무를 심게 하였다고 한다.

최이의 어처구니없는 노동력 징발에 대한 또 다른 일화가 있다. 역시 몽고와의 전쟁이 한창이던 시절이었다. 최이는 개인 용도의 얼음을 서산(西山)에 저장하고 소나무와 잣나무를 자신의 정원에 심기 위해 백성을 징발하였다. 그러자 서산 주변에 살고 있던 백성들이 모두 집을 버리고 산으로 올라가버렸다고 한다. 적병인 몽고군의 침입 때문이 아니라 지배층의 수탈을 피하기 위해 산으로 달아

뒤꽂이 부녀자의 쪽진 머리 뒤에 꽂는 장식품. 고려의 여인들은 얹은머리나 쪽머리 뒤에 덧꽂아 장식의 미를 더하였다.

난 것이니, 참 어처구니없는 일이다.

만약 오늘날 관변 단체 등에서 사람을 동원할 때, '점심제공'만을 조건으로 제시하고 임금에 대해 아무 언급도 없다면 우리는 대번에 갸우뚱할 것이다. 그런데 당시에는 무임금에 점심도 제공하지 않았다. 유명한 '십시일반'의 고사가 여기에서 비롯되었다.

의종 21년(1167) 3월의 일이었다. 때에 국왕 의종은 중미정(衆美亭) 남쪽의 연못에 배를 띄우고 취하도록 마시며 환락하였다. 그런데 의종이 환락에 빠져 있던 중미정에는 백성들의 애환이 서려 있었다. 중미정 축조에는 수많은 역졸들이 동원되었는데, 토목공사가 한창 진행 중이던 어느 날이었다. 점심시간이 되자, 역졸들은 대부분 각자 싸온 점심을 펼쳐들었다. 그런데 그중 한 역졸은 몹시 가난하여 점심을 싸올 수가 없었다. 이에 역졸들이 모두 밥을 한 술씩 덜어 먹게 하였다. 그 뒤 어느 날 그의 부인이 음식을 차려 와서 남편에게 말하기를, "친한 분을 불러서 같이 잡수세요."라고 하였다. 이 말을 듣고 놀란 남편은, "집이 가난한데 무엇으로 음식을 준비하였소? 다른 사람과 사통(私通)하여 얻은 것이오? 아니면 남의 것을 훔친 것이오?"라고 물었다. 그러자 부인이 말하기를, "얼굴이 못생겼으니 누가 나와 사통할 것이며, 성질이 옹졸하니 어찌 능히 도적질을 하리오. 다만 머리털을 깎아 사왔을 따름이오."라고 하고는 자신의 머리를 보였다. 이 말을 들은 남편은 흐느껴 울며 능히 먹지 못하였고, 그 말을 전해들은 사람들이 모두 슬퍼하였다고 한다. 고려의 백성들에게 인생살이는 무척이나 팍팍했다.

땅임자는 따로 있네

농민들은 농토에서 나오는 수확물의 일부를 조(租)라는 세금으로 국가에 내야 했다. 그 세율에 대해서는 4분의 1이니 10분의 1이니 하는 학설이 있지만, 현재는 10분의 1이 좀 더 유력시되고 있다. 10분의 1설에 따르면 농민은 농토에서 나오는 수확물의 총 10분의 1만을 국가에 세금으로 내면 된다. 그런데 문제는 사실상 많은 농민들이 한 뙈기의 땅조차 소유하지 못하고 있는 데서 발생한다.

토지가 없는 농민은 지주의 토지를 소작해야 하는데, 대개 소작료는 수확물의 2분의 1이었다. 수확물의 절반만으로 먹고살아야 했던 소작민들은 국가에 다른 세금을 낼 여력이 거의 없었다. 그런데도 국가는 10분의 1의 조(租)와 그 이외의 각종 명목을 만들어내어 절반 남은 수확물 중 많은 부분을 수탈해갔다. 더욱 심각한 문제는 자기 경작 토지를 소유하고 있던 상층 농민도 살기가 매우 빡빡했다는 점이다. 토지가 있다면 전 수확물의 10분의 1만을 국가에 내고 나머지 90퍼센트는 온전히 자신의 몫이기 때문에, 사실 이들은 소작농에 비하면 훨씬 나은 입장이었다. 그러나 이들이 가지고 있던 토지에 대한 소유권이 불안했다는 데 문제의 소지가 있었다.

오늘날 우리는 자신이 소유하거나 노동으로 번 모든 재화에 대해 국가에 일정한 세금을 내면, 그 소유권은 누구도 침해할 수 없는 것으로 국가의 보호를 받고 있다. 만약 우리가 정당한 가격을 지불하여 볼펜 한 자루를 소유하고 있다고 가정해보자. 다른 사람에게 볼펜을 양도하지 않는 한, 우리의 소유권은 누구도 침해할 수 없다. 이것을 '배타적 소유권'이라고 한다. 그런데 전근대 사회에서는 배타적 소유권의 개념이 조금 미흡했다. 그리하여 고려시대 농민 소유의 토지에 국가의 권력이 개입할 여지가 많았다.

고려는 관직자에게 관직 복무의 대가로 전시과(田柴科)라는 토지를 지급하였다. 전시과의 지급대상 토지는 국유지가 아니라 국가가 10분의 1세를 받고 있던 일반 백성의 소유지였다. 즉 일반 농민의 소유지를 전시과라는 명목으로 관직자에게 나누어주었던 것이다. 물론 농민에게 어떠한 동의도 받지 않은 채 그리 했다. 더구나 국가는 심지어 전시과를 받은 관리들을 전주(田主)라고 불렀다. 전주란 말 그대로 '토지의 소유주'란 뜻이다. 실제 토지 소유주가 따로 있는데도 말이다.

이 관계를 실제 토지의 소유주인 농민의 입장에서 보면 10분의 1을 내던 세금을 국가가 아닌 개인 관직자에게 주면 되기 때문에, 세금 납부 절차상의 차이만 발생하는 것처럼 보인다. 그러나 실제로 이러한 변화에는 굉장한 차이가 생긴다. 국가에 10분의 1을 낼 때는 그 세금만 꼬박꼬박 내면 별 문제가 없었지만, 자신의 토지가 개인

관직자에게 수조지(收租地, 관직자에게 조를 걷는 권리를 준 땅)로 넘겨졌을 경우 그 관직자의 간섭을 피할 수 없게 된다. 이는 당시가 신분제 사회였다는 사실과 밀접한 관련이 있다. 토지를 소유한 농민은 대부분 일반 양인(良人)이었고 수조권을 받은 관직자는 귀족에 해당하는 신분의 사람이었기 때문에, 양인인 농민은 그들의 간섭을 피할 수 없었다. 수조권자는 10분의 1로 받는 수조액의 양을 늘리기 위해서 신분적 우위를 적극 이용, 농민의 농사일에 일일이 개입하여 더 많은 수확물을 소출하게 하려고 했을 것이다. 그들이 바라는 것은 오직 하나, 자신이 받을 수조 양의 극대화였기 때문이다. 더구나 이러한 수조권자의 권리를 중시하는 국가의 정책은 양자의 신분적 관계를 더욱 고착시키는 역할을 했다. 즉 당시 국가는 토지의 소유자인 농민이 농사일을 게을리할 경우, 수조권자가 그 토지를 다른 사람에게 양도할 수 있도록 제도적 장치를 마련해주었다.

따라서 당시 농민들은 자신이 소유한 토지에 대해서조차 권리를 제대로 행사할 수 없었다. 더욱이 전시과의 지급은 실제로 1세대에서 끝나지 않았다. 원래 전시과는 관직 복무에 대한 대가로 지급하였으므로, 관직 생활을 그만두면 국가에 반납하는 것이 원칙이었다. 하지만 많은 관직자들은 한 번 받은 전시과를 국가에 다시 반납하기를 꺼렸다. 그래서 왕조의 행정력이 점차 이완되었던 고려 중엽에는 불법으로 여러 세대 동안 전시과를 차지하던 관직자의 수가 크게 불어났다. 그렇지 않아도 농민은 자기 토지에 대해 온전한 소유권을 행사하지 못했던 상황이었는데, 그런 관계가 수십 년간 지속된다면 오히려 소유권이 전도될 수도 있었다.

실제로 고려 후기에 이르자 그런 일이 점차 많이 일어났다. 국가에서 귀족 집안의 불법 수조권 점유를 문제 삼으면, 그 집안에서는 "이 땅은 나의 할아버지의 할아버지 또 그 할아버지 때부터 계속 소유하고 있던 토지다."라고 우기면 끝이었다. 국가의 권력까지 배제해가면서 토지(원래는 농민의 소유지이며, 귀족의 수조지였던 토지)를 점유하고 있던 상황에서 실제 소유주인 농민이 자신의 소유권을 제대로 행사할 수 있었겠는가?

고려 후기에 이르면 농민의 소유지에 심지어 수조권자가 5~6명인 경우도 있었다. 한 농민의 소유지를 여러 명의 관직자가 자신의 수조지라고 우기면서 각각 매년 10분의 1의 조를 거두어가는 사태가 발생한 것이다. 이런 사태는 고려 말기에 국가적 문제로까지 비화되어, 지배층 사이에서도 가장 시급히 해결해야 할 폐단으로 인식되었다.

고려 중기의 시인이자 정치가인 이규보의 시는, 기댈 곳 없이 지배층에 의해 가혹한 침탈을 당했던 고려 백성들의 실정을 가장 잘 보여준다.

힘들여 농사지어 군자를 봉양하니	力穡奉君子
그들을 일컬어 농부라 하네	是之謂田夫
알몸을 얇은 베옷으로 가리고는	赤身掩短褐
매일같이 얼마만큼 땅을 갈았던가	一日耕幾畝
벼 싹이 겨우 파릇파릇 돋아나면	才及稻芽靑
고생스럽게 호미로 김을 매지	辛苦鋤稂莠
(만약) 풍년들어 많은 곡식 거두어도	假饒得千種
한갓 관청 것밖에 되지 않는다오	徒爲官家守

어쩌지 못하고 모조리 빼앗겨   無何遽奪歸

하나도 소유하지 못하고   一介非所有

땅을 파 부자*를 캐 먹다가   乃反掘鳧茈

굶주림에 지쳐 쓰러진다오   飢仆不自求

노동할 때 아니라면   除却作勞時

어느 누가 이들에게 좋은 음식 먹여줄까   何人餉汝厚

목적은 힘을 취하기 위해서이지   所要賭其力

이들의 입을 아껴서가 아니라오   非必愛爾口

『동국이상국후집』 권 1

일 년 내내 열심히 농사를 지어 풍년을 일구어도 거둔 곡식은 모조리 관청의 몫이 되고 농민들은 굶주림에 지쳐 땅에서 부자를 캐 먹는 지경에 이르렀다고 그는 한탄하였다. 이것이 바로 당시 세금의 원천이었던 일반민들이 처한 상황이었다.

＊ 올방개. 사초과의 다년초로, 오리[鳧]가 잘 캐어 먹기 때문에 '부자(鳧茈)'라고도 부른다. 늪 등에 자라는데 가로 뻗는 뿌리 끝에 덩이뿌리가 생긴다. 덩이뿌리는 한방에서 '오우(烏芋)'라 하여 약재로 쓰이는데, 독성과 열성이 강하여 사약의 재료로도 사용된다.

---

12 새 나라를 꿈꾸었던 일반 백성들

고려의 민란(民亂)을 살펴보면, 흥미로운 사실을 접하게 된다. 민란이 무신정권 시기에 집중적으로 발발했다는 점이다. 조위총(趙位寵)의 난, 공주 명학소민(鳴鶴所民)의 반란, 전주민의 반란, 운문(雲門)과 초전(草田) 지역의 반란, 만적(萬積)의 난 그리고 경주와 진주민의 반란 등이 모두 이 시기에 발성한 대표적인 민란이다.

왜 무신정권 시기여야만 했을까?

민란의 발생지역을 살펴보면 그 분포도 광범위하게 나타나고 있다. 북쪽으로는 서북면(西北面), 남쪽으로는 제주도에서 민란이 발생했을 뿐만 아니라 그 중간 지대인 삼남에서도 고루 발발하였다. 물론 당시의 수도인 개경도 잇단 반란의 도가니에서 벗어날 수 없었다.

정쟁적(政爭的) 성격이 강한 반란들은 지역적으로는 주로 개경 주변에서, 시기적으로는 고려 전시기에 골고루 발생하였다. 고려 전

기에는 이흔암의 반란, 김훈과 최질의 반란, 묘청의 반란, 이자겸의
반란 등이, 후기에는 조원정의 반란, 조일신의 반란 등 수많은 반란
이 있었다. 그런데 왜 민란은 무신정권 시기에 집중적으로 발생했
으며, 그것도 전 국토에 걸쳐서 일어났는가?

이 시기 잦은 민란 발생 원인에 대해서는 여러 각도로 초점을 맞
추어볼 수 있다. 그중 우선 백성들의 궁핍화(窮乏化)가 주목된다. 고
려가 건국된 지 약 200년의 세월이 지난 이 시기는 귀족정치의 난숙
기라 할 수 있다. '난숙기'라는 것은 언제나 문화나 문물 등의 '극
치'를 보여주기도 하지만, 한편으로 그때를 정점으로 물밀듯한 퇴
락의 조짐이 나타나는 시기다.

고려사회 역시 귀족정치의 난숙기인 문종대를 정점으로 하여 정
치·사회 제도면에서 쇠퇴의 조짐을 드러내기 시작하였다. 그리고
쇠퇴는 곧 농민의 궁핍화로 이어졌다. 왕조 정부의 행정력 이완은
농민에 대한 불법적인 과다한 세금부과와 가혹한 수탈을 초래했고,
이를 견디다 못한 농민들 중에는 자신이 경작하던 토지를 버리고
유랑생활을 하는 사람들이 속출하게 되었다.

실제로 예종대의 상황을 서술한 글 중에는 백성들의 연이은 유망
(流亡)으로 "열 집 중 아홉 집이 비었다."는 과장된 표현이 나오기도
하고, "달아났던 백성 1만 3천여 호(戶)를 색출하여 다시 생업에 복
귀하도록 하였다."고 하여 유망한 실제 가호수(家戶數)를 구체적으
로 적어놓은 문종대의 기록도 발견된다. 당시에 이미 지배층의 수
탈에 대해 '도망'이라는 소극적인 저항이 시작되었던 것이다. 역의
징발과 세금 징수를 피해 '유망'한다는 것은 민란의 전초단계라 할
수 있다.

백성들의 사회의식 성장도 민란 발생의 주요 요인이 된다. 가혹한 수탈에 대해 백성들은 '도망'이라는 소극적 방법으로 저항하였지만, 그것만으로는 근본적 모순이 해결될 수 없음을 깨닫는 순간 흔히 민란은 폭발한다. 몇몇 민란의 발생과정을 살펴보면 지방관의 가혹한 수탈이나 어떤 사건을 계기로 급작스레 '민란화'하기도 하지만, 이 시기의 민란 중에는 별다른 특별한 사건이나 계기 없이 발생한 경우도 있었다. 유망으로 저항하던 백성들의 사회의식이 성장함에 따라 자연스럽게 저항이 민란으로 발전하게 된 것이다. 우연한 사건으로 폭발한 민란의 경우도, 전개과정 중에 그 사건과 직접 관련이 없는 이웃 마을에까지 확대되어 장기화하는 경우가 많다. 이는 백성들의 사회의식이 그만큼 성장한 데서 비롯된 것이라 할 수 있다.

그러나 무신집권기에 유독 민란이 집중적으로 발생하게 된 가장 큰 원인으로는 무신정변 이후의 정치기강의 문란과 중앙 통제력의 약화를 들 수 있다. 무신정변으로 집권한 무신들 중에는 사실 신분적으로 천계(賤系)에 속하는 사람이 많았다. 어머니가 사원의 노비 출신인 이의민이 무인집정이 되었으며, 할머니와 어머니가 모두 관기(官妓)였던 조원정(曹元正)이 3품의 관직에까지 오르기도 했다. 노비 만적이, "고위 관직자가 천예(賤隷)에서 많이 일어났다. 장상(將相)이라고 무슨 씨가 따로 있겠는가? 때가 오면 누구나 할 수 있는 것이다."라고 하며 반란을 일으켰던 데에서 당시의 신분제가 얼마나 급격히 붕괴했는가를 엿볼 수 있다. 그리고 전근대 사회에서 신분제의 붕괴는 흔히 정치기강의 문란으로 인식된다.

한편 중앙의 지방에 대한 통제력 약화는 민란 빈발의 주요 조건이 된다. 무신정변 이후 무인들 사이에 계속된 정쟁으로 무인집정이 자꾸 바뀌면서 중앙 통제력이 급격히 약화되자, 이 틈을 타 각 지역에서 민란이 발발하게 된 것이다. 즉 중앙통제력의 약화는 민란의 빈발과 장기화의 조건을 마련해주었다.

기대가 크면 실망도 큰 법이다. 무신들에 의한 무신정변이 의종 24년(1170)에 발발하자, 그동안 문신들의 가혹한 수탈에 시달렸던 백성들도 원한을 갚을 기회를 얻었다. 일부 백성들은 무신정변에 적극 가담하여 그동안 자신들을 괴롭혔던 탐관오리를 처벌하였고, 일부는 소극적으로 무신정변에 지지를 보냈다. 그리고 무인들에 의해 새로운 정권이 성립되자, 일반 백성들은 그들이 기존의 문신귀족 정권과는 달리 자신들을 위한 시책을 펴주길 바랐다. 그러나 새로 집권한 무인들은 이런 백성들의 소망은 아랑곳하지 않고 오히려 더 가혹한 수탈을 자행하였다. 결국 변화를 기대했던 백성들은 더욱 실망하게 되었고, 그 결과 민란이 전국적으로 확산되었다.

연이은 민란

무신정변 이후 북쪽에서는 명종 4년(1174)에 조위총의 반란이, 남쪽에서는 명종 6년에 공주 명학소에서 망이·망소이의 반란이 발발하였다. 조위총은 "나라의 정치를 함부로 하는 이의방과 정중부 등의 무인을 제거하고 나라를 바로잡는다."는 명분을 내세워 반란을 일으켰다. 그러나 사실 백성들은 그 지역 수령의 탐학을 없애기 위해 봉기에 가담하였다. 반란이 일어나자 중앙정부에서는 백성을 편안하게 하는 방책에 힘쓸 것임을 내세우는 조서를 반포하였다. 정치적 성향이 다분했던 조위총에 의해 시작된 반란이었지만, 진행과정에서 민란적 성격으로 그 외양이 변모되었고, 이에 중앙정부는 백성들의 마음을 달래주기 위해 조서를 반포했던 것이다.

한편 정부는 토벌군을 3군으로 편성·파병하여 여러 번의 패전을 거듭한 끝에, 발발 2년째인 경종 6년에 겨우 민란을 진압하였다. 그러나 민란은 여기에서 끝나지 않았다. 조위총의 반란을 진압하는 과정에서 관군(官軍)이 항복한 자들을 '반적(叛賊)'이라 지목하여 그들의 부녀자들을 겁탈·살육하였고, 이에 격분한 500여 명의 장정들이 다시 반란을 일으켰다. 이 반란을 '여중(餘衆)의 반란' 즉 '나머지 무리들의 반란'이라고 부르는데, 처음의 반란보다 민란적 성격이 더 강했다. 반란의 주도층이 일반 백성이었다는 점만 보더라도 그 성격의 변화를 감지할 수 있을 것이다. 이 봉기는 1년여 만에 진압되었다. 그런데 관군은 이들 무리가 또다시 반란을 일으킬 것을 걱정하여 남은 무리들에게 양식을 주겠다고 유인한 뒤 모두 살육하는 만행을 저질렀다. 이에 다시 이 지역에서 봉기가 일어났다. 이 민란을 당시 지배층은 '서적(西賊) 유종(遺種)의 반란'이라 불렀다. 서쪽 반란군의 남은 무리라는 뜻이다.

이처럼 조위총의 반란은 처음에는 정치적 색채를 띠었지만 반란이 진행되면서 민란적 성격이 더욱 강화되었고, 그 참여 세력의 중심 자리를 일반민이 점점 더 차지하게 되었다고 할 수 있다.

남부지방에서 일어난 '반란군'을 고려 왕조는 '남적(南賊)'이라 불렀다. 이 시기 남적 중에 가장 대표적인 세력이 공주 명학소민(鳴鶴所民)이었다.

당시 고려의 지방제도는 신분적으로 편제되어 있었다. 지방관이 파견된 지역은 '주현(主縣)'이라 불렸고, 그렇지 못한 지역은 '속현(屬縣)'이라 불리면서 주현에 예속되는 형태를 띠었다. 이는 곧 양 지역의 주민 사이에 신분적 격차를 가져왔다. 즉 속현민들은 주현민들에 비해 신분적으로나 경제적인 면에서 상대적으로 열악한 지위에 놓이게 되었다. 그런데 이러한 속현민보다 더 열악한 지위에 있던 지역민이 있었다. 그들은 '천민집단적' 성격을 지니고 있던 '향(鄕)·소(所)·부곡(部曲)' 지역의 백성들이었다. 그중에서 소는 특수한 수공업 제품을 생산하여 중앙에 바치는 역에 종사하는 사람들이 살고 있던 지역이었다.

민란이 일어난 '명학소'가 바로 그런 '소' 지역이었다. 따라서 공주 명학소에서 일어난 반란은 단순한 민란을 넘어 '신분해방운동'의 성격을 내포하고 있었다. '집단천인'처럼 인식되어 많은 불이익을 당하고 있던 소민들이 주도한 반란이었기 때문이다.

명종 6년에 발생한 명학소의 망이·망소이 봉기는 중앙에서 파견한 관군 3,000명을 격퇴시킬 정도로 그 규모나 세력이 대단하였다. 정부는 '명학소'를 '충순현(忠順縣)'이라는 일반 군현으로 승격시켜, 반군들의 마음을 회유하려 하였다. 그러나 반군이 여세를 몰아 이웃의 예산현까지 공략하자, 무력토벌로 정책을 바꾸었다. 그러자 반군은 정부와 타협하였고, 반란의 기세는 어느 정도 가라앉는 듯하였다.

그러나 조위총 반란의 진압과 마찬가지로 이 민란도 진정된 지 1개월 후에 재차 일어난다. 왕조정부의 목적은 봉기의 진정에 있었을 뿐 반란의 근본원인 규명이나 피지배층의 요구 수용에 있지

청도 운문사(雲門寺) 명종 20년(1190)에 경주에서 반란을 일으킨 남적(南賊) 중의 하나였던 김사미(金沙彌)의 근거지.

않았기 때문이다. 즉 정부는 반란민과 타협을 하는 한편 그들을 진압할 방법을 모색하여 실행에 옮겼다. 이에 민란군은 타협이 오히려 관군에게 시간을 벌게끔 도와준 꼴이 되었음을 깨달았다. 이제 그들이 선택할 수 있는 것은 다시 봉기하는 것뿐이었다. 물론 여느 민란과 마찬가지로 이 민란은 곧 왕조정부에 의해 끝내 진압되고 말았다.

　망이·망소이의 반란 이후에도 전 국토에 걸쳐 잇달아 봉기가 발발하였다. 특히 명종 23년 경상도 지역에서 일어난 김사미와 효심의 반란 과정을 보면 밀양전투에서 한꺼번에 반란군 7,000여 명이 죽었으며, 최충헌 정권 때 일어난 경주민의 반란에서는 관군에 밀려 1,000여 명이 사망하고 250여 명이 포로로 잡히는 등 그 규모면에서도 대단한 반란이 끊임없이 발생하였다. 게다가 봉기는 해당지역만의 문제로 그치지 않고 이웃 고을에까지 확대되어 반란군끼리 연합하는 사태로 발전하는 양상을 띠기 시작하였다. 김사미와 효심도 처음에는 경상북도 청도와 울산에서 각기 반란을 일으켰다가 서로 연합한 형태가 되었으며, 이비(利備)가 이끌었던 경주민의 반란도 발좌(孛佐)가 거느린 운문의 산적(山賊) 및 울진·초전의 무리와 연합하여 스스로 3군(軍)을 편성하기도 했다.

한편 개경에서도 반란이 일어났다. 당시 집정자였던 최충헌의 노비 만적이 반란을 모의하다가 살해된 것이다. 이제까지의 반란은 대부분 민란이었다고 한다면, 만적의 반란은 '신분해방적' 성격이 짙은 반란이었다. 반란의 전말은 다음과 같다.

신종(神宗) 원년에 사노(私奴) 만적 등 6인이 북산(北山)에서 나무하다가 공사(公私)의 노예를 불러모아 모의하기를, "국가에서 무신정변 이후 고위 관직자가 천예(賤隷)에서 많이 일어났으니 장상(將相)이 어찌 따로 씨가 있으랴. 때가 오면 가히 우리도 할 수 있을 것이다. 우리 무리들만 어찌 능히 근육과 뼈를 괴롭게 하여 채찍 밑에 곤욕을 당할 수 있느냐."라고 하니, 여러 노비들이 모두 그렇게 여겼다. 누런 색 종이 수천 장을 잘라 모두 '정(丁)' 자를 새겨 표식으로 삼고 약속하기를, "우리 무리는 흥국사(興國寺)로부터 구정(毬庭)에 이르러 한꺼번에 떼를 지어 북 치고 소리치면 궁궐 안에 있는 내시가 반드시 호응할 것이다. 그러면 관노비들은 궁궐 안에서 일어나 (지배층을) 베어 죽일 것인즉, 우리 무리는 성안에서 봉기하여 먼저 최충헌 등을 죽이고 인하여 각각 그 주인을 쳐서 죽이고 노비문서를 불살라서 온 나라에 천인이 없게 하면 공경과 장상은 우리 무리가 모두 얻어 할 것이다."라고 하였다. 약속한 날에 이르러 모두 모였으나 무리가 수백(數百)에 차지 못하므로 일이 이루어지지 못할까 두려워하여 다시 보제사(普濟寺)에 모이기로 약속하고 명령하기를, "일을 비밀히 하지 않으면 성공하지 못할 것이니 삼가 누설하지 말라."고 하였다. 그런데 율학박사(律學博士) 한충유(韓忠愈)의 노비인 순정(順貞)이 한충유에게 변(變)을 고발하니 한충유가 최충헌에게 고하였으므로, 드디어 만적 등 100여 인을 잡아 강에 던졌다.

『고려사』 권 129 열전 42 최충헌

이 반란은 실제 봉기로까지 발전하지 못하고 모의과정에서 누설되어 실패하였지만, 만적이 반란 중에 외쳤던 "공경장상의 씨가 따로 있느냐."라는 발언은 당시 천민들의 심정을 대변하는 것이었다.

개성 흥국사탑 사노(私奴) 만적이 공경장상(公卿將相)을 꿈꾸며 반란의 전초기지로 삼았던 흥국사(興國寺) 유허(遺墟)에 남겨진 탑. 탑은 원래 흥국사에 있었는데, 지금은 개성시 방직동 고려박물관 옆 뜰에 있다.

자신들을 보듬어줄 새로운 나라

그러면 민란에 참여한 백성들은 진정 무엇을 원했던 것일까? 민란의 과정을 살펴보면 경우에 따라 민란 지도층과 일반 민란민들 사이에 추구하는 목적이 다른 경우가 있다. 앞서 살펴본 조위총의 반란이 대표적이다. 조위총은 개경에서 함부로 권력을 휘두르고 있던 이의방·정중부 등의 제거를 목적으로 했던 반면에, 대다수의 백성들은 가혹한 수탈을 견디지 못해 동조했을 뿐이었다. 그들은 그저 자기의 노동으로 가족들을 먹여 살릴 수 있기만을 바랐던 것이다.

물론 좀 더 뚜렷한 목표를 제시하는 경우도 있었다. 신라·고구려·백제의 부흥을 기치로 내걸었던 민란이 그러했다. 경주지역에서 '신라의 부흥'을 외치는 민란이 수년간 지속되어 중앙정부가 골머리를 앓았던 적이 있었다. 또 고종 2년(1217)에 최광수에 의해 고구려의 부흥을 표방한 봉기가, 같은 왕 24년에 전라도의 담양 지역에서 백제의 부흥을 내세운 민란이 일어났다.

옛 왕조의 부흥을 기치로 내걸었던 이들 봉기는 진행 과정에서 자연히 정치적 색채를 띨 수밖에 없었다. 옛 왕조의 부흥은 곧 고려 왕조를 부정하는 것이었기 때문이다. 그러나 한편으로 봉기의 주도층들은 정말 신라나 백제의 부흥을 바란 것이 아니라, 옛 왕조에 대한 향수를 이용하여 그 지역 백성들의 적극적 참여를 유도하기 위해 그런 명분을 내걸었던 면도 없지 않았다.

그런데 이런 봉기에 백성들이 가담한 것은 사실 지배층의 가혹한 수탈을 견디다 못해 일시적으로 그런 명분에 휩쓸린 것이라고 여겨진다. 즉 일반 백성들에게 고려 왕조를 타도하고 새 왕조를 건설하겠다는 정치적 의도는 없었다. 단지 지배층의 가혹한 수탈이 끝나기를 진정 바랐던 것이다. 그 문제만 해결된다면 굳이 신라나 백제·고구려의 부흥을 이룰 필요는 없다고 여겼다. 진정 그들이 원했던 것은 신라나 백제·고구려가 아니라 새 나라였다. 백성들의 아픈 마음을 보듬어줄 줄 아는 새 나라 말이다.

백성들의 이런 심정은 국가적 위기상황에 반란군들이 취한 태도를 보면 알 수 있다. 최충헌 집권 시기에 거란군이 고려를 침입하자, 당시 지방에서 반란을 일으켰던 '초적(草賊)'의 무리들은 오히려 최충헌에게 접촉하여 거란병과 맞서 싸울 의사를 타진했다. 그들이 진정 왕조의 타도를 바랐다면, 왕조정부에 닥친 내우외환을 적절히 이용하는 것이 가장 효과적인 전술임을 모르지 않았을 텐데도 그들은 그렇게 하지 않았다.

13

축제와 놀이의 나라, 고려

크리스마스 계절이 되면 기독교 신자가 아니더라도 자신도 모르게 들뜨게 된다. 누군가는 통금이 있던 시절 유일하게 자유를 만끽할 수 있는 날이었기 때문에, 자연히 크리스마스가 중요한 축제일이 되었다고 한다. 물론 그것 말고도 우리에게는 여러 명절이 있다. 설·추석·단오 등이 그것이다. 그러나 오늘날 이 같은 명절은 고유의 명절이며 보존해야 할 풍습이라고 여겨질 뿐, 축제의 흥겨움을 선사하지는 못하고 있다. 더구나 여자들에게는 고역스러운 연중행사 가운데 하나로까지 여겨지고 있는 실정이다. 명절 본래의 의미는 상실하고 형식이라는 허울만 남겨졌기 때문일까?

오늘날 젊은이들에게 전야의 들뜬 기분을 느끼게 하는 축제를 꼽으라고 하면, 대부분 서양의 축제를 드는 것이 사실이다. 크리스마스·밸런타인데이와 그것에서 파생된 여러 '데이(day)'가 요즈음 신세대들에게는 우리 명절보다 더욱 중요한 날로 인식되고 있다.

그렇다면 고려인들이 손꼽아 기다렸던 명절에는 어떤 것이 있을까? 설·추석·단오·한식·동지 등과 같이 현재까지 친숙하게 전해 내려오는 것 이외에도 여러 세시풍속이 있었는데, 그중에서도 당시 고려인들에게 전야의 야릇한 맛을 느끼게 해주었던 것은 연등회(燃燈會)와 팔관회(八關會)였다.

화려한 네온사인을 연상시키는 불꽃잔치, 연등회

연등회와 팔관회는 빈번하게 개최되었다. 475년 동안 지속된 고려 역사 기간 중 『고려사』에 기록된 개최횟수는 연등회는 161회, 팔관회는 115회에 달한다. 그러나 "원구(圓丘)·적전(籍田)·연등·팔관 등과 같은 상례적인 일은 처음 보이는 것만 써서 그 예(例)를 나타내고, 만약 왕이 친히 행사를 주관하였으면 반드시 썼다."고 하는 『고려사』의 편찬원칙을 보면, 실제로 개최된 횟수는 그보다 훨씬 상회한다고 하겠다.

> 구문(九門)에 임금님 납시니, 벽제(辟除)소리 우레와 같고
> 궁중의 화사한 연회 밤을 정해 열었어라
> 은촛불 그림자 속에 꿩깃발 도열했고
> 옥퉁소 부는 가운데 금술잔 보내왔구나
> 만세삼창 하니 삼신산 솟아올랐고
> 천년 만에 한번 익는 선도(仙桃)가 실려왔네
> ……
> 교방(敎坊)에서 기생 선발하여 선도에 취했어라
> 구층의 향로에는 용뇌 향기 피웠고
> 사방을 비추는 등불에는 봉황기름을 사용했네

……

비단 등롱(燈籠)은 물결 속에 진주가 비친 듯하고

황금 궁전에는 밤이 깊어 밝은 달이 걸렸구나

만호장안(萬戶長安)에 고루 비쳐 불야성 이루었으니

『동국이상국집』 권 13

연등회 저녁의 모습을 묘사한 이규보의 시다. 온갖 화려한 장식을 한 궁궐과 불야성을 이룬 도심의 풍경에 아름다운 기녀와 천년에 한 번 익는다는 선도주(仙桃酒)의 모습을 그리고 있어, 마치 브라질의 삼바축제를 연상케 한다. 이밖에도 연등회의 화려한 모습을 그린 기록은 『고려사』 등에서 많이 찾아볼 수 있다. 문종 21년(1067)에는 5일 밤낮 동안 연등회가 성대하게 열렸는데 당시 등의 밝기가 대낮과 같았다고 한다. 또 문종 27년(1073)에 행해진 연등회에는 3만 개의 등이 거리에 걸렸다고 한다.

원래 연등회는 엄숙한 불교행사로, 꽃 공양·향 공양과 더불어 연등을 부처에게 바침으로써 탐욕·증오·어리석음을 없애려는 공양의 하나였다. 혹자는 등을 켜는 것은 마음을 수행하는 한 방법이며, 그 목적은 깨달음을 얻기 위해 마음가짐을 청정하게 하려는 데 있었다고 한다.

인도에서 시작된 연등은 본래 불교의례의 하나이며, 그 개최일은 1월 1일이었다. 그러나 중국으로 전래되면서 본뜻이 변하여 축제의 성격이 가미되어 계율에서 금하는 술도 사용하였으며, 개최일은 1월 8일 혹은 1월 15일로 변경되었다. 중국에서 연등회를 전해받은 신라의 연등회는 처음부터 종교적 의례로서의 성격보다는 연회적 성격을 강하게 띠었고, 고려로 이어지면서 국가적 후원 아래 정기적으로 개최되는 의례이자 축제로 변모하게 되었다. 특히 정종(靖宗) 때 태조의 원당(願堂)인 봉은사(奉恩寺)에 국왕이 행차하여 배례(拜禮)하는 의례가 정례화됨으로써 정치적 성격까지 가미된 국가 의례가 되었다.

고려의 연등회는 대체로 1월 14일의 전야제부터 15일까지 이틀 동안 열리는 경우가 많았지만, 시기에 따라 약간의 변동이 있었다. 국초부터 1월 15일에 개최되던 것이, 현종 즉위년(1009)에는 거란의 침입으로 인해 2월 15일로 날짜가 변경되었고, 그 후 한동안 2월을 개최일로 삼았다. 그러다 의종 원년(1147)에 다시 1월로 돌아갔다가, 명종 2년(1172)에는 2월로 조정되는 등 1월과 2월을 번갈아 가며 개최되었다.

이상에서처럼 개최일에 약간의 변동은 있었지만, 고려 전 시기 동안 연등회는 최대 국가 의례였다. 다만 국가적 행사로 굳어지기 시작한 즈음에 팔관회와 연등회가 잠시 폐지되어 존폐의 갈림길에 선 적이 있었다. 유교적 성향이 강했던 성종(成宗)이 즉위한 이후 그 6년(987)에 최승로(崔承老)의 상소를 받아들여 두 행사를 아예 폐지하였던 것이다. 그러나 곧 현종(顯宗)의 즉위(1009) 후에 재개되었고, 이후 고려 말까지 거의 한 해도 거르지 않고 개최되어 고려의 가장 중요한 축제로 자리매김하였다.

연등회는 이틀 동안 개최되었다. 첫날 소회(小會)의 일정은 아침에 임금이 왕실 친족과 신하들로부터 축수(祝壽)를 받는 것으로 시작된다. 그 후 임금은 왕실의 조상들에게 제사를 지내고 봉은사에 행차한다. 그리고 그곳에 안치된 태조의 진영에 제사를 지내고 궁궐로 돌아오는 것으로 첫날의 공식행사를 끝낸다. 그 다음날인 대회일(大會日)의 일정은 연회적 성격이 강하다. 이 날도 역시 국왕은 조상의 제사를 모시지만, 국왕의 자리 앞에는 과일 탁자가 즐비하고 궁전의 좌우는 꽃으로 장식되며 국왕이 전각에 나타나면 신하들은 '군왕만세'를 외치며 연회를 시작하였다.

국제적 축제, 팔관회

연등회만큼 팔관회도 고려의 중요한 불교의례였다. 팔관(八關)이란 원래 8가지 불교 계율을 의미하는 것으로, 팔관회는 8가지 계율을 지켜 선행할 것을 강조한 부처의 가르침에 따라 한 달에 여섯 차례에 걸쳐 하룻밤 하루낮 동안 계율을 수행하도록 하는 행사였다. 8가지 계율은 경전마다 조금 다르게 서술되고 있지만, 대체로 이러하다.

1. 죽이지 말 것
2. 훔치지 말 것
3. 음행하지 말 것
4. 거짓말하지 말 것
5. 술 마시지 말 것
6. 높고 넓고 큰 침대를 사용하지 말 것
7. 화환을 걸거나 몸에 향수를 뿌리지 말 것
8. 노래하고 춤추며 오락을 즐기지 말 것

팔관회는 인도에서 중국을 거쳐 우리나라에 전래되면서 연등회와 마찬가지로 그 성격에 많은 변화를 겪게 된다. 그러나 중국에서는 인도에서처럼 여전히 불교의례적 성격이 강했으며 국가적 행사라기보다는 승려나 개인이 개별적으로 행하는 의례에 불과하였다. 그러던 것이 우리나라에 전래되어 큰 변화를 거쳐 우리만의 독특한 의례로 발전하게 되었다.

처음 신라에 전래되었을 때만 해도 팔관회는 현세적·내세적 목적 성취를 기원하면서 10월에 열렸으나 연례행사는 아니었다. 그런데 고려 시기에 이르러 연례화가 되면서 공식적으로 관리에게 3일의 휴가를 주는 행사가 된다. 또한 외국사신의 축하를 받는 등 국제적 행사로 변모하기도 한다. 고려의 팔관회 개최일은 11월 15일이었다. 그러나 월식(月食)이나 국장(國葬)이 있거나 자묘일(子卯日)이나 동지처럼 불길한 날로 간주되는 날과 겹치게 되면 날짜가 변경되기도 했다. 자묘일은 중국에서 악명높은 임금이었던 걸왕과 주왕이 을묘일과 갑자일에 각각 나라를 잃었다고 하여 불길한 날로 간주되었다.

이미 설명하였듯이 팔관회는 우리나라에 전래된 후 단순한 불교의례에서 벗어나 우리나라만의 독특한 의례로 변모하였다. "연등은 부처를 섬기는 것이며, 팔관은 천령(天靈) 및 오악(五嶽)·명산(名山)·대천(大川)과 용신(龍神)을 섬기는 것이다."라는 『고려사』의 기록이 그것을 입증한다. 연등회에 대해서는 단순히 부처를 섬기는 행사라고 해놓고, 팔관회에 대한 설명에는 8가지 계율에 대한 언급은 없고 불교와 직접적인 관련이 없는 우리의 여러 토속신(土俗神)을 섬긴다고 되어 있는 것이다.

팔관회의 독특성은 그 의례행사에서도 찾아볼 수 있다. 팔관회 역시 연등회와 마찬가지로 이틀에 걸쳐 진행되었다. 왕실에서 태조를 비롯한 역대군왕에 대한 제사를 지낸 뒤, 중앙과 지방에서 몰려온 신하들의 축하를 받는 것이 첫날의 공식 일정이었다. 다음날인 대회일에는 국왕이 외국사신들의 축하를 받는 것이 주요행사 중 하나였다. 당시 아직 완전히 고려에 복속되지 않은 탐라를 비롯한 여진의 사신과 송상(宋商)의 축하와 선물을 받고 그에 대해 답례품을 하사하는 행사가 이날 진행되었다. 혹자는 이러한 행사를 통해 당시 고려의 대외관계를 조심스럽게 유추해보기도 하지만, 어찌되었든 간에 고려에서 팔관회는 단순한 불교의례가 아니라 그것을 통해 국제무역까지 행하는 국제적 행사였음이 분명하다.

사건과 사고가 빈발했던 연등·팔관회날

먹고 마시는 즐거운 축제기간에는 언제나 사건이나 사고가 빈번히 일어난다. 축제의 들뜬 기분 속에서 방심한 탓에 간단한 사고가 발생하거나 큰 정치적 변란이 터지기도 한다. 정치적 변란을 꾀하는 사람들은 남들이 방심하는 틈을 이용하기 위해 흔히 축제일을 거사일로 삼는다. 연등회와 팔관회의 개최일도 이러한 '규칙'에서 벗어나지 못했다.

등불 밝히는 것을 주요행사로 하는 연등회 기간 중에는 화재사건이 자주 발생하였다. 궁궐 안팎뿐 아니라 개성 도심 전체에 등불을 켜는 연등회 기간은 그만큼 화재의 위험에 노출되기 십상이었다.

원종 12년(1271) 2월 연등기간에 왕이 봉은사에 행차하였는데, 때 마침 개경 시내 저시교(楮市橋) 근처의 민가 3백여 호가 화재로 연소 된 것이 대표적 사례다.

화려한 연회가 열리는 팔관회와 연등회 기간에는 평소라면 있을 수 없는 갖가지 해프닝이 궁중에서 벌어지기도 했다. 무신정권 시 기인 명종 때의 연등회 날에는 임금과 신하가 모두 만취하여 상·하관계를 무시하는 사태가 벌어지기도 했고, 몽고와의 전쟁이 한창 이던 고종 시기의 팔관회에서는 일단의 군인들이 궁궐에서 시끄럽 게 떠들면서 함부로 기왓조각을 던져 재상의 막사에까지 이른 적이 있었다. 당시 재상인 금의(琴儀)가 크게 노하여 "너희들이 군신(君 臣)의 대회(大會)에 감히 이럴 수가 있느냐? 진실로 변란을 일으키려 거든 먼저 이 늙은이를 죽여라."라고 하여 겨우 난동을 진정시켰다 고 한다. 또 충숙왕 즉위년(1313) 11월의 팔관회 때에는 고관대작들 을 따라온 종들이 궁정 뜰에서 서로 싸우며 돌을 던졌는데, 음악을 관상하고 있던 국왕의 자리에까지 미쳐 왕을 모시고 있던 신하의 허리띠가 돌에 맞아 떨어지는 해프닝이 벌어지기도 했다.

그러나 무엇보다도 가장 눈에 뜨는 사건은 '유시(流矢)의 변란'이 다. 무신정변이 일어나기 불과 몇 년 전인 의종 20년(1166) 2월에 연등행사로 국왕이 봉은사에 행차하였다가 밤에 돌아오는 중이었 다. 당시 국왕을 가까이에서 모시고 있던 김돈중(金敦中)의 말이 징 과 북소리에 놀라 한 군인의 화살통에 부딪쳤는데, 이때 쏟아진 화 살이 임금의 수레 곁에 떨어지는 사고가 발생하였다. 이에 의종은 '유시(流矢)' 즉 화살이 날아든 것으로 의심하여 황급히 궁으로 돌 아가 계엄하기에 이른다. 단순한 사고가 사건으로 둔갑하게 된 것이다. 의종은 곧 많은 사람들을 반역혐의로 처벌하고, 나아가 자신을 제대로 호위하지 못하였다는 명목으로 14명의 친위군들을 귀양형에 처했다. 그러나 정작 사고의 장본인인 김돈중은 겁을 먹고 자백하지 않아, 당시 무신들에게 많은 미움을 받았다. 훗날 무신정변 때 무신들에 의해 죽임을 당하게 되자 김돈중은, "나는 실로 죄가 없으나 다만 유시의 변란에 죄 없는 자에게 화(禍)를 미치게 하였으니 오늘 이 지경에 이른 것도 마땅하다."라고 탄식했다고 한다.

한편 실제로 팔관회의 행사기간을 반란의 거사일로 삼은 경우도 있었다. 위화도회군으로 이성계가 정권을 장악하고 우왕과 최영(崔瑩)이 각각 귀양을 가게 되었던 창왕(昌王) 원년(1389) 11월 팔관회 기간에 큰 정변이 발생했다. 최영의 조카인 김저(金佇) 등이 우왕과 내통한 후 팔관일을 거사일로 정하였는데 마침 소회일(小會日)에 이성계가 집에 있으면서 팔관회에 참여하지 않자, 김저 등이 밤에 이성계의 집에 갔다가 도리어 그의 문객(門客)에게 잡혀 실패한 일이 있었다. 이 일을 계기로 당시의 국왕인 창왕도 강화로 내쫓기게 되었고, 고려는 곧 멸망의 길에 접어들게 되었다.

축제의 뒤안

연등회와 팔관회는 본래 불교행사였지만 대회일에 갖가지 화려한 연회가 베풀어지는 국가적 의례였으므로, 그에 소요되는 비용이 만만치 않았다. 식록(食祿)으로 정해진 총액수 26,272석(石) 중에 연등 · 팔관 · 재제(齋祭) · 객사(客舍) 등의 연간(年間) 용도로 4,321석을 준비했다는 명종 때 서경(西京)의 재정에 관한 기록에서, 그리고 팔관회 비용이 부족하여 만족할 만한 의식을 열지 못한 의종이 가산이 풍족한 양반들을 선가(仙家)로 정하여 의례를 행하도록 왕명을 내렸다는 사실에서, 행사의 화려함과 그에 따른 비용을 짐작할 수 있다.

화려한 행사를 준비하기 위해서는 이 같은 물질적 비용 이외에 많은 노동력이 투입되어야만 했고, 그로 인해 축제기간에도 즐기지 못하고 고통에 허덕이는 사람이 있게 마련이었다. 이에 대해 성종 대의 관료인 최승로가 "우리나라는 봄에 연등을 개최하고 겨울에 팔관을 열어 널리 많은 사람을 징발하므로 노역(勞役)이 심히 번거롭습니다."라고 하여 일찍이 그 폐단을 지적하였지만, 이후로도 문제는 계속되었다.

몽고와의 전쟁 중에도 당시의 국왕 고종은 연등행사를 강행하였다. 몽고병의 침입으로 전국 각 도에 선지사(宣旨使)를 파견하지 못하게 되자, 연등행사를 위해 비정규직인 별감(別監)을 파견하였다고 한다. 그런데 이 별감들이 그 틈어 백성들에게서 많은 재물을 긁어모아 국왕의 은총을 사려고 하였고, 이에 백성들은 심히 고통스러워하여 도리어 몽고병이 오는 것을 기뻐하였다고 한다. 전쟁 중에도 지속된 환락의 축제는 백성들에게 그나마 조금이라도 남아 있던 나라를 사랑하는 마음을 앗아가버렸으니, 누구에게 돌을 던져야 하겠는가?

14

아들만 부모를 모시라는 법은 없다

고려인은 어떤 가족과 성원을 이루며 생활하였을까? 일반적 혼인형태가 '서류부가혼(壻留婦家婚)'이었으므로, 딸과 사위도 가족의 주요 구성원이었을 것이다. 다만 결혼과 함께 3~4대 이상이 하나의 가족 구성원이 되는 '대가족'을 이루었을까가 현재 논의의 초점이다. 다시 말해 고려인들은 결혼 이후 부모와 함께 살았을까? 아니면 분가를 했을까?

호적과 가족의 규모

가족의 구성이 3~4대 이상의 성원으로 이루어졌는지를 알려주는 가장 기본적인 자료는 호적(戶籍)이다. 고려의 호구단자(戶口單子)나 준호구(準戶口)가 현재 몇몇 조선 전기의 족보(族譜)에 기재되어 있고 국보(國寶)로까지 지정된 고려 말의 '국보호적(國寶戶籍)'도 있어, 이 분야 연구에서 귀중한 자료로 이용되고 있다.

호구단자란 국가에서 호적을 작성할 때, 해당 집안에서 자신들의 가족 구성 내용을 적어 관에 보고했던 문서다. 준호구란 각 집안에서 바친 호구단자를 토대로 호적의 작성을 완료한 후, 그 호적기록을 근거로 국가가 해당 집안에 재발급한 문서를 지칭하는 용어다. 즉 준호구는 요즘 식으로 말하면 '주민등록등본'과 같은 것이었다.

그런데 현재 남아 있는 호적 관련 자료들은 애석하게도 그 양이 매우 적은데다가 대부분 고려 흑기의 것으로 편중되어 있다. 따라서 고려의 전반적인 가족규모를 추정하는 자료로 쓰이기에는 약간 한계가 있다.

어쨌든 이 한계점을 감안하여 고려의 가족규모를 추정하면, 고려는 3~4대의 성원으로 구성된 대가족이 우세했다고 할 수 있다. 특히 1300년대 이후의 호적자료를 살펴보면 총 34호 중에서 약 4분의 3 정도가 둘 이상의 부부가족으로 구성되어 있음이 확인된다.

호적에 기록된 호주의 연령을 살펴보면, 대가족적 성향을 다시 한번 엿볼 수 있다. 소가족 중심설을 지지하는 학자들의 주장처럼 차남(次男) 이하의 분가(分家)가 일반적이었다면, 당시의 평균 연령을 고려해보아도 30대의 호주가 다수여야 하는데 실상은 그렇지 않다. 즉 국보호적에 기재된 호주의 연령을 살펴보면 30대보다는 56~60세의 고령자가 많다. 호주의 연령이 높다는 것은 호주의 생존시 자녀가 분가하지 못했음을 보여주는 중요한 증거다.

이처럼 대가족설을 주장하는 학자들은 적극적으로 호적을 자료로 활용한다. 그에 비해 소가족설을 주장하는 측에서는 호적자료의 한계성에 더욱 주목한다. 이들이 주장하는 주요 논제는 세 가지로 나뉜다.

우선 호적에서의 1호(戶)와 실제 가족을 혼동해서는 안 된다. 호적은 국역(國役)의 확보를 위해 국가에서 만든 문서이기 때문에, 실제의 가족을 그대로 반영하는 자연호(自然戶)가 아니라 행정적으로 편성된 호인 편호(編戶)를 중심으로 기록되었을 가능성이 높다. 서울에 있는 호들을 크게 대·중·소호로 나누었다거나, 3가(家)의 자연호를 1호(戶)로 삼아 3가(家)에서 돌아가면서 군역(軍役)에 종사하도록 했다는『고려사』등의 기록에서 당시 편호제(編戶制)가 실시되었음을 알 수 있다. 즉 호적에서의 1호가 자연호를 그대로 반영하고 있다고 단정할 수 없다. 따라서 이러한 자료를 토대로 평균 가족원 수나 호주의 나이 등을 계산하여 대가족이 우세하였다고 한다면, 이것은 잘못된 자료를 근거로 결론에 도달하는 오류를 범하는 것이다.

다음으로 호주의 연령문제다. 현재 남아 있는 호적 자료는 대부분 '호적'의 원본이 아니다. 각 가문마다 자신들이 가지고 있는 원본 호적을 족보에 전사한 내용이다. 그런데 족보 편찬자들은 가능한 한 계보가 넓게 반영된 호주 만년의 자료를 전사하였을 것이다. 그리하여 자연히 현존하는 호적의 호주 평균 연령이 높아진 것이다.

마지막으로 고령의 미혼 자녀가 존재했느냐 하는 문제다. 호적에서 대가족적 모습을 보여주는 가족을 자세히 살펴보면, 고령(高齡)이면서도 미혼으로 기재된 자녀들이 많다. 그런데 그 모든 경우가 실제를 반영한다고 하기 어렵다. 전근대 사회에서 고령의 미혼자가 한 가족 내에 다수 존재했을 가능성이 극히 희박하기 때문이다. 고령 미혼자의 존재는 오히려 호적자료의 미비성을 반증하는 예라고 판단된다. 고려 말 통치질서의 문란으로 호적을 기재할 때 많은 누락이 생겨, 실제 혼인하여 분가한 형제자매나 자녀가 호적에는 아직도 미혼인 듯이 기록된 것이라 여겨진다. 따라서 부실한 고려 말의 호적자료를 기준으로 통계치를 내어 당시가 대가족 중심의 사회였다고 주장하는 것 역시 사실에 부합하지 않을 가능성이 높다.

이런 점에서 소가족설을 지지하는 학자들은 현존하는 호적 중에서도 비교적 덜 부실하다고 판단되는 1200년대의 호적자료에 더 주목해야 한다고 주장한다. 고려 말의 호적과 달리 이 시기의 호적은 하나의 부부로만 이루어진 가족이나 어느 한쪽의 노부모를 모시는 소가족적인 구성이 많다. 그리고 고려의 통치질서가 문란해지기 전인 1200년대의 호적에 소가족적 구성을 보여주는 경우가 많다는 사실은 고려가 전반적으로 소가족 중심의 사회였음을 보여주는 것이라고 할 수 있다.

위의 사실을 인정한다면 소가족이 우리나라에서 주요한 가족규모로 정착하게 된 것은 언제부터일까? 이 문제에 대해 소가족설을 지지하는 학자들은 통일신라의 토지문서인 「신라장적문서」에서 시사점을 찾고 있다. 이 문서 역시 편호를 중심축으로 하고 있기 때문에, 8~14명에 달하는 평균 가족원수를 보여주고 있다. 그러나 실질적인 가족규모를 가늠케 해주는 이주(移住)의 단위들은 소가족적인 모습을 드러내고 있다. 즉 이주는 특별한 경우를 제외하고는 실제 동거하는 가족단위로 이루어진다고 판단되는데, 그 규모가 소가족적이라는 이야기다. 따라서 「신라장적문서」를 통해 이미 신라 말기에 소가족을 중심으로 한 가족이 대두하기 시작했음을 알 수 있으며, 고려 시기에 들어서 이런 경향이 더욱 확산되어 가족 구성이 소가족 중심으로 편제되었다고 한다.

이상에서 호적자료를 중심으로 고려의 주요한 가족규모를 추적해보려는 노력들을 살펴보았다. 고려의 가족규모를 제대로 파악하기 위해서는 호적과 같은 기록이 많이 남아 있어야 하는데, 현재 남아 있는 자료는 양적으로 소수인데다가 후기 쪽으로 편중되어 있기 때문에 문제의 해결에 적극적으로 활용하기 어려운 일면이 있다. 따라서 똑같은 자료를 이용하면서도 위와 같이 대가족설과 소가족설이 나란히 주장되고 있는 것이다.

설사 많은 양의 호적자료가 전 시기에 걸쳐서 골고루 남아 있다고 해도, 호적자료만을 가지고 고려의 가족규모를 추정하는 데에는 또 다른 난점이 있다. 바로 통계학의 오류이다. 호적자료와 같은 것을 이용하여 통계치를 낼 때 항상 유의해야 할 점이 있다. 통계치상으로 다수(多數)라고 나오는 가족의 규모가 정말 그 사회가 지향하는 이상적인 가족인지의 여부를 따져보아야 한다. 통계상으로는 소가족이 다수를 차지하고 대가족의 비율이 낮더라도, 사회 통념상으로 그 사회는 분명 대가족을 지향하고 있을 수도 있기 때문이다. 서양 중세사회가 바로 그런 경우이다. 우리의 호적자료와 유사한 교구 기록 자료로 통계치를 내면 서양 중세사회는 소가족의 비율이 우세하게 나오지만, 사회 통념상으로는 대가족을 지향하는 사회였다. 통계상 소가족의 비율이 우세하게 나온 이유는 수명과 관련된다. 서양 중세시대에는 평균수명이 짧아 아들이 결혼했을 때 그 부모가 생존해 있을 확률이 낮았다. 따라서 통계치상으로 부모와 함께 거주하는 대가족의 비율이 낮게 나왔지만, 사회 통념상 서양 중세사회는 대가족을 중시하는 사회였다는 것이다.

이 같은 서양 가족사의 연구 성과를 고려의 가족규모 연구에도 반영할 필요가 있다. 즉 호적자료의 통계치만을 이용하여 고려의 가족규모를 단정하는 것은 잘못된 결론에 도달할 가능성이 높다. 통계 이외에 사회 통념상 또는 경제적 조건상으로 그 사회가 이상

적인 형태로 여기는 가족의 규모를 추적하는 것이 좀 더 사실에 접
근하는 방법이라 할 수 있다.

'별적이재금지법'과 이상적인 가족의 규모

고려시대에 제정된 '별적이자금지법(別籍異財禁止法)'이란 형법은
당시 이상적으로 여겼던 가족규모를 추적하는 데 있어 귀중한 논거
가 된다. 그 법의 내용은 이러하다.

> "조부모와 부모가 살아 있을 때, 그 자손이 호적(戶籍)을 달리하고
> 〔別籍〕 재산을 나누고〔異財〕 공양(供養)을 하지 않으면 도형(徒刑, 징역
> 형) 2년에 처하며, (조부모나 부모의) 상례(喪禮) 중에 호적을 달리하
> 면 도형 1년에 처한다."
>
> 『고려사』 권 84 형법 호혼조

부모가 살아 있는 동안 호적을 달리하거나 재산을 나누는 것이
금지되었으므로, 이 법이 제대로 지켜졌다면 고려는 대가족 중심의
사회였다고 할 수 있다.

고려가 '별적이재금지법'을 제정하면서까지 대가족제를 유지하
려고 했던 것에 대해, 대가족설을 지지하는 학자들은 두 가지 이유
를 들고 있다. 첫 번째는 유교덕목 중의 하나인 부모에 대한 효도를
권장하려는 목적에서 나온 정책이라는 것이다. 즉 부모에 대한 봉
양의 의무를 법적으로 규정하고 불효를 제재하려는 의도에서 위와

같은 법을 제정했다고 주장한다.

두 번째는 세원(稅源) 확보를 위한 조치였다는 주장이다. 대가족제를 유지하여 각 호마다 농사에 필요한 최소한의 노동력을 확보·유지시켜주어야만 국가의 입장에서는 세원이 안정적으로 확보되기 때문에, 이런 법제를 제정했다는 것이다.

고려의 주요 산업은 두말할 필요도 없이 농업이었는데, 당시의 농업생산력이나 농업기술은 그리 높은 수준이 아니었다. 요즘처럼 트랙터, 경운기 같은 농기계가 있다면 넓은 면적의 토지도 적은 노동력으로 경작이 가능했겠지만, 당시에는 그런 농기계도 없었을 뿐 아니라 조선 후기처럼 집약적 농업기술이 발전하지 못한 상황이었다. 비료제조 기술이나 제초술(除草術)도 발전되지 않았고 이앙법 등도 아직 널리 이용되지 않은 때였다.

따라서 집약적 농법이 발달한 조선 후기에는 1결(結)의 토지로 5인 가족의 생계 유지가 가능했다고 한다면, 고려시대에는 그보다 훨씬 더 적은 수의 사람만이 그만큼의 토지로 살아갈 수 있었다. 바꿔 말하면 고려시대에 5인으로 구성된 한 가족이 생활하기 위해서는 조선 후기에 비해 더 넓은 토지를 소유해야만 했고, 같은 면적의 토지를 경작하더라도 조선 후기보다 더 많은 노동력을 확보해야만 했다. 가족 노동력 이외에 많은 노비를 소유하고 있던 귀족이나 관인층의 경우는 이 같은 경제적 조건에 구애되지 않았겠지만, 가족 노동력 이외에 여타 노동력을 확보할 수 없었던 일반 농민의 경우 분가를 억제하여 가족 노동력을 최대한 확보하는 것이 생계를 위한 필수적 조처였다. 따라서 국가에서는 일반 농민들이 재생산할 수 있는 조건을 마련해주어 그들을 안정적인 세원으로 확보하려는 목적에서 그 같은 법제를 제정하여 대가족제를 유지하려고 했다는 설명이다.

그러나 소가족설을 지지하는 학자는 위의 원문을 "호적을 달리하고 재산을 나누어 공양을 하지 않으면"이라고 달리 해석하여 대가족설을 일축한다. 즉 부모 생존시에 호적을 달리하고 재산을 나누어도 부모에 대한 공양만 게을리하지 않는다면 처벌을 하지 않았다고 주장하고 있다. 다시 말해 별적이재금지법은 분가를 금지한 규정이 아니라는 것이다.

또 이 법률은 중국 당나라의 형법을 우리 실정에 맞추어 약간의 변경을 가한 것인데, 당나라 형법에서는 "조부모나 부모가 (자손으로 하여금) 호적을 달리하도록 한 경우, 자손에게는 형벌을 가하지 않지만 그 조부모나 부모는 형벌을 받아야 함"을 추가로 규정하고 있다. 그런데 고려에는 '별적'과 '이재'를 시킨 부모에 대한 추가 처벌 규정이 없는 것으로 보아, 부모나 조부모가 분가시킨 것은 문제가 되지 않았다고 할 수 있다.

즉 위의 법규는 부모 생존시의 분가를 금지한 것이 아니라, 분가를 하여 부모를 공양하지 않는 경우에 대한 처벌규정으로 마련된 것이기 때문에, 부모나 조부모의 명령으로 분가한 경우에 대해서는 별도의 처벌 규정이 필요하지 않았다는 것이다. 이에 따라 소가족설을 지지하는 학자들은 '별적이재금지법'을 근거로 고려가 대가족 중심의 사회였다고 단정해서는 안 된다고 주장한다.

이상과 같이 고려의 가족규모 문제를 해결하기 위해서는 호적자료 등을 이용한 통계치뿐만 아니라 사회 통념상으로 어떤 형태의 가족을 가장 이상적인 것으로 간주했는가에 대한 고찰이 필수적이다. 조선은 성리학이 확고한 지배 이데올로기로 자리를 잡고 있었으므로 대가족을 이상적 형태로 상정했음을 쉽게 짐작할 수 있다. 그에 비해 고려는 사상적으로 불교와 유교를 모두 지배 이데올로기로 삼고 있었으며, 대가족을 지향했던 유교가 사회적으로 가족규모를 규정지을 만큼 확고한 지위를 점하고 있지도 못했다. 따라서 사회 통념상으로 고려사회가 이상적으로 여긴 가족의 형태를 추적하기란 매우 어려운 작업이다. 다만 고려의 가족규모를 올바르게 추적하기 위해서는 이상의 내용과 함께 경제적 조건 등을 고려한 논쟁이 이루어져야 역사적 진실에 더욱 다가갈 수 있으리라 여겨진다. 현재 고려의 생산력에 대해서는 아직 별다른 논의가 모아지고 있지 않기 때문에, 가족규모에 대한 좀 더 정확한 진실을 알기 위해서는 훗날을 기약해야겠다.

사위도 한가족

고려의 가족규모를 대가족 중심으로 보는 경우는 대부분 초기의 연구들이다. 초기의 연구는 조선시대 부계중심 대가족의 모습을 그대로 고려시대까지 연장시켜 바라보는 경우가 많았다. 그래서 구체적인 논증절차도 거치지 않고 고려시대에도 부계중심의 3세대 이상이 모여 사는 대가족적 형태가 주류를 이루었다고 파악하였다.

이후 고려의 가족이나 친족제도에 대한 연구를 거듭한 결과, 고려 또한 부계 우위의 사회이기는 하지만 조선과 같은 부계일변도의 사회는 아니었다는 점이 밝혀졌다. 학자에 따라서는 이러한 고려의 친족제를 '양측적 친속사회'나 '쌍계적 방계사회'라고 명명하여 부르기도 하는데, 이는 고려가 부계친족뿐 아니라 모계친족도 중시하는 사회였다는 의미에서 지칭한 용어들이다.

따라서 이 점을 고려의 가족구성에 한정하여 살펴본다면, 고려의 가족구성은 '조부모-부모-아들부부-손자' 같은 부계중심의 형태가 아니었다는 이야기가 된다. 실제 여러 기록과 호적자료 등을 살펴보면 이 점을 곧 확인할 수 있다. 부부와 딸 부부로 이루어진 가족이 있는가 하면, 사위가 노령의 장인이나 장모를 모시고 사는 경우도 있기 때문이다. 물론 부부와 아들 부부로 구성된 가족도 있지만, 딸 부부와 함께 사는 형태의 가족구성도 수적인 면에서 그에 뒤지지 않았다.

부모를 봉양하는 책임이 조선과 같은 부계사회에서는 아들, 그중에서도 장자(長子)의 몫이었다고 한다면, 고려에서는 오히려 딸에게 조금 더 무게가 실린 듯하다. 예를 들어 '부모의 봉양은 딸의 몫'이었음을 강조한 고려 후기의 학자 이곡(李穀)이 쓴 글이 있는가 하면, 자신이 사용한 조그마한 물건까지도 모두 장인의 은혜에서 비롯되었음을 강조한 이규보의 글도 있다. 게다가 조선 전기의 여러 기록에서는 "고려에서는 사위가 처가로 장가가는 '서류부가혼(壻留婦家婚)'이 유행하여 사위들이 일정 기간 동안 처가에서 살거나 아니면 처가에서 계속 지내면서 그곳에서 손자까지 보는 경우가 있었음'을 강조하고 있다.

이런 모든 점을 감안할 때, 분명 고려의 가족구성은 조선시대와 같이 획일적인 모습은 아니었다고 할 수 있다. 부부와 그 아들 부부가 함께 사는 전형적인 부계가족도, 부부와 그 딸 가족이 함께 사는 형태도, 아예 모든 자녀가 결혼과 동시에 분가하여 부부와 미혼의 자녀로만 구성된 가족도 모두 존재했기 때문이다.

15

의술의 발달과 신토불이 한약재(韓藥材)

　'우리의 풍토와 몸에 맞는 약재의 개발' 하면 우리는 문득 허준과 『동의보감(東醫寶鑑)』을 떠올리기 쉽지만, 중국의 한의학(漢醫學)을 적극적으로 받아들이고 나아가 그 기술을 발전시켜 우리 풍토에 맞는 '한의학(韓醫學)'을 수립하기 시작한 것은 고려시대부터였다. 즉 당약(唐藥)이 아닌 향약(鄕藥), 신토불이(身土不異) 약재를 개발하여 일반인이 더 쉽게 약재를 구할 수 있도록 한 것은 바로 고려 시기, 정확히 말하면 고려 후기부터였다.

　이런 경향의 시작점은 고려 후기에 편찬된 의서(醫書)인 『향약구급방(鄕藥救急方)』에서 찾아야 한다. '향약구급방'은 '향약으로 급한 병을 구하는 처방'이라는 뜻인데, 그중에서 향약은 '우리 고유의 약'을 의미한다. 우리 풍토에 맞는 약재로 우리의 병을 치료하려 했던 고려인의 노력이 『향약구급방』 편찬이라는 결실을 맺었던 것이다.

귀신에게 빌어 병을 고치다

우리는 삼국 시기부터 일찍이 중국의 의학을 습득하여 사용하였지만, 중국 선진의료의 혜택을 입은 계층은 극소수의 사람뿐이었다. 따라서 의술은 당연히 일반민과는 거리가 먼 것이었다. 이런 상황은 고려 전기까지도 지속되었다. "고려의 풍속에 사람들은 병이 나도 약을 복용하지 않고 귀신을 섬기는 것만 알아 주저압승(呪詛壓勝)을 일로 삼는다."는 당시 중국인의 평가가 있을 정도로, 의술은 일반민과 거리를 두고 있었다. 병이 나면 별다른 의학적 처방을 알지 못하였고 또 알더라도 중국 약재(藥材)가 매우 귀하여 구할 방도도 없어, 민간요법이나 미신에 의지할 수밖에 없었던 것이다.

심지어 지배층조차도 충분한 의료혜택과는 그리 가깝지 않았다. 고종 때에 검교장군(檢校將軍)의 벼슬에 있던 위소(魏珤)가 자기 다리의 살을 베어서 어머니의 병을 고친 일이 있었다. 장군은 정4품의 벼슬이고, '검교직'은 실제 직책을 맡지는 않지만 그 직급에 맞는 녹봉을 받는 관직을 이른다. 현직자(現職者)는 아니었지만, '검교장군'이란 직위에 있었다면 당시의 지배층에 해당한다고 할 수 있다. 그런 사람도 어머니의 병에 자신의 살점을 약재로 쓰는 것이 당시의 실정이었다.

한편, 의료혜택을 받을 수 있는 경제적 여유가 있으면서도 민간요법에 의지하는 사례도 많았다. 고려 중기의 유명한 시인이자 정치가인 이규보의 어린 시절에 관한 기록을 보자.

"공이 처음 태어난 지 석 달 만에 악종(惡瘇)이 온몸에 번져 온갖 약을 썼으나 고치지 못하여, 송악사우(松嶽祠宇)에 가서 산대를 던져 생사(生死)를 점쳐보았더니 '산다' 고 하였다. 그리고 약을 쓰는 것이 좋을지를 물었더니 쓰지 말라고 하였다. 이후 다시 약을 바르지 않았더니 피부가 온통 문드러져 얼굴과 눈을 가릴 수 없게 되었으며, 유모가 늘 흰 가루를 두 팔에 바르고 공을 안았다."

『동국이상국집』 연보

이는 약을 사용하기는 했지만 당시 지배층조차도 의술에 대한 확신이 없어, 언제나 민간요법이나 미신에 미혹될 수 있었음을 보여주는 예다.

918년에 통일의 과업을 완수한 후 고려 왕조는 국가적 사업의 일환으로 의학에 적극적인 관심을 쏟아 부었다. 우선 선진 의술이 발달했던 송나라에 의인(醫人)과 의관(醫官)을 보내줄 것을 줄기차게 요구하였다. 예컨대 문종 33년(1079)에는 국왕의 풍병(風病) 치료를 위해 고려가 송나라에 약품과 의관을 요구하자, 송에서 의관과 100여 종류의 약재를 보내왔다. 숙종 때에는 송나라 의관이 고려의 궁궐에 있으면서 의생(醫生)들에게 의술을 교습하였고, 예종 13년(1118) 7월에는 송에서 의관 7인을 보내왔는데, 이는 "황달병 등에 정통한 의관을 보내어 이들로 하여금 의료에 마음을 쓰고 교습을 넓히게 하여 달라."고 고려가 송에 간절히 요구한 결과였다.

하지만 당시 의료에서 일반민에게 좀 더 친근하였던 부류는 전문적으로 의업을 배운 의사보다는 부가적으로 의술을 익힌 승려들이었다. 의업이 전문직으로 변모하기 전에 의술을 익힌 사람들은 대부분 승려들이었다. 균여(均如)도 그중 한 사람이었다.

"건우 2년(949) 4월 광종의 부인인 대목왕후(大穆王后)의 생식기〔玉門〕에 창질(瘡疾)이 생겼다. 이를 의원에게 보일 수도 없었으므로 균여의 스승인 의순공(義順公)을 불러 법약(法藥)으로써 치료하게 하였다. 의순공은 그 고통을 대신 맡아서 황후(皇后)를 곧 낫게 하였으나, 자신이 그 병을 앓게 되었다. 질병의 고통 7일 만에 의순공은 스스로 참지 못하게 되었는데, 균여가 향로를 받들고 주문을 외우니 모진 부스럼은 저절로 홰나무의 서쪽 가지로 옮겨가 붙게 되었다. 홰나무는 스승의 동쪽 방 모퉁이에 있었는데, 이 때문에 말라죽었다."

『균여전』 감통신이분자

위의 내용에 따르면 고려 초기에 대목왕후의 성병을 의순공이 법약으로 치료하다가 도리어 병에 옮게 되었고, 그의 제자였던 균여가 의순공의 병을 치료했다고 한다. 그런데 재미있는 사실은 왕후의 질병 치료를 전문 의사가 아닌 승려가 담당하고 약을 '법약'으로 부르고 있는 점이다. 이는 왕실조차도 전문 의사가 아닌 승려의 의료행위에 도움을 받았던 사실을 전하는 것으로, 당시 승려들의 역할이 얼마나 중했는지 짐작이 간다.

지방에서 태동한 신토불이 한의학

어쨌든 선진 의술에 대한 고려 왕조의 끊임없는 관심과 수입 노력이 결실을 맺어, 고려인 중에서도 한의학에 정통한 인물이나 가문이 점차 등장하기 시작했다. 예컨대 인종대에 중국의 이름난 의

관이 장삿배를 따라 고려 땅에 오자, 임금은 이름난 가문의 자제들을 선발하여 그의 의술을 배우도록 하였는데, 이탄지(李坦之)란 인물이 그 선발에 뽑혀서 신묘한 기술을 깊이 얻게 되었다고 한다. 또 고려 중기의 인물인 최사전(崔思全)은 이미 2대째 의술로 조정에서 벼슬하였던 가문의 자손이었고, 본인 역시 의술로 입사하여 큰 공로를 세워 최고의 지위에까지 오르는 명예를 누렸다.

또한 외국에서 이름을 날린 고려의 의관이 등장하기도 했다. 숙종 8년(1103)에 여진(女眞) 지역에 병을 잘 고친다는 명성이 자자하던 고려인 의사가 있었다. 당시 여진 추장의 친척이 병을 앓자, 추장이 그에게 "병을 고칠 수 있다면 내가 마땅히 사람을 보내어 너를 고국으로 돌아가게 하리라."고 약속하였다. 이에 적극적으로 치료하여 병이 낫게 되자, 약속대로 사람을 시켜 국경에까지 그를 보내어 왔다고 한다. 선진의술을 적극적으로 받아들인 고려의 끊임없는 노력의 결실이라 하겠다.

그런데 고려가 선진의술과 약품의 수입에만 골몰했던 것은 아니었다. 나름대로 국내 의학의 발전을 위해 끊임없이 매진하였다. 국가체제와 지방제도를 정비하기 시작한 성종대부터 지방의 의술 발달을 위해 적극적으로 노력하였다. 즉 성종은 주요 지방 12곳에 목(牧)이란 행정기구를 마련해 그곳에 의학박사(醫學博士)를 파견하였고, 현종과 문종 때에는 향리직(鄕吏職) 중에 약점정(藥店正)과 약점사(藥店史)를 마련하여 지방 의학의 발전을 꾀하였다. 한편 의료혜택을 제대로 받을 수 없었던 개경의 서민들을 위해 예종 7년에는 혜민국(惠民局)을, 문종대에는 동서대비원(東西大悲院)이라는 의료기관을 마련하였다.

　　그러나 이러한 노력의 혜택은 대개 개경에 거주하는 상급 신분 계층에게만 돌아갔다. 우리나라의 토산약재에 대한 연구가 미흡한 당시로서는 중국의 발달된 선진의술을 들여와도 그 의술에 따른 처방에 쓰이는 약재는 모두 중국산일 수밖에 없었다. 따라서 무역을 통해서만 유입이 가능한 비싼 중국산 약재를 쓸 수 있었던 계층은 당연히 상층 신분뿐이었다.

　　중국인의 ‘고려견문록’이라고 할 수 있는 『고려도경』을 보면, "고려는 다른 물화(物貨)는 모두 물물교환을 하는데, 약을 사고파는 것은 화폐로 무역하기도 한다."라고 되어 있다. 고가의 외제 수입품을 거래하거나 대규모의 무역을 할 때에는 중국 화폐를 사용하긴 했으나 당시 고려의 유통은 아직 물물교환단계에서 크게 벗어나지는 못하고 있었다. 따라서 화폐의 사용 계층은 소수의 상인과 귀족에 한정되어 있었다. 위의 기록에 따르면 약재는 화폐를 사용하여 무역되었다고 하니, 당시 약재의 가격과 약재를 이용할 수 있었던 계층이 능히 짐작되는 바이다.

　　하지만 이 시점에서 우리가 주목해야 할 것은 지방에서의 의학 발달이다. 선진의술·약재와의 접촉에 있어 상대적으로 열악한 위치에 있었던 지방에서 도리어 토산약재를 활용한 기술을 발전시킬 가능성이 높았기 때문이다. 즉 지방에서는 약재 확보의 제약을 타개하기 위한 방책으로 토산약재의 개발이 시급했고, 이런 토대에서 고려 후기에 들어 토산약재를 사용하는 우리 한의학이 태동하기 시작하였다.

국산약재의 사용과 인구의 증가

현존하는 최고(最古)의 의서(醫書)는 고종 때에 편찬된 『향약구급방』이다. 그 이전에도 의서가 편찬되지 않았던 것은 아니다. 의종대에 김영석(金永錫)이 『제중립효방(濟衆立效方)』이란 의서를 편찬하였고, 문종대에는 소아질병 처방을 위한 여러 의서가 편찬되었다. 이 의서들은 현재 남아 있지 않지만, 조선 초기의 의서인 『향약집성방(鄕藥集成方)』에 이들 의서의 처방문이 몇 개 기재되어 있다.

우리 의학사에 한 획을 그었다고 해야 할 시기인 고려 고종대에는 두 개의 의서가 편찬되었다. 하나는 최종준(崔宗峻)에 의해 편찬된 『어의촬요방(御醫撮要方)』이고, 다른 하나는 이미 설명한 『향약구급방』이다. 궁중의 약방에서 편찬하였던 『약방(藥方)』이란 책이 오래되고 심히 망가져서 고종 13년에 최종준이 『약방』을 다시 수집·인쇄하였던 것이 『어의촬요방』이다. 그러나 이 책은 『약방』의 단순한 수집에만 머문 것이 아니라 중요 내용을 첨부하였다고 하는데, 현재 학계에서는 여기에 첨부된 내용이 향약재를 활용하는 처방이었을 것으로 추측하고 있다.

한편 『향약구급방』은 정안(鄭晏)에 의해 고종 30~32년 사이에 편찬되었을 것으로 추정되는데, 이전의 의서와는 달리 토산약재를 소개하는 '방중향약목초부(方中鄕藥目草部)'를 부록으로 싣고 있다.

향약재에 대한 내용을 첨부한 이러한 의서의 편찬은 그동안 의술의 혜택에서 제외되고 있던 많은 일반민의 수명에 큰 영향을 끼칠 만한 사건이었다.

이는 이상의 의서 편찬 이후 인구가 꾸준히 증가하였던 점에 의해 분명해진다. 인구에 대한 센서스 기록이 제대로 남아 있지 않아 정확한 근거는 미흡하지만, 고종 시기를 전후하여 부부 사이의 출생자녀 숫자가 급증하였고 한편으로 유아 사망률이 감소하였다. 토지 생산력의 발전에 따른 안정된 영양섭취에서 인구증가의 원인을 구할 수도 있겠지만, 의학의 발달드 그에 못지않은 원인을 제공하였다고 여겨진다.

시대를 초월하여 귀감이 되는 명의(名醫)

의술 발전을 위한 왕조의 끊임없는 노력으로 의술을 업(業)으로 삼는 계층들이 점차 늘어갔다. 나아가 의술을 가업으로 삼은 가계가 등장하기 시작하였다. 그런데 의관들은 대부분 의술을 '생업의 도구'로만 여겨 돈이 많은 사람들을 우선 치료하였다고 한다. 당시의 이런 행태에 대해 다음과 같은 상소가 올라올 정도였다고 하니, 환자를 골라 치료하는 악습이 이미 이 시대에도 심각한 사회적 문제가 되었던 모양이다.

"의관을 설치한 것은 본래 민생을 위해서인데 근래에 의업에 종사하는 사람이 관에 있으면서 늑봉간 먹고 그 임무는 돌보지 않고 망령되게 스스로를 존대하게 여겨 출입에 스스로를 높이니, 사람이 질병을 아뢰어 불러서 구해줄 것을 청해도 부유하고 권세 있는 집안이 아니면 스스로 가서 구하지를 않습니다. 이제부터 모든 환자가 달려와 구해주기를 청하는데도 의관이 스스로 높여 곧 달려가 구하지 않

는 자는 모든 사람이 고발함을 허락하여 엄중히 법으로써 다스리도
록 하소서."

『고려사』 권 85 지 39 형법 금령조

더욱이 고려 후기에 이르면 의업을 개인적인 영달을 구하기 위한
수단으로 활용하는 사람들까지 나타난다. 특히 원나라 황제의 질병
을 치료한 것을 계기로, 원나라에서 높은 벼슬을 얻어 고국인 고려
에 많은 횡포를 저지른 사람도 있었다.

민방(閔昉)은 본래 행실이 좋지 않아 법에 걸려 파면된 지 여러 해
지난 인물이었다. 그런데 원나라 황제가 족질(足疾)이 있다는 말을
듣고 스스로 의술에 능하다고 망언을 하여 황제의 부름을 받게 되
었고, 고려에서는 별 수 없이 그에게 종3품의 벼슬에 제수하여 보낸
적이 있었다.

우왕대의 인물인 어백평(魚伯評)은 의술로써 권귀(權貴)에게 아부
하여 재상의 지위에까지 올라 당시의 사대부들이 이를 부끄럽게 여
겼다고 한다. 이렇듯 고려 후기에 가면 의술을 업으로 삼았던 많은
인물들이 오히려 의업을 출세의 수단으로 이용하였다.

그러나 한편으로는 대가를 바라지 않고 뛰어난 의술로 병자를 보
살폈던 양의(良醫)도 있었다. 의업을 전문으로 하지는 않았지만, 병
자를 아껴주었던 왕면(王沔)과 채홍철(蔡洪哲)이 그 경우에 해당한
다. 문종의 4대손인 왕면은 의술에 정통하여 약을 비축하여 사람 살
리기를 일삼으니, 질병이 있는 자는 다 그의 집 앞에 이르렀으나 조
금도 꺼리는 빛이 없었다고 한다.

충렬왕과 충선왕 때의 유명한 대신(大臣)이었던 채홍철은 문장을

잘 지었고 기예에 모두 그 능력을 다하였으며, 더욱 불교를 좋아하여 일찍이 집 북쪽에 전단원(栴檀園)을 짓고 항상 선승(禪僧)을 기르고 또 약을 베푸니 많은 국인이 그에게 힘입었고 그의 집을 '활인당(活人堂)' 즉 '사람을 살리는 집'이라 하였다고 한다.

고려의 의료인 중에서 가장 눈에 띄는 존재는 단연코 설경성(薛景成)이다. 그는 경주 사람으로 신라시대 학자인 설총(薛聰)의 후손이라 하는데, 대대로 의술을 생업으로 하였다. 의술이 뛰어나 충렬왕은 병이 날 때마다 반드시 그로 하여금 병을 다스리게 하니, 곧 온 나라에 유명해졌다. 그러던 어느 날 원나라 황제 쿠빌라이가 병에 들었는데, 그의 딸이자 충렬왕의 부인인 제국대장공주가 설경성을 원나라에 보내 효험이 있었다. 이에 쿠빌라이가 기뻐하여 선물을 주고 수시로 황궁에 출입케 하였으며, 심지어 어전(御前)에서 바둑을 두게 하고 황제가 친히 이를 관람하기에 이르렀다고 한다.

설경성이 당시인들에게 특별히 칭송받았던 것은 그 의술의 신이함에 연유한 면도 있지만, 사실 그의 성품에 더 큰 원인이 있었다. 그는 쿠빌라이의 신임을 얻어 얼마든지 권세를 휘두를 수 있는 위치에 있었지만, 그렇게 하지 않았으며 또 그런 무리들과도 내통하지 않았다. 고려 후기에는 여러 가지 재주로 원나라 황제의 총애를 얻은 것을 기화로 고국인 고려에서 온갖 작폐를 저지르는 부류가 많았기 때문에, 그의 이런 행동은 당시인이나 우리에게 귀감이 될 만하다.

고려에는 고려장이 없었다

각종 전래 동화집이나 교과서에 고려의 장례 풍습에 얽힌 일화가 소개되어 있어, 고려인의 상장례 하면 으레 '고려장(高麗葬)'을 떠올리기 쉽다. 고려장을 당한 노파의 지혜로 중국의 터무니없는 공물 요구를 해결했다든가, 할머니를 '고려장' 한 아버지를 보고 지게를 지고 내려오는 손자의 이야기 등이 고려장 설화로 전해진다.

그러나 고려인들이 고려장을 했다는 분명한 근거는 어디에도 없다. 그런데도 고려장이 고려인의 장례 풍습으로 여겨지게 된 것은, 아무래도 불교와 관련이 깊은 듯하다. 노인을 버리는 이야기가 불교경전에 있는데, 이것이 마치 불교를 국교로 삼고 있던 고려의 이야기인 양 둔갑한 것이다.

기로국(棄老國)의 설화

"옛날 기로국(棄老國)이라는 나라가 있었다. 그 나라에서는 노인을 모두 멀리 내다버렸다. 한 대신(大臣)이 있었는데, 그의 아버지가 늙어서 국법에 따라 내다버려야 했다. 대신은 효심이 극진하여 차마 그럴 수 없어 토굴을 깊이 파서 은밀히 아버지를 그곳에 숨겨 두고 수시로 돌보면서 효도를 했다. 이때 천제(天帝)가 뱀을 두 마리 잡아서 임금 앞에 놓고 말하기를 '암수를 가리면 너의 나라는 편안할 것이나 구별하지 못하면 너의 나라를 7일 안에 반드시 쳐부수어 없앨 것이다.' 라고 하였다. 임금이 이 말을 듣고 크게 근심하다가 여러 신하들과 의논했으나 아무도 그것을 구별할 능력이 없었다. 그런데 대신이 집에 돌아가 아버지에게 그 일에 대해 물으니, 가늘고 연한 물건을 가만히 있는 뱀 위에 얹어 꿈틀거리면 수놈이고 가만히 있으면 암놈이라고 말했다. 그리고 그 말대로 하니 마침내 암수를 가릴 수 있었다."

위의 이야기는 『고려대장경(高麗大藏經)』의 『잡보장경(雜寶藏經)』 기로국조(棄老國條)에 나오는 내용을 요약한 것이다. 노인을 버리는 나라 '기로국'의 한 대신의 아버지는 위에서 언급한 뱀의 암수를 가리는 문제뿐만 아니라 흰 코끼리의 몸무게 재기, 네모반듯한 박달나무의 위와 아래 구별하기 등 어려운 문제를 모두 해결하였고, 결국 '고려장' 풍습을 없애는 데 일조했다고 한다. 그런데 이 이야기는 중국의 터무니없는 공물 요구를 현명한 지혜로 해결하는 '고려장'에 관한 우리의 전래 설화와 내용이 거의 유사하다.

"효성스러운 손자 원곡은 초나라 사람이다. 그의 아버지는 불효가 막심했다. 그 아버지는 자신의 아버지를 싫어하여 아들인 원곡에게 할아버지를 지게에 지고 산중에 갖다 버리도록 했다. 그런데 원곡은 아버지의 말대로 행하고 나서 그 지게를 도로 가져왔다. 그의 아버지가 성을 내어 말하기를, '왜 그 흉물인 지게를 다시 가져왔느냐.' 고 했다. 그러자 원곡이 말하기를, '나중에 아버지가 늙으면 어쩌느냐' 면서 '그때 지게를 다시 만들어야 하지 않느냐' 고 했다. 이 말을 들은 그의 아버지는 곧 후회를 하면서 다시 산속을 찾아가 아버지를 도로 모시고 와서 아침저녁으로 공양하여 효자가 되었다."

중국의 『효자전(孝子傳)』에 전하는 '고려장' 과 관련된 기록이다. 이 또한 우리나라의 지게를 지고 내려오는 손자 이야기와 거의 흡사하다. 유사한 이야기는 이웃나라인 일본·몽고·시베리아 등지에도 전해지고 있다. 즉 고려장에 얽힌 이야기는 우리나라에만 있는 것이 아니다. 또 고려장은 고려인의 장례도 아닌 것이다.

고려인의 장례, 다비(茶毗)

그렇다면 고려인의 장례는 어떠했을까? 다들 알고 있듯이 고려는 불교사회였고, 고려인의 장례 또한 당연히 불교식이었다. 불교식 장례인 다비(茶毗)라는 말은 '태우다' 는 뜻의 팔리어를 음사(音寫)한 것이다. 불경에 나오는 다비의 법식은 우선 향내 나는 물로 시신을 깨끗이 씻고, 새 무명천으로 몸을 500겹으로 두루 감는다. 그러고 나서 시신을 관에 넣은 후 거기에 기름을 붓는다. 그 다음 관을 전단향나무로 된 곽(槨, 관을 담는 궤)에 넣고 온갖 향을 두툼하게 쌓은 뒤에 태운다고 한다.

다비식

　고려인은 불교의 다비식을 따라 시신을 화장했지만, 그 사리를 챙겨 불탑을 만들지는 않았다. 화장한 유해를 수습하여 일정 기간 사찰에 안치하였다가 좋은 날과 장소를 받아 매장하는 이중장의 형식을 띠고 있었다.

　고려인의 장례 절차를 보여주는 몇 가지 사례를 살펴보자. 고려 중기 왕실의 외척이었던 이정(李頲)은 문종 31년(1077) 5월 13일에 개성의 불은사(佛恩寺)에서 53세의 나이로 사망하였는데, 10일이 지난 23일에서야 불교법에 따라 산기슭에서 화장의 절차를 밟았다. 기록에 따르면 그의 자녀들은 곡하면서 유해를 받들어 사찰에 임시 안치하고 아침저녁으로 제사를 받들기를 살아 있을 때와 같이 하였다. 5개월이 흐른 10월 20일 정유일에 이르러 좋은 점괘를 따라 임진현(臨津縣) 백악(白嶽)에 있는 선영 근처에 장례 지내니, 예(禮)에 따른 것이라고 한다.

안직숭(安稷崇)의 장례 절차를 보자. 그는 인종 13년(1135) 4월 23일에 70세의 나이로 사망하였는데, 7일이 지난 29일에 용암산(涌嵒山) 동쪽에서 화장[茶毗]하였다. 그리고 며칠 뒤인 5월 2일에 유골을 수습하였으며, 8월 19일에 가서야 송림현(松林縣) 경내 거봉산(炬峰山) 동쪽 기슭에 매장하여 장례의 절차를 마쳤다.

이러한 장례문화는 왕족의 경우도 예외가 아니었다. 인종의 아들이었던 왕효가 의종 15년(1161) 4월 10일에 69세의 나이로 사망하자, 광제사(廣濟寺)에 빈소를 차렸다. 그 후 개경 동쪽에 있는 산기슭에서 화장[茶毗]하고, 유골은 수습하여 잠시 인효불원(因孝佛院)이라 불리는 사찰에 두었다가, 사망한 지 7개월이 지난 11월 임인일에 무덤자리를 점쳐서 의룡산(義龍山) 동쪽 기슭에 장례 지냈다. 왕효의 외손녀는 43세가 되던 명종 13년(1183) 4월 초하루에 집에서 사망하였는데, 빈소를 증고사(拯苦寺)라는 사찰에 차렸다가 20일이 지난 뒤 조양산(朝陽山) 서남쪽 언덕에서 화장하였고, 유골을 거두어 12월 24일 을유일에 덕수현(德水縣) 경내 와촌(瓦村)의 동산(東山) 기슭에 장례 지냈다고 한다.

이처럼 고려인의 장례는 불교의 다비식에 따라 화장을 하고 얼마 후 매장까지 하는 이중장의 형식을 띠고 있었다. 재미있는 점은 빈소가 돌아가신 분의 자택이 아니라 '사찰'에 마련되기도 했다는 사실이다.

27일 만에 끝낸 국왕의 3년상

상례 기간과 관련된 용어로 삼우제(三虞祭)·49재(齋)·3년상이란 단어를 우리는 흔히 듣는다. 삼우제는 초상을 치르고 난 뒤 죽은 이의 혼백을 평안하게 하기 위해 초우(初虞)·재우(再虞)·삼우(三虞)로 나누어 지내는 제사를 말한다. 초우는 장례를 치르고 집에 돌아와서 혼백을 만들어 모시고서 올리는 첫 번째 제사이며, 재우는 초우를 지내고 난 뒤 첫 '유일(柔日)'〔乙·丁·辛·癸의 간지에 해당하는 날〕에, 삼우는 재우를 지낸 후 '강일(剛日)'〔甲·丙·戊·庚·壬의 간지에 해당하는 날〕에 지내는 제사이다. 그런데 삼우제는 오늘날 흔히 '삼오제'로도 불린다. 고인이 사망한 뒤 3일 만에 장사를 지내는 '삼일장'과 봉분을 다듬고 5일째 되는 날 다시 묘소에 가서 봉분이 잘 있는지 여부를 살피고 망자가 편히 쉬도록 제사를 올리는 것이 일반화되어, 이를 '3일째 장사를 지내고 5일째 봉분을 찾아본다'는 의미에서 '삼오제'로 불렀던 것이다.

고려의 삼우제와 관련하여 흥미로운 사실이 있다. 명종 15년 (1185)에 국왕이 '팔우제(八虞祭)'를 거행하였다. 『춘추공양전(春秋公羊傳)』[*]에 "우제(虞祭)는 천자는 9, 제후는 7, 경과 대부는 5, 선비는 3우제를 지낸다."는 기록이 있다. 이를 근거로 한다면 고려는 7우제나 9우제를 지내야 하는데, 명종은 8우제를 지낸 것이다. 이는 천자

---

* 공자(孔子)의 저서인 『춘추(春秋)』를 해석한 책. 『춘추』의 주석서인 『춘추좌씨전』, 『춘추곡량전』과 함께 '춘추3전'이라 불린다. 중국 전국시대(戰國時代)에 공양고(公羊高)가 쓰기 시작하여 여러 대를 거쳐 저술되다가, 한(漢)나라 초엽에 완성되었다.

보다 하나 적은 8우제를 지냄으로써, 고려는 스스로를 제후보다는 높고 천자보다는 낮은 위치에 규정했다고 할 수 있겠다. 물론 원나라의 간섭을 받게 된 이후 고려는 제후국에 맞추어 7우제를 지냈다.

한편 사십구재(四十九齋)는 죽은 이의 영혼을 극락으로 보내기 위해 치르는 일종의 불교식 행사로, 천도재(薦度齋)에 해당한다. 천도재 중 가장 많이 알려진 것이 49재인데, 그밖에도 100일재 · 소상 · 대상 등이 있다. 사람이 죽으면 7일째 되는 날부터 49일째 되는 날까지 7일마다, 그리고 100일째와 1년째, 2년째 되는 날까지 도합 10번에 걸쳐 생전의 죄상에 대해 한 번씩 심판을 받는다. 그리고 심판된 죄업의 내용에 따라 죽은 이는 다음 생을 받아 돌아갈 수 있기 때문에, 그 날에 맞춰 망자의 자손들은 재례(齋禮)를 올렸던 것이다. 그런데 그중에서 49재를 가장 중시했던 이유는 이날이 염라대왕이 직접 심판하는 날이기 때문이었다.

부처님은 나루터를 지키는 관리와 같아서 모든 이를 건네주려고 하지만, 중생들은 등불에 달려드는 나비와 같아서 스스로 화(禍)를 구합니다. 그러므로 복된 장소에 정성을 드려서 원혼을 풀어 드리고자 합니다. 생각하니 선고(先考)께서는 정의(正義)의 가풍을 지키셨고, 은애(恩愛)로 나를 길러 주셨습니다.…… 선고께서는 일찍이 융적(戎籍, 무관직)에 이름을 두셔서 끝내는 적의 칼날에 운명하셨으니, 하늘과 땅보다도 더 큰 (아버지의) 은혜가 저 들판에서 마치게 될 줄어이 알 수 있었겠습니까. 국가의 일에 목숨을 바치는 것을 남들은 충성이라 합니다만, 하늘이 정해주신 수명을 다 누리지 못하셨음이 자식으로서는 너무나 애통합니다. 부모님의 은혜에 보답하지 못함을 탄식하고, 들보〔梁木〕가 갑자기 꺾어졌음을 슬퍼합니다. 다만 부처님의 자비에 의지하여, 애달픈 정성을 펴볼 수 있으므로 사십구재(四十九齋)의 날을 맞이하여 마음껏 향화(香火)를 피웁니다. 장만한 것은 약소하오나, 부처님께서 곧 감응하여 주소서.

『동문선』 권 111 소, 이혜를 대신하여 죽은 아버지를 천도하는 소

위의 인용문은 이혜라는 인물이 아버지의 49재를 맞이하여 올린 글이다. 천수를 다 누리지 못하고 뜻밖에 전장에서 돌아가신 아버지를 그리워하며 부처님의 자비를 비는 애달픈 아들의 마음이 절절하게 표현되어 있다.

불교에서는 49구재를 지내면 탈상(脫喪)을 한다. 물론 아쉬움에 다시 100일, 1주기, 2주기에 재를 지내기도 하지만, 49재를 지내면 이미 죽은 영혼이 부처님의 자비공덕을 통하여 천도를 받아 극락왕생을 하였거나 아니면 다른 좋은 생을 받아 갔다고 보기 때문이다.

그런데 유교식 장례에서는 탈상하면 흔히 삼년상(三年喪)을 떠올린다. 그렇다면 '삼년상'은 어떤 의미일까? 맹자에 따르면 부모가 자녀를 낳아 적어도 3년 동안은 아이를 품안에서 기르기 때문에, 부모님이 사망하였을 때 자녀들은 응당 삼년상을 치러야 한다고 하였다. 그렇다면 삼년상은 망자가 사망한 이후부터 만으로 3년 만에 탈상하는 것일까? 그렇지 않다. 삼년상의 정확한 기간은 27개월이다. 사망한 지 만 2년이 지나 3년째로 들어서는 첫 달, 즉 25개월에 대상제(大祥祭)를 지낸다. 그리고 다시 2개월 뒤인 27개월째에 담제를 지냄으로써 탈상하는 것이 삼년상의 내용이다.

오늘날 남자들이 군대에서 24개월을 복무하면서도 흔히 '군대

생활 3년'이라고 이야기하는 것과 같은 느낌이라고 해야 할까?

불교의 나라였던 고려에서는 장례 절차로 흔히 불교식을 사용했으나, 탈상일로 강조되었던 것은 유교식의 삼년상이었다. 불교와 함께 유교를 적절히 융합하려 했던 고려인의 정신이 장례 절차에도 그대로 반영되었던 것이다. 그러나 실상 삼년상의 강조는 형식적인 것에 불과했다. 고려인이 상복을 입는 기간은 대개 100일을 넘지 못했기 때문이다. 이는 공민왕 때에 성리학자들의 권유로 임금이 삼년상을 행할 것을 약속했던 일에 대해 『고려사』가 "삼년상을 행할 것을 임금께서 허락하셨으나 100일 동안 상복 입는 습관은 예전과 마찬가지였다."고 평가한 데서 확인된다.

> 짐은 태자로서 외람되게 동궁에 있을 때부터 능히 효행(孝行)으로 어버이를 받들고 인덕(仁德)으로 일반 백성을 다스렸다는 말을 듣지 못한지라, 하늘이 이를 미워하여 어버이가 돌아가시는 화(禍)를 만나도록 하였다. 이에 짐은 달을 날로 바꾸어 상(喪)을 마쳤으나, 궁과 칼을 부여잡고 슬피 울며 밥을 먹다가도 담벼락만 보고도 길이 어버이를 그리워하노라.

『고려사』 권 15 인종 2년 8월 경오

위의 글은 고려 국왕 인종의 교서 내용이다. 자신의 부덕으로 선왕이신 아버지가 사망하였음을 탓하면서, '달을 날로 바꾸어 상례를 마쳤다.'고 언급하고 있다. 이는 27개월 해야 하는 삼년상을 27일 만에 마쳤다는 말이다. 이를 '이일역월(以日易月)'이라고 하는데, 곧 '날로써 달을 바꾸었다'는 뜻이다.

고려의 왕들은 자신이 사망할 시점에 이르러 삼년상을 지내지 말고 '이일역월' 하라고 유언을 남기곤 했다. 예를 들어, 경종(景宗)은 "상기(喪期)의 경중(輕重)은 마땅히 한나라의 제도에 의거하여 날로써 달을 바꾸어 소상(小祥, 1주기 제사)은 13일로 하고 대상(大祥, 2주기 제사)은 27일로 할 것이며 왕릉〔園陵〕의 제도는 검소함을 따르도록 하라."는 유언을 남겼다. 그리고 선왕의 유언은 그냥 유언에 그치지 않고 그 아들에 의해 그대로 실행되었다. 그것은 위에서 제시한 인종 사례만 보더라도 알 수 있을 것이다. 즉 고려는 국왕의 상례조차도 100일에 훨씬 못 미치는 27일 만에 탈상하곤 했던 것이다.

『제왕가상기(帝王家喪紀)』에 '후세에 비록 날로써 달을 바꾸는 제도가 있지마는 3년 동안에 신주(神主)가 혼전(魂殿)에 그대로 있으며 종묘(宗廟)에 합사(合祀)하지 않았다면, 이것은 3년의 뜻이 그대로 있는 것이다.' 라고 하였다. 『예기(禮記)』에는 '상중(喪中)에 있으면 악장(樂章)을 읽지 않는다.' 고 하였는데, 고려의 예종은 평일과 같이 시를 짓고 활쏘기를 겨루었으니, 그는 부모에게 3년 동안의 사랑도 입지 않았던가?

『동사강목(東史綱目)』 제8상

위의 기록은 고려 예종이 원년 5월의 단옷날에 시를 짓고 활쏘기를 했다는 사실을 기록한 다음에, 삼년상을 제대로 지키지 않은 것에 대해 쓴 안정복(安鼎福)의 비판이다. 즉 '이일역월'의 유언에 따랐다고 하지만 선왕이 돌아가신 것이 아직 삼 년, 즉 27개월이 지나지 않았는데도 국왕이 유흥을 즐겼다는 사실이 조선 후기 성리학자

의 눈에는 불효막심한 행동으로 비쳤을 것이다. 그러나 안정복이
스스로 말하고 있듯이 고려인의 '이일역월'은 아무런 근거가 없었
던 것이 아니었다. 조선인들이 그렇게도 흠모하여 마지않았던 공자
의 나라인 중국의 상례 제도 중 하나였다.

고려인의 무덤은 당시의 수도였던 개성시 일대와 강화도에 많이 분포되어 있다. 그중에서도 개성시 일대의 개풍군·판문군·장풍군 등지에는 지배층의 무덤이 집중적으로 분포되어 있고, 강화도에는 왕을 비롯한 지배층과 피지배층의 무덤이 골고루 퍼져 있다.

사랑하는 이와 함께 묻혀 극락왕생하다

왕건의 무덤은 1993년에 발굴되었다. 봉분은 밑 부분에 12지신이 새겨진 병풍돌을 설치하고 그 위에 흙을 반구형으로 쌓아 올리는 방식으로 만들어졌다. 12지신은 1년 12달, 하루 24시간을 맡아 다스린다는 12마리의 짐승을 신성화하여 만든 신인데, 그것을 무덤에 부각한 것은 12지신의 보호를 받는다는 신앙과 관련된다. 12지신의 머리 부분은 그 방위에 해당하는 짐승의 모습으로 되어 있지만 몸 부분은 문관의 옷에 홀(笏, 관원이 국왕을 알현할 때에 예를 갖추기 위해 두 손에 모아쥐던 패)을 들고 있는 모습으로 형상화되어 무덤

▲ 왕건릉 현릉(顯陵) 만수산 줄기에서 남쪽으로 밋밋하게 뻗은 능선에 만들어진 고려 태조 왕건의 능묘로 개성시 개풍군 해선리에 위치해 있다.

◀ 태조 왕건의 등신상(等身像)

의 주인이 임금임을 나타내고 있다.

고려인의 무덤 종류는 돌칸흙무덤 · 돌관무덤 · 돌곽무덤 · 옹무덤과 함께 승려의 무덤이라고 해야 할 부도(浮屠) 등이 있다. 그중 왕건의 무덤은 내부에 안길이 없는 외칸의 돌칸흙무덤이다. 돌칸흙무덤은 돌로 무덤의 칸을 만들고 그 위에 흙을 덮어 무덤의 무지를 만든 무덤을 이른다. 고려의 돌칸흙무덤은 견고하며 내부보다는 외부를 더 장식하는 특징이 있다.

왕건의 무덤은 개국(開國) 군주의 무덤답게 내부의 장식 또한 화려하다. 즉 외부에 12지신 상을 화려하게 새겼지만, 내부에도 벽화가 그려져 있는 것이 인상적이다. 동쪽 벽에는 큰 매화나무 한 그루와 어린 매화나무 두 그루, 대나무 세 그루와 청룡이 그려져 있다. 서쪽 벽에는 소나무 · 백호(白虎) · 두 그루의 어린 매화나무가 있다. 북쪽 벽은 안타깝게도 채색의 흔적만을 볼 수 있는데 아마도 북쪽을 상징하는 현무가 그려졌을 것으로 추측되며, 천장에는 8개의 별이 그려져 있다. 고대 시기의 무덤벽화보다는 화려하지 않지만 이처럼 고려인의 무덤에 '고대적인 흔적'이라 할 수 있는 벽화가 존재하였다는 점에서 고려의 역사적 의치를 가늠하게 된다.

벽화가 있는 또 다른 대표적 무덤으로 둔마리무덤이 있다. 이 무덤의 벽화에는 춤을 추는 선녀의 형상이 그려져 있는데, 소박하고도 단정한 소녀의 모습을 하고 있다. 죽은 자의 영혼을 극락세계로 안내해주고 축복해주는 불교적 느낌을 주는 그림으로, 무덤벽화 본래의 임무에 충실하였다고 여겨진다.

왕건 무덤의 껴묻거리[副葬品]는 금동좌상 · 옥띠 장식품 · 금동 띠고리 · 국화무늬 푸른 자기 술잔 · 놋 주전자 등이 있다. 그런데

둔마리고분의 피리 부는 여인상 경남 창원군 둔마리의 고분에서 발견된 고려의 벽화로, 복식사와 음악사 연구에 상당히 귀중한 자료이다.

현재 출토된 껴묻거리는 매장 시기의 유물이 아닌 것이 상당수 있다고 판단된다. 왕건의 무덤은 943년에 축조된 이래 여러 차례 보수되었고, 거란이나 몽고와의 전쟁통에 왕건의 유해를 여러 번 옮겼다는 『고려사』 등의 기록이 이를 입증한다. 또한 껴묻거리로 출토된 국화무늬 푸른 자기 술잔이 12~13세기의 것으로 편년되고 있다는 사실도 이를 여실히 보여준다. 왕건도 후대에 벌어진 전쟁의 화염을 피할 수는 없었던 모양이다.

이의방에 의해 즉위한 고려 19대 임금인 명종의 무덤은 개성시 장풍군 지릉리에 위치하고 있다. 이 무덤의 발굴은 일제 강점기에 이루어져 많은 도굴이 있었을 것으로 추정된다. 무덤칸이 지하에 만들어진 외칸의 돌칸흙무덤이다. 껴묻거리는 청자접시 5개 · 청자바리 1개 · 소변기 1개 · 금동고리 1개 · 청동화폐 3개로, 그 내용물이 임금의 무덤이라고 하기에는 빈약하기 그지없다. 무인정권 때의 미약한 왕권을 대변하는 '껴묻거리'라고나 할까? 다만 재미있는 점은 청자로 된 소변기의 출토이다. 소변기는 두 부분으로 되어 있는데, 위쪽 부분은 소변을 모을 수 있도록 주둥이가 넓은 접시 모양으로 되어 있고 아래쪽은 소변을 담을 수 있도록 단지 모양으로 되어 있다고 한다.

고려의 왕릉 중에서 화려한 외양을 뽐내는 무덤으로는 공민왕릉이 있다. 이 무덤은 특이하게도 쌍릉 형식을 취하고 있다. 즉 공민왕 자신이 묻힌 서쪽의 현릉과 노국대장공주 무덤인 정릉이 하나의 무덤 구역 안에 나란히 놓여 있는 쌍릉 형식의 무덤인 것이다. 또한 이 무덤은 고려시기 왕릉 가운데서 가장 큰 것으로, 특히 정릉은 사랑하는 아내인 노국공주가 사망하자 공민왕이 직접 주관하여 만들었다.

(공민왕 15년 5월) 계사(癸巳)에 정릉역(正陵役)에 충선왕릉의 나무를 거의 다 벌채하여 제실(齊室)을 짓는데, 능지기가 감히 그것을 금하지 못하였다. 또 크게 공주의 영전(影殿)을 왕륜사(王輪寺)의 동남쪽에 일으키고 백관으로 하여금 질록(秩祿)에 따라 역부(役夫)를 내게 하여, 나무와 돌을 끌어들이는데 수백 명이 나무 한 그루를 끌어당겨도 앞으로 나아가지 못한 것이 있어 '영차!' 하는 소리가 천지를 움직여 밤낮으로 끊이지 않았으며, 소가 죽어 나간 것이 길에 서로 잇닿았다.

『고려사』 권 41 공민왕 15년 5월

위의 기록은 당시 공민왕이 정릉의 공사에 얼마나 심혈을 기울었

노국대장공주의 무덤, 정릉(正陵) 공민왕이 노국대장공주를 위해 충선왕릉의 나무까지 벌채해가면서 심혈을 기울여 지은 무덤이다.

는지, 또 그것이 얼마나 화려했는지를 알려주고 있다. 그러나 아쉽게도 공민왕릉은 1905년과 1920년 초에 무참히 도굴되어, 화려했을 많은 껴묻거리를 볼 수 없게 되었다.

현릉은 긴 무덤 안길이 달린 외칸 무덤으로, 동쪽 벽의 중심부에는 문고리가 달려 있는 석굴문이 있다. 문의 안에는 방형의 구멍이 뚫려 있다. 이 구멍은 동쪽에 있는 공주의 혼(魂)과 통하는 유일한 관문으로, 사후에도 서로의 사랑을 놓치지 않으려는 공민왕의 안간힘을 보는 듯한 느낌이다.

돌관무덤은 나무관을 사용한 돌칸흙무덤과 달리 지하에 돌로 된 관을 직접 묻은 무덤이다. 이 무덤은 뚜껑돌 1장, 바닥돌 1장, 네 벽면을 둘러싼 막음돌 4장 등 6장의 판돌로 조립되었다. 뚜껑돌과 바닥돌은 막음돌보다 약간 크게 만들어 측벽의 밖으로 조금씩 돌출되도록 했다.

고려의 돌관무덤은 길이가 2미터 넘는 것에서 70센티미터 안팎에 불과한 것까지 다양하지만, 인간의 평균키보다 훨씬 작은 1미터 안팎의 것이 대부분이다. 이처럼 고려인이 사용한 관의 크기가 턱없이 작은 것은 불교의 영향 때문이었다. 시체를 직접 묻지 않고 화장하여 묻거나 시체가 썩은 다음 뼈만을 추려서 묻는 불교식 장법(葬法) 덕분에 관의 크기가 그리 클 필요가 없었던 것이다.

돌관무덤은 현재 개성시와 그 주변에 집중적으로 분포되어 있다. 대표적인 돌관무덤으로 최씨 무인집정이었던 최항(崔沆)의 무덤이 있다. 그의 무덤은 판돌의 가장자리에 홈을 파고 조립함으로써 돌들이 밖이나 안으로 밀려나지 않도록 고정시켰는데, 길이 90센티미터, 너비 81센티미터, 높이 30센티미터의 크기였다. 돌관의 겉면에는 춤추는 선녀, 사신 그림과 꽃과 넝쿨무늬가 장식되어 있다.

개성시 장풍군 고읍리의 '그읍리 고려무덤떼'는 북한에서 1994년에 발굴되었다. 이들 무덤은 곽(槨)을 화강암의 판돌로 축조하고 그 안에 화장한 뼈를 담은 나무관을 안치한 다음 뚜껑돌을 덮고 분분을 쌓은 형태의 돌곽흙무덤 형식이다. 이는 다비[火葬]와 매장을 함께 하였던 고려인의 장례 특징을 대표적으로 보여주는 사례라 할 수 있다. 그런데 이 무덤에서는 청자·백자·진홍 자기 등의 자기류와 함께 청동화폐·청동단추·관못 등 각종 금속제 유물들이 껴묻거리로 발굴되었다. 특히 주목을 끄는 것은 화폐인데, 한 변의 길이가 6밀리미터 정도 되는 4각형 구멍이 있고 앞면에는 '해동통보(海東通寶)'라 씌어 있다. 해동통보는 고려 숙종 7년(1102)에 주조한 대표적인 고려의 화폐다. 죽은 자가 저승길 노잣돈으로 삼아 가져가길 바라며 묻었을 것이다.

또 개성시 개풍군 고남리에서는 고려 평민들의 무덤으로 추정되는 67기의 움무덤떼가 발굴되었다. 움무덤은 고려의 무덤 가운데 가장 많은 수를 차지한 무덤이다. 돌칸흙무덤이나 돌곽무덤과 달리 무덤의 외부에 아무런 돌시설물이 없다. 즉 땅을 장방형으로 파고 관과 껴묻거리를 묻은 다음 봉분을 만들어놓은 토광묘(土壙墓)인데, 장법에 따라 홀로묻기무덤·함께묻기무덤·화장무덤 등으로 구분된다. 고남리 무덤은 홀로묻기무덤의 대표적 예다. 그런데 이 무덤떼에서는 고려뿐만 아니라 송나라와 원나라의 청동화폐와 숟가락·연지통·단지·접시 등 다양한 물건이 출토되었다. 살아생전에 사용하였거나 사후에라도 사용하기를 바라는 귀중한 물건을 무덤에 함께 묻은 것이다.

죽은 자의 일대기를 함께 묻다

우리의 조상들은 흔히 무덤에 죽은 자의 일대기를 적은 '묘지명(墓誌銘)'을 함께 묻었는데, 고려인 역시 무덤에 묘지명을 남겨놓았다. 묘지명은 대부분 돌에 죽은 자의 일대기를 새겨 넣은 형태지만, 때로는 도자기에 글을 아로새겨 넣기도 했다. 묘지석(墓誌石)은 대개 오석(烏石, 바탕이 단단하지 않고 빛이 검은 광택의 바윗돌. 주로 비석 · 도장 · 기물 · 장식품 따위를 만드는 데 쓰임)에 해서체(楷書體)로 단정하고 깔끔하게 새겼다.

무덤에 묘지명을 함께 묻은 것은 무덤 주인공의 일대기를 기록하여 죽은 자에 대한 애달픈 마음을 나타내고 아울러 후대에 영광을 남기려는 의도였을 것이다. 그러나 한편으로 홍수 등으로 인해 무덤이 유실될 때를 대비하려는 목적도 있었다. 봉분이 무너지고 비석이 사라지더라도 유해와 함께 묘지명이 남아 있다면, 언제든 무덤의 주인공이 누구인지 알 수 있으리라는 바람에서 비롯된 전통이었다.

묘지의 보존을 위한 목적으로 마련하였지만 이러한 묘지명이 후대를 살고 있는 우리에게 보여주는 존재감은 이루 다 말할 수 없다. 특히 당대의 사료가 극히 영성(零星)한 고려와 그 이전 시기 역사의 연구에 있어서 그 중요성은 두말할 필요도 없다. 2004년 11월 『낙양출토역대묘지집승(洛陽出土歷代墓誌輯繩)』이라는 묘지명의 탁본집에서 13세에 부모를 따라 선비족이 세운

왕조인 북위(386~534)에 들어가 황태후의 지위에까지 오른 고구려 계통의 문소황태후 고조용(高照容, 469~519)의 묘지명이 중국에서 확인되었다. 선조들이 묘지명을 남기지 않았다면, 이러한 역사적 사실은 묻혀버리고 말았을 것이다.

각종 껴묻거리와 함께 고려인이 무덤에 남긴 것은 죽은 자에 대한 애달픈 마음이리라. 그런 마음이 듬뿍 담긴 아름다운 묘지명을 한편 감상해보자. 죽은 아내를 애틋하게 그리며 남편이 직접 쓴 묘지명이다.

평소에 당신이 나에게 "당신은 책만 읽고 다른 일은 하지 마세요. 내가 집안일을 맡아 의식(衣食)을 책임지겠습니다. 비록 다시 힘써서 구하여도 뜻대로 안 될 때가 혹 있을 것입니다. 설혹 불행하게 다른 날 나의 천한 목숨이 끊어지고 당신은 후한 봉록을 누려 모든 일이 뜻에 맞더라도, 내가 재주 없다고 하여 내가 궁핍을 막아낸 일을 잊지 마소서."라 하고 말을 마치더니 한숨을 쉬었습니다. 을축년 봄에 내가 우정언지제고(右正言知制誥)라는 벼슬을 제수 받았더니, 그대는 얼굴에 기쁨을 나타내며 "우리의 가난이 이제 끝났군요." 하길래, 내가 "간관(諫官)은 녹을 지닌 지위가 아니네."라고 대꾸했습니다. 그 랬더니 그대는 "만일 하루라도 당신이 천자와 궁전의 섬돌에 서서 옳고 그름을 논쟁한다면, 나무로 된 비녀와 베로 된 치마를 입고 삼태기를 메고 생계를 꾸리더라도 또한 마음에 단 것입니다."라고 말하였습니다. 이는 평범한 부녀자의 말이 아닌 것 같았습니다.

「염경애 묘지명」

참고문헌

1) 姜晋哲, 「貢賦」, 『高麗土地制度史研究』, 高大出版部, 1980.

2) 姜晋哲, 「租稅」, 『高麗土地制度史研究』, 高大出版部, 1980.

3) 權純馨, 「고려 혼인제 연구의 동향과 과제」, 『梨花史學研究』 22, 梨花女大 梨花史學研究所, 1995.

4) 金斗鍾, 「中世의 醫學 ―高麗醫學―」, 『韓國醫藥史』, 探求堂, 1966.

5) 金載名, 「高麗時代 調의 收取와 그 性格」, 『京畿史學』 2, 京畿史學會, 1998.

6) 金載名, 「조세」, 『한국사』 고려 전기의 경제구조 14, 국사편찬위원회, 1993.

7) 김민한, 「고려장설화의 허구성에 관한 연구」, 『한국사상과 문화』 5, 1999.

8) 김인철, 『고려무덤 발굴보고』 백산자료원, 2003 ; 사회과학출판사, 2002.

9) 김종명, 「고려 연등회(燃燈會)와 그 유산」, 『불교연구』 16, 한국불교연구원, 1999.

10) 盧明鎬, 「高麗時代의 分家規定과 單丁戶」, 『歷史學報』 172, 2001.

11) 盧明鎬, 「高麗時代 戶籍 記載樣式의 성립과 그 사회적 의미」, 『震檀學報』 79, 1995.

12) 리창언, 『고려 유적연구』, 백산자료원, 2003 ; 사회과학출판사, 2002.

13) 朴鍾進, 「高麗時期 貢物의 收取構造」, 『蔚山史學』 6, 蔚山大 史學會, 1993.

14) 邊太燮, 「萬積亂 發生의 社會的 素地 ―武臣亂 後 身分構成의 變質을 基盤으로―」, 『史學研究』 4, 韓國史學會, 1959 ; 『高麗政治制度史研究』, 一潮閣, 1971.

15) 邊太燮, 「武臣政權期의 反武臣亂의 性格 ―金甫當의 난과 趙位寵의 난을 중심으로―」, 『韓國史研究』 19, 韓國史研究會, 1978.

16) 宋春永, 「元 干涉期의 자연과학 ―醫學을 중심으로―」, 『國史館論叢』 71, 國史編纂委員會, 1996.

17) 安智源, 「高麗 燃燈會의 기원과 성립」, 『震檀學報』 88, 1999.

18) 奥村周司, 「高麗における八關會的秩序と國際環境」, 『朝鮮史研究會論文集』 16, 1979.

19) 이정란, 「高麗時代 婚姻形態에 대한 재검토」, 『사총』 57, 2003.

20) 李貞信, 『高麗 武臣政權期 農民·賤民抗爭 研究』, 高麗大 民族文化研究所, 1991.

21) 李貞信, 「高麗時代 公州 鳴鶴所民의 蜂起에 대한 一研究」, 『韓國史研究』 61·62, 韓國史研究會, 1988 ; 『高麗 武臣政權期 農民·賤民抗爭 研究』, 高麗大 民族文化研究所, 1991.

22) 李貞熙, 「高麗時代 徭役의 運營과 그 實態」, 『釜大史學』 8, 釜山大 史學會, 1984.

23) 李泰鎭, 「高麗後期의 인구증가 要因 生成과 鄕藥醫術 발달」, 『韓國史論』 19, 서울대 국사학과, 1988.

24) 李惠玉, 「高麗時代 貢賦制의 一研究」, 『韓國史研究』 31, 韓國史研究會, 1980.

25) 張炳仁, 「高麗時代 婚姻制에 대한 재검토 ─一夫多妻制說의 비판─」, 『韓國史研究』 71, 韓國史研究會, 1990.

26) 장병인, 『조선전기 혼인제와 성차별』, 一志社, 1997.

27) 鄭容淑, 『高麗王室族內婚研究』, 새문社, 1988.

28) 崔在錫, 「高麗時代의 婚姻制度」, 『人文論集』 27, 1982 ; 『韓國家族制度史研究』, 1983, 一志社.

29) 許興植, 「高麗時代의 夫妻形態와 그 變遷」, 『韓國親族制度研究』 一潮閣, 1992.

고려사회의 이중성
—개방성과 폐쇄성

- 기생과 비(婢) 소생으로 최고 권력자에 오르다
- 낫 놓고 'ㄱ'자도 모르는 사관(史官)
- 권력의 정상에 선 여성 정치인
- 장가오는 남자들
- 아들 딸 구별 없는 균분 상속과 '부부별산제'

18

기생과 비(婢) 소생으로
최고 권력자에 오르다

　성리학이라는 보수적인 사상을 고집했던 조선은 양반의 신분체계를 고정시키려 고심하였다. 이를 단적으로 보여주는 것이 서얼(庶孽)의 존재다. 같은 시기의 중국이나 일본에 비해, 조선은 서얼에게 심한 차별대우를 하였다. 이는 양반 피의 순수성을 보존하려는 의도에서 비롯된 조치였지만, 양반 숫자의 확산을 미연에 방지하기 위해 마련된 제도이기도 했다.

　중국이나 일본에서는 서얼도 부계혈연의 핏줄을 이어받은 존재라고 인식했기 때문에, 어머니의 신분이 어떻든 간에 그를 부계 혈연의 일원으로 대우하였다. 따라서 벼슬길을 차단하거나 재산상속에서 '커다란' 불이익을 주거나 하지는 않았다. 그에 비해 조선은 양인이나 천인 신분의 어머니에게서 태어난 서얼에게 상속상의 불이익을 주었다. 더욱이 그들이 벼슬길로 나아가는 것조차 막으려고 하였다. 반쪽 양반인 서얼도 이렇듯 관직 진출에 차별을 받았던 조선에서, 일반 양인이나 천인이 벼슬길에 나아가 출세한다는 것은 상상조차 할 수 없는 일이었다.

　그렇다면 천계출신이 벼슬에 나아가 득세까지 하는 예가 비교적 많았던 고려는 조선에 비해 '개방적인 사회'라고 해야 할까?

쉽게 답하기는 어렵다. 피의 순수성 유지라는 차원에서 보면, 오히려 고려는 조선보다 더 엄격한 신분사회였기 때문이다. 앞서 살핀 소군(小君)의 존재가 단적인 여다. 그들은 국왕의 아들이었지만 왕자라 불리지도 못했고, 어린 나이에 승려가 되어 왕위 계승권을 박탈당해야 했다. 누군가의 신분을 판단할 때, 아버지뿐 아니라 어머니의 핏줄도 철저히 따지는 전통이 왕실에서도 그대로 적용되었던 것이다. 이런 점에서 고려의 사회체제가 그렇게 '개방적'이었다고 단언할 수는 없을 듯하다.

기생의 소생이 최고 권력자가 되기까지

피의 순수성 유지를 중요하게 여겼던 고려의 전통은 4대 60년 동안 지속되었던 무인정권 최씨가문의 권력 계승에도 큰 문제를 안겼다. 최충헌이 아들 최이에게 권력을 승계하는 데까지는 별다른 문제가 없었다. 그런데 최이 대에 이르러 문제가 발생하였다. 그에게는 권력을 물려줄 만한 아들이 없었던 것이다. 아니 정확하게 표현하자면, 그에게는 적자(嫡子)가 없었다. 그의 처(妻) 소생으로는 김약선(金若先)과 결혼한 딸 한 명뿐이었다. 물론 자녀가 한 명은 아니었다. 기생인 서련방(瑞蓮房)과의 사이에 2남 1녀가 더 있었지만, 피의 순수성을 보존하려는 고려인의 전통에서 보면 가문의 권력을 이어받기에는 부적합하다고 여겨지고 있었다.

왕실에 버금가는 최고 권력가문으로 성장한 최씨가문은 최이의

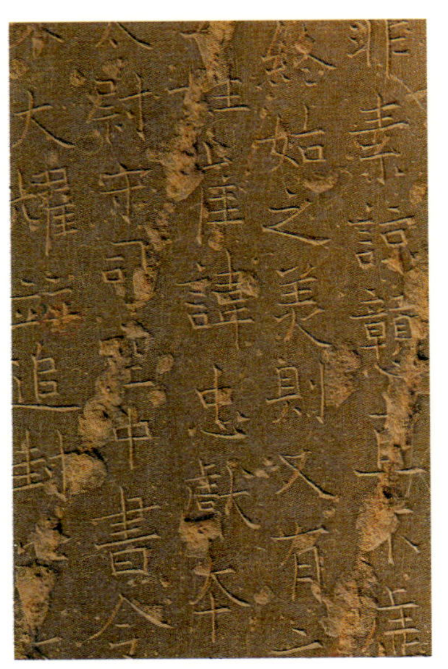

최충헌 묘지석

서얼 문제를 왕실과 같은 방식으로 처리하였다. 왕실에서 소군을 승려로 만들었듯이, 최이는 자신의 두 아들 만전(萬全)과 만종(萬宗)을 승려로 삼아 사찰로 보냈고, 만전과 만종은 각각 단속사(斷俗寺)와 쌍봉사(雙峯寺)의 주지(住持)가 되어 서울을 떠나야만 했다.

그렇게 되자 당시 최이의 후계자로 주목된 인물은 사위 김약선이었다. 고려인들은 집안에 아들이 없을 경우 굳이 다른 사람을 입양하지 않고 사위나 외손을 후계자로 삼는 전통을 가지고 있었다. 혈통상 하자를 지니고 있었던 아들들을 승려로 내보낸 상태에서 최이의 권력을 이을 만한 사람은 사위 김약선밖에 없었다. 최이 역시 그렇게 하는 게 자연스러운 수순이라 여겼던지, 일찍이 김약선에게 군권(軍權)을 내주었다. 이는 자신의 후계자로 김약선이 가장 적임자임을 대내외적으로 선포한 것이나 다름없는 행위였다. 이후 실제로 김약선은 후계자로서 점차 권력의 중심에 서게 되었지만, 어느 날 갑자기 '별다른 이유' 없이 제거된다. 그의 세력이 최이에게 맞먹을 만큼 커져 최이의 심기를 건드렸던 것이 그가 제거된 이유로 보인다.

그 후 최이의 후계자로 다시 주목을 받은 인물은 김약선의 아들이자 최이의 외손 김미(金敉)였다. 김약선이 제거되었을 당시 만전과 만종은 중앙과 연결이 끊긴 채 10년 이상을 지방의 사찰에서 머물고 있었다. 따라서 당시인들은 신분적 하자가 있고 중앙의 정치세력과 연결마저 끊긴 만전 형제보다는 김미를 계승자로 주목할 수밖에 없는 상황이었다. 이에 점차 그의 주변에 사람들이 모여들어 김미의 계승구도가 점차 굳어지고 있었다.

그러던 중 갑자기 고종 30년(1243)에 김미가 전격적으로 유배된다. 표면상 이유는 '무뢰배를 모았다.'는 것이었지만, 그의 아버지가 제거되었을 때와 같은 이유로 그런 조치가 단행된 것으로 보인다. '무뢰배'로 표현된 김미를 둘러싼 지지세력이 최이의 경계심을 자극했던 것이다.

그 뒤 4년의 세월이 흐른 고종 34년에 최이는 만전과 김미를 동시에 소환한다. 또한 만전의 이름을 최항(崔沆)으로 개명하는 조치를 아울러 취한다. 이러한 만전의 전격적인 환속은 박훤(朴暄)의 상소가 계기가 되었다. 박훤은 만전 형제가 남방에서 소요를 일으키자 그들을 소환하고 그의 무리를 잡아들이라는 내용의 상소를 올렸는데, 곧이어 정숙첨(鄭叔瞻)도 같은 충고를 최이에게 하였다. 그러자 최이는 만전 등의 무리에게 벌줄 것을 결심하였다. 그런데 곧 상황이 반전된다. 아버지가 자신들을 처벌하려 한다는 사실을 알게된 만전 등이 급히 서울로 올라와, "아버지가 생존하여 있을 때에도 저희들을 침해하고 핍박함이 오히려 이와 같은데 백년 뒤에는 우리 형제가 어디에서 죽었는지도 알지 못하겠습니다."라고 호소하였다. 부정(父情)을 자극했던 것이다. 그러자 변덕쟁이 최이의 마음이 바뀐다. 하루아침에 최이는 자신의 후계자로 아들 만전, 즉 최항을 지목하게 된다.

『고려사』에 따르면, 최이는 그 이후 최항에게 예의를 익히게 하고 좌우위상호군·호부상서(左右衛上護軍·戶部尙書)라는 직책에 임명한다. 한편 김미를 사공(司空)으로 삼는다. 김미에게 사공을 제수한 것은 권력이 없는 자리에 앉혀 최항을 피하게 하기 위한 조치였다. 즉 자신의 후계자로 최항을 염두에 두었던 최이는 김미를 왕족의 딸과 혼인시키고 그에게 아무런 실권이 없는 작위인 사공을 제수하였던 것이다.

그 후 최이는 자신 이외에는 별다른 지지기반을 갖추지 못한 아들을 위해, 차근차근 지지자를 모아갔다. 우선 최이는 유배지에 있는 김준(金俊)을 소환하였다. 자신의 첩과 사통한 죄로 유배 중이던 그를 소환한 것은 아들을 후계자로 삼는 데 그의 도움이 절실했기 때문이었다. 또한 최항을 비난했다가 유배간 박훤까지도 '더불어 의논할 만한 사람이 없다.'는 이유로 소환하였다. 그 후 최이는 자신의 임종을 앞두고도 아들의 무사한 권력계승을 위해 최항에게 오지 말 것을 종용하였다. 그리고 얼마 후 권력의 계승은 무사히 마무리되었다. 아들을 위한 아버지의 뜨거운 부정이 결실을 맺었던 것이다.

비천한 출신의 최고 권력자

최씨가문의 후계구도는 최항의 시대에도 계속 문제가 된다. 최항에게도 정실에게서는 아들이 없고, 비(婢)와의 사이에 아들 최의(崔竩)만 있었다. 그러나 이미 한번 최씨가문 내에서 피의 순수성 보존

원칙이 깨진 이상, 최의가 아버지 최항의 권력을 잇는 것은 그렇게 어렵지 않았다.

최항은 자신의 아들을 후계자로 만들기 위해, 독선생을 두어 시(詩)와 필법(筆法)을 가르치고 아울러 정사(政事)와 예(禮)를 배우게 하였다. 그리고 일찍이 가신(家臣) 선인열(宣仁烈)과 유능(柳能)에게 "그대들이 만약 나의 아들을 잘 이끌어 가업(家業)을 계승하도록 하면 그것은 그대들이 준 것이다."라고 하면서 후사를 부탁했다. 또 최항은 병이 들자, 다시 그들을 불러 손을 잡고는 "그대들이 이 아이를 보호하여주니 나는 죽어도 한이 없다."고 하였다.

비천한 출신으로 2대에 걸쳐 최고 권력자가 되었던 최항과 최의에게는 큰 아킬레스건이 하나 있었으니, 바로 혈통의 문제였다.

최항은 본래 기생의 소생이고 최의 또한 어미가 천하였기 때문에 당시 사람들이 문서(文書)를 읽다가 창기(倡妓)와 천예(賤隸)라는 단어에 이르면 문득 피하였다. 원수가 있는 사람들이 문득 "공(公)의 소출(所出)이 미천(微賤)하다고 험담하였다."고 원수를 참소하면, 최의가 모두 이를 죽였다.

『고려사』 권 129 열전 42 최의

위의 기사는 최항과 최의의 어머니 쪽 혈통이 그들의 취약점이라는 사실을 인지하고 그것을 십분 활용하였던 당시인의 모습을 보여주고 있다. 당시인들은 최고 권력자의 아픈 곳을 알고, 그것을 역이용하였다. 즉 싫은 사람이 있으면 그들이 최고 권력자의 혈통에 대해 험담했다고 고소하여 제거하였다. 심지어 글을 읽을 때에도 '창기(倡妓)'와 '천예(賤隷)' 같은 단어를 읽지 못하는 지경에 이르렀다고 하니, 최항과 최의가 자신의 혈연적 하자에 얼마나 고심했는지 알 법하다. 최항과 최의는 최고 권력자의 아들로 태어나 그 이전의 어떤 서얼도 누릴 수 없었던 최고의 지위에 올랐지만, 그것은 언제나 불안한 것이었다.

이런 상황에서 최의의 시대에 갑작스럽게 최씨정권이 붕괴한 원인으로 천계출신의 집정자가 정권을 계승한 사실을 꼽는 것도 무리가 아니라고 여겨진다. 천계출신 집정자의 등장으로 많은 천계출신들이 권력의 상층부를 점하게 된 것에 대한 기존세력의 반감이 만만치 않았던 것이다.

영원하리라 여겼던 최씨정권의 몰락

원래 노비는 비록 나라에 큰 공로를 세웠다고 해도 돈이나 비단으로 상을 내릴 뿐 관작(官爵)을 상으로 주지는 않았다. 그런데 아버지 최항 때부터 집안의 노비인 이공주(李公柱)·최양백(崔良伯)·김준(金俊) 등에게 무관직을 제수하였고, 최의의 시대에 이르러서는 노비들이 참직(參職)을 제수받기에 이르렀다. 참직은 대략 6품 이상의 관직을 지칭하는 용어로, 조그마한 신분적 하자가 있더라도 제수받을 수 없는 관직이었다. 한마디로 고위관으로 올라가는 지름길 같은 코스였다. 그런데 그런 관직에 천계출신들이 대거 진출하게 된 것이다.

천계출신에 가까운 최고 집정자와 집정자를 둘러싼 천계 무리들의 존재는 고려의 전통적인 지배층에게 최항과 최의정권에 대한 반감을 불러일으키기에 충분했다. 그러나 정권의 붕괴는 예상치 못한 곳에서 시작되었다. 최의를 둘러싸고 있는 천계의 무리에서 비롯되었다.

최의는 나이가 젊고 어리석고 용렬하여 현사(賢士)를 예우하지 않았다. 아울러 친히 믿는 무리인 노비 출신의 유능(柳能)·최양백도 모두 용렬하였다. 그런데 최의는 천계와 연결되는 자신의 혈연 때문이었는지, 아버지 대에 크게 등용되었던 노비출신의 충성집단을 잘 대우하지 않았다. 가문의 중요한 충성집단이자 무력을 갖춘 세력이었음에도 그들을 예우하지 않은 것은 최의의 일생일대의 실수였다. 이에 김준을 대표로 하는 천계출신들이 어느 날 모여, "최의가 아첨하는 소인배에게 친근히 하면서 참소(讒訴)를 믿고 거리낌이 많으니, 일찍이 도모하지 않으면 우리 무리가 또한 죽음을 면치 못할까 두렵다."고 하면서 최의 제거를 모의하였다.

거사의 날 새벽에 김준이 이끈 일단의 군대가 최의의 집 담벼락을 무너뜨리고 들어갔다. 당시 최의를 모시고 있던 원발(元拔)은 힘이 장사였다. 변란의 소식을 들은 원발은 최의를 등에 업고 달아나고자 했다. 그러나 최의는 용모는 아름다웠으나 살이 쪄서 몸집이 거대하였다. 이에 원발은 무거워서 능히 그를 업지 못하고 부축하여 다락방 위로 올라가게 하고, 그 문을 막아섰다. 하지만 역사의 물길은 되돌릴 수 없었다. 곧 군사들이 들이닥쳐 원발의 이마를 쳐서 죽이고 최의를 잡아 죽였다. 4대 60년간 지속된 최씨정권의 몰락이었다. 무소불위의 권력을 휘둘렀던 최씨정권이 그 휘하 노비들의 반란으로 붕괴되고 만 것이다.

19

낫 놓고 'ㄱ'자도 모르는 사관(史官)

문관의 멸시를 받아오던 무인이 정변에 성공하자, 하루아침에 양측의 입장이 뒤바뀌었다. 문관들은 살아남기 위해 산으로 숨거나 지방으로 도망했다. 지방으로 무사히 피신하였더라도 그들을 기다리는 것은 그동안 수탈에 시달려왔던 지방민의 분노였다. 겨우 살아남은 문관들은 산에 숨어 살거나 형편이 조금 나은 경우 관직과 일정한 거리를 두며 유유자적 시나 짓고 살아갔다.

그에 비해 무인들은 그동안 누리지 못했던 호사를 마음껏 누렸다. 심지어 문관들만이 임용될 수 있었던 관직을 무인들이 하나하나 꿰차기 시작했다. 예를 들어 지방관은 문관만이 할 수 있었던 대표적 관직이었는데, 무신정변 이후 많은 무인들이 지방관이 되기를 바랐다. 그래서 마련된 제도가 문무교차제(文武交差制)였다.

문관의 자리를 무인에게로

문무교차제란 어느 한 지방의 지방관을 문관이 지냈으면 다음 교

체 시기에는 무관이 임명되거나, 아니면 지방의 장관이 무관이면
부관은 문관이 하는 제도를 말한다. 한마디로 문관과 무관을 교차
해서 임명하는 제도로, 자신들을 지방관의 자리에 임명해달라는 무
인들의 줄기찬 요구를 들어준 결과로 마련된 제도였다.

　문무교차제와 관련된 일화가 있다. 고려의 국경에 위치한 의주(義
州)는 사신의 왕래와 외교 문서의 출입이 잦은 곳이므로, 당연히 문
서에 능숙한 문신이 지방관으로 임명되어야 하는 특별한 행정구역
이었다. 따라서 무신정변 이후 장군(將軍)들이 곳곳의 지방관으로
임명되었으나, 의주만은 문관과 무인으로 구성된 지방관 2명을 함
께 두었다. 그러나 졸지에 한 명도 아닌 두 명의 지방관을 모시게 된
의주 사람들은 지방관을 모시는 데 소요되는 비용이 곱절이 되었다
며 불만을 토로하게 되었다.

　"우리 고을은 본래 북방의 변경지역에 있는 초라한 시골마을인데,
이제 문·무가 함께 동일한 성에 거주하므로 공비(供費)가 넉넉지 못
합니다. 수년이 못 되어 고을이 텅 비게 될 것입니다. 청컨대 중앙에
알려주어 우리의 편의에 따라 여러 개의 성을 나누어 관장하게 해주
소서."

『고려사』 권 101 열전 14 송저

　때에 이러한 의주 백성의 불만을 옳게 여긴 '송저'라는 인물이
묘책을 마련하였다. 문관은 의주의 분도관(分道官)으로 삼고, 무관
(武官)은 정주(靜州)의 분도관을 맡도록 하자는 것이었다. 그러나 송
저의 묘안이 알려지자, 여러 장군들이 이구동성으로 "이러한 제안

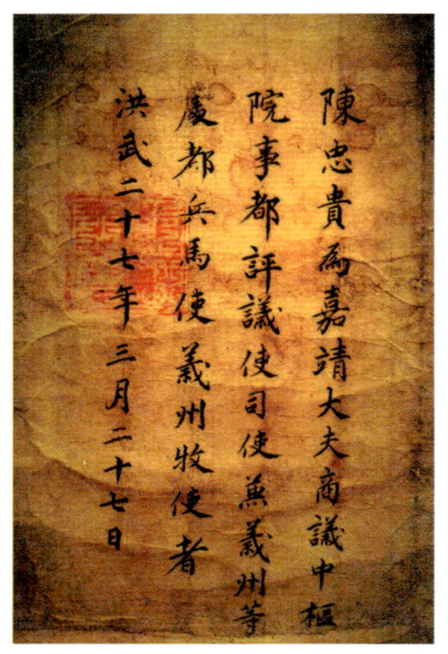

태조 3년 의주목사 임명장 조선 태조 3년(명나라 홍무 27년)에 진충귀(陳忠貴)를 가정대부·상의·중추원사·도평의사사사와 아울러 의주등처도병마사·의주목사에 임명하는 왕지(王旨). 당시에도 종2품의 고위관원을 의주목사에 임명할 정도로, 의주는 왕조에 의해 상당히 중시되는 지역이었다.

은 무신의 권한을 빼앗고자 한 것이로다.''라고 하면서 송저의 목을 벨 것을 임금께 청원하였다. 무인들의 집단행동에 놀란 국왕은 그들을 달래보았으나, 별 수 없이 송저를 거제의 현령으로 좌천시켰다고 한다.

그런데 아이러니한 사실은 문관의 자리를 요구하였던 이러한 무인들의 황당한 요구가 지방제도의 발달을 가져왔다는 점이다. 지방관 자리를 달라는 무인들의 빗발치는 요구에 비해 지방관의 자리가 턱없이 부족했던 왕조 정부는 하나의 묘안을 짜냈다. 그동안 지방관을 파견하지 않았던 많은 속현(屬縣), 속군(屬郡)에 지방관을 파견하는 제도를 마련한 것이다. 즉 속군과 속현에 '감무(監務)'라는 지방관을 마련하여 무인들의 요구에 응하였다. 이후 감무가 파견된 지방에 점차 일반 현령이 파견되어 자연히 속현과 속군의 제도는 역사의 무대에서 사라지게 되었다. 두인들의 터무니없는 요구가 역사의 발전을 이끌었던 것이다.

글자를 몰라도 사관(史官)이 되던 시대

문관의 직책을 차지하고 싶은 무인들의 요구는 끝이 없었다. 이에 문관직 중에서도 과거에 급제한 인물들이 주로 임명되었던 특수 직책도 그들의 '먹잇감'에서 벗어날 수는 없었다. 장원급제하였거나 문장 재주에 특별한 재능을 지닌 인물이라야 역임할 수 있었던 특수직책에 무인으로서 임명된 대표적인 이가 두경승(杜景升)이었다.

강직한 성품의 소유자였던 두경승은 무인으로서 출세를 거듭하여 최고위 무관직과 감찰기관의 장관이 되었다가, 이윽고 고려의 재상으로서 인사를 담당하는 책임자가 되었다. 그런데 이때 그가 제수받은 관직에는 커다란 문제가 있었다. 인사행정의 최고 책임자가 되었을 뿐만 아니라 '수국사(修國史)'란 관직에 임명되었기 때문이다. '수국사'란 나라의 역사 편찬을 책임지는 자리로, 대개는 과거의 수석 합격자들이 주로 임명되는 특별한 관직이었다. 그런데 문제는 두경승이 과거 합격자도 아닐뿐더러 글을 전혀 알지 못했다는 데 있었다. 한마디로 말도 안 되는 인사였던 것이다.

이 같은 인사가 발표된 후 어느 날 한 의원(醫員)이 스스로를 '옥당인(玉堂人, 홍문관)'이라고 칭하였다. 이에 어떤 사람이 조롱 투로 말하기를, "전투지의 장수가 이제 '수국사'가 되었으니 의원이 '옥당인'이 되는 것도 무방하네."라고 말하였고 좌중에 있던 사람들이 폭소했다고 전한다.

두경승과 이의민의 힘겨루기

두경승은 힘이 세기로 유명했다. 어느 날 힘의 세기로는 둘째가라면 서러운 이의민과 두경승이 중서성(中書省)에 마주 앉게 되었다. 그러자 곧 두 사람 사이에 힘 자랑이 시작되었다. 먼저 이의민이 시작했다. "어떤 사람이 스스로 용력(勇力)을 자랑하기에 내가 쳐 넘어 뜨리기를 이처럼 하였다."고 하면서, 주먹으로 기둥을 치니 서까래가 움직였다. 그러자 이에 질세라 두경승은, "어느 때의 일인데 내가 맨주먹을 허공에 대고 치니 많은 사람이 달아나 흩어졌다."고 하면서 주먹을 휘두르니 주먹이 벽을 뚫고 들어갔다. 당시 어떤.시인이 이를 조롱하면서, "나는 이(李)와 두(杜)를 두려워하나니, 위풍이 당당해서 진짜 재상(宰相) 같거든, 중서성에 3~4년 동안에 일었던 주먹바람이 만고(萬古)에 제일이로다."라고 했다고 한다.

최세보(崔世輔)는 가문이 본래 보잘것없었으며, 두경승처럼 글을 알지 못하였다. 무신정변 발발 이전에 하급무관에 임명되었다가, '유시(流矢)의 변란'으로 인해 남해에 유배되었다. 그 후 다행히 무신정변이 일어나 무인들이 뜻을 얻게 되자, 그는 다시 소환되어 명종 14년에는 문하시랑평장사(門下侍郎平章事)·판병부사(判兵部事)·상장군(上將軍)이라는 최고위직에 오르게 되었다.

그런데 때마침 『의종실록(毅宗實錄)』이 편찬될 예정이었다. 그러자 한 무인이 이르기를, "수국사 문극겸(文克謙)이 의종의 시해를 사실 그대로 실록에 썼는데, 임금의 시해는 천하의 대악(大惡)이다. 마땅히 무관(武官)으로 하여금 수국사를 겸하게 하여 '직서(直書)'하지 못하도록 해야 할 것"이라고 말하였다. 이는 사실 무신정변으로 정권을 잡은 이의방(李義方)이 하수인 이의민을 시켜 유배 중이었던 국왕 의종을 시해하는 '대역무도(大逆無道)'한 만행을 몇 해 전에 저질렀는데, 이러한 자신들의 악행을 둔신인 문극겸이 『실록』에 곧이곧대로 기록할까 두려워하여 나온 말이었다. 즉 무인을 '수국사'의 벼슬에 임용하여 사실을 그대로 기록하는 일을 막자는 것이었다.

당시 국왕은 기세등등한 무인들의 뜻을 저버리기가 어려웠다. 하지만 무인을 실록편찬의 책임자로 임명하는 것은 '원칙'에 위배되는 사안이었다. 즉 국왕은 훗날에 있을 오명을 어떻게든 피하고 싶었다. 이에 그들의 뜻에 따라 무인의 대표자로 최세보를 동수국사(同修國史)에 임명하면서도, 일부러 임명장에 "동수국사(同修國事)에 제수한다."고 기재했다. 정식 명칭인 '동수국사(同修國史)'가 아니라 '동수국사(同修國事)' 즉 '나라의 역사'가 아니라 '나라의 일'을 찬술하는 관직에 임명했던 것이다. 그러나 낫 놓고 'ㄱ' 자도 몰랐던 최세보가 두 한자[史와 事]는 구별할 수 있었던지, 자신의 임명장에서 '사(事)'를 '사(史)'로 고쳐 넣었다고 한다. 이로 말미암아 당시에 편찬된 의종의 실록에는 빠지고 생략되어 사실과 달리 적힌 부분이 많았다고 『고려사』는 전한다.

최세보가 '동수국사'에 임명된 지 얼마 되지 않은 어느 날, 문극겸이 보관을 위해 책에 햇볕을 쪼이게 하는 방에 앉아서 다음과 같은 말을 하며 껄껄 웃었다고 전한다. "문관으로서 상장군(上將軍)이 된 것은 나로부터 시작되었고 무관으로서 동수국사가 되는 일은 공으로부터 비롯하였도다."

하극상이 극에 달한 무인정권기

무인정권기는 그동안 문관의 횡포를 참아왔던 무인과 군인들이 한꺼번에 자신들의 불만을 쏟아냈던 시기였다. 그러다 보니 자연 무인들끼리도 의견이 분분하고 이해가 상충되기도 했다. 『고려사』는 이러한 정황을 "이제 중방(重房)에서 일을 마련하면 장군방(將軍房)에서 이를 저지하고, 장군방에서 의논을 내면 낭장방(郎將房)에서 이를 저지하여, 서로 모순되게 국가의 명령을 내리니 백성들이 무엇을 따라야 할지를 알지 못하였다."고 전하고 있다. 즉 최고위 무관의 회의기관인 중방에서 결정한 사항을 그 아래 장군들의 회의기관인 장군방이나 더 하위 무관의 회의기관인 낭장방이 저지하였다.

홍중방(洪仲方)은 군졸로 시작해 대장군의 직책에까지 출세한 인물이었다. 그는 강직하여 아첨하지 않았으며 매번 면전에서 남의 과실을 책망하는 성품을 지녔었다. 어느 날 하위 무인들이 모여 문관의 권무관(權務官, 임시직)을 빼앗고자 모의하였는데, 고위 관원들조차 무서워 감히 어찌하지 못하였다. 그런데 홍중방이 홀로 다음과 같이 호통을 치니, 그 의논이 그쳤다고 한다.

"국가가 관직을 설치하고 직책을 나누는 데 있어 오직 경(卿)·감

(監)의 관직 외에는 무인이 문관의 직책을 겸하지 못하게 하였다. 그
런데 무신정변 이후부터 우리 무인들은 문신의 관직인 감찰기관어
있으면서 조정의 반열에 서게 되었고, 하위 무관들에게 복두〔幞頭, 관
모(冠帽)의 하나〕를 쓰는 것까지 허락하였다. 또 무인 중 실직을 가지
지 못한 관원이 지방관을 맡는 것은 본래의 제도가 아니었는데도 그
것을 허락하였다. 그런데 이제 만약 또 갑자기 권무관의 자리까지
빼앗는다면, 그 문반과 무반을 나누는 제도는 어찌하겠는가? 나는
차라리 죽을지언정 따르지 못하겠노라."

『고려사』 권 100 열전 13 홍중방

그러자 하위 무인들은 삼삼오오 무리를 지어 다니며 고위관을 볼
때마다 자신들의 의견을 하소연하였다. 그러던 어느 날 길에서 홍
중방을 대면하자, 길을 막고 욕하면서 그에게 봉변을 주었다. 홍중
방은 팔을 떨치고 말을 채찍질하여 군중의 무리를 헤치고 달려 겨
우 목숨을 구할 수 있었다. 당시의 긴박했던 상황에 대해 홍중방은
"내가 오늘 거의 죽을 뻔하였다. 아랫사람이 윗사람을 능멸함이 어
찌 이 지경에 이르렀는가?"라고 한탄했다고 한다. 이는 무신정변
이전이라면 전혀 상상도 할 수 없는 광경이었다. 하위 무관이 길에
서 최고위 무관에게 봉변을 주다니!

이러한 혼란은 무인정권 기간 동안 꽤 오래 지속되었다. 명종 6년
(1176) 8월 어느 날에 장군 김광영(金光英)이 길에서 한 기두(旗頭)를
만났다. 기두는 오늘날의 '기수(旗手)'에 해당하는 하위 군인이었
다. 그런데 기두가 김광영의 말머리에서 '읍(揖)'만 하고 '배(拜)'하
지 않았다. 한마디로 말 위에 앉아 고개만 까딱거렸다는 것이다.

당시 국가에서는 말을 타고 가다가 상급자를 만나면 취해야 하는 예식을 정하여 두었다. 그것을 '피마식(避馬式)', 즉 말을 피하는 의식이라고 했다. 현종 때에 정해진 법식에 따르면, 1품관을 만나면 정3품 이상은 말 위에서 공경히 읍(揖)하고 종3품 이하는 말에서 내려 길을 피하며, 3품관에 대해 5품 이상은 말 위에서 공경히 읍(揖)하고 6품 이하는 말에서 내려 길을 피하도록 되어 있었다. 또한 우왕(禑王) 원년의 법식에는 서리(胥吏)가 길에서 육조 좌랑(六曹佐郎) 이상 관직자를 만나면 말 앞에서 3배(三拜)하게 하였는데, 기두는 서리보다 좀 더 하위 관직자였다. 그런 하급관이 최고위 무관에 가까운 장군을 길에서 만났는데도 말에서 내리지 않고 말 위에서 '고개만 까딱' 한 것이다.

이에 화가 난 김광영은 기두를 잡아 감옥에 가두었는데, 문제는 그때부터였다. 기두의 무리들이 모여 감옥에 갇힌 자를 함부로 풀어주고는, 김광영의 집에서 난동을 부렸다. 김광영은 창을 뽑아 그들을 막아보려 했으나 거친 파도와 같은 기세에 도리어 어쩔 수 없이 담을 뛰어넘어 피신하였다. 성난 무리들은 그의 집을 부수고서야 물러갔다고 한다. 아마 김광영의 눈에는 말세가 멀지 않은 듯 비쳤을 것이다.

20

권력의 정상에 선 여성 정치인

현대 사회에 들어서서 비로소 사회적 약자에 대한 관심이 집중되기 시작했다. 여성·장애인·성적 소수자 등의 권리 향상은 평등 실현의 중요 과정이기 때문에, 이들에 대한 관심은 인류 역사의 발전을 보여주는 중요한 징표이다. 그중 인류의 절반을 차지하고 있는 여성에 대한 관심은 최근의 페미니즘·젠더라는 말의 유행에서도 알 수 있듯이 상당히 높아졌다.

사회에서 여성이 누리고 있는 지위를 가늠하게 해주는 중요한 척도는 정치권에서의 여성 발언권이라고 할 수 있다. 물론 가내(家內)의 지위가 현실적인 여성의 지위를 반영하는 것임을 부정하기 어렵지만, 여성이 누리고 있는 사회적 지위를 즉자적으로 그리고 손쉽게 도출해낼 수 있게 해주는 징표 중의 하나는 아무래도 정치권에서의 여성 발언권이다.

남편과 아들을 위해서라면

우리는 남편이나 자녀를 위해 온몸으로 투쟁적 삶을 사는 여인들을 역사 속에서 쉽게 찾아볼 수 있다. 태조 왕건의 29명이나 되는 부인 중 첫 번째 배우자였던 신혜왕후(神惠王后) 유씨(柳氏)는 정주(貞州)의 부유한 집 딸이었다. 두 사람의 만남은 왕건이 궁예 휘하의 장군으로 군사를 거느리고 떠돌던 시기에 이루어졌다. 어느 날 왕건이 정주를 지나다가 버드나무 밑에서 말을 쉬게 하고 있었는데, 마침 유씨가 냇가에 서 있었다. 왕건은 덕스럽고 아름다운 그녀의 용모에 이끌려 일부러 그녀의 집에서 유숙하여 인연을 맺는다. 그러나 왕건이 전장지를 떠돌고 다니는 장군이었기에, 두 사람은 미처 혼례를 치르지 못하고 헤어지게 되었다. 그 뒤 오랜 시간 지아비로부터 연락이 없자, 유씨는 지조를 지키기 위해 머리를 깎고 중이 되었다. 나중에 유씨의 소식을 들은 왕건은 그녀를 불러 마침내 배우자로 삼았다. 이로써 그녀는 당대 영웅 왕건의 첫 번째 부인이 되는 영광을 차지하였다.

유씨는 왕건의 배우자로서 고려의 건국에 큰 역할을 수행하였다. 궁예가 미륵관심법(彌勒觀心法)으로 다른 사람의 마음을 읽을 수 있다고 하면서 독재자로 변모하던 말년의 시기에, 홍유(洪儒)·배현경(裵玄慶)·신숭겸(申崇謙)·복지겸(卜智謙)이 왕건의 집을 찾아왔다. 그들의 방문에 뭔가 큰 일이 있음을 직감한 왕건은 후원의 새로 익은 참외를 따오라고 하여 유씨를 자리에서 물리친다. 그러나 역시 뭔가 심상치 않은 분위기를 감지한 유씨는 북쪽 문으로 나갔다가 다시 휘장 안으로 몰래 들어가 방안의 동정을 살폈다. 4명의 대신이 왕건에게 궁예의 폐립에 대해 이야기하였고, 왕건은 안색이 하얗게 질려 완강하게 거절하고 있었다. 그 때 유씨가 갑자기 휘장 안에서 나와, "의(義)를 들어 학정(虐政)을 바꾸는 것은 예로부터 그렇게 하는 것입니다. 지금 여러 장수들의 의논을 들어보니, 첩도 오히려 분발되는데 하물며 대장부이겠습니까."라고 하며 손수 갑옷을 들어 왕건에게 입혔다. 이후 상황은 고려의 건국으로 이어졌다. 여러 장수들의 부축을 받은 왕건은 궁예를 제거하고 국왕의 자리에 올랐다. 부인이 없었더라면 왕건이 왕조를 창건할 수 있었을까? 물론 위의 이야기는 왕건의 첫 번째 부인으로서 유씨의 공적을 높이기 위하여 『고려사』에서 일부러 강조한 것임을 감안해야겠지만 말이다.

왕건의 부인 중 또 한 명의 여걸이 있다. 그녀는 장화왕후(莊和王后) 오씨(吳氏)라고 불렸다. 오씨는 당시 나주(羅州)에 속해 있던 목포(木浦) 사람으로, 일찍이 용이 복중에 들어오는 꿈을 꾸고 놀라 깬 적이 있었다. 물론 용꿈은 왕손을 낳을 징조였고, 그것은 곧 현실이 된다. 왕건이 궁예 휘하

장화왕후 오씨 유적비

의 수군장군(水軍將軍)이었던 어느 날 목포에 배를 정박해두고 밤을 내다보았는데, 시내 위에 오색 빛이 찬란한 운기(雲氣)가 서려 있었다. 이상한 생각이 들어 직접 가서 보았더니, 거기서 오씨가 빨래를 하고 있었다. 그날 첫눈에 그녀에게 반했는지, 왕건은 그녀와 하룻밤을 지내게 된다.

욕망을 이룬 남자의 마음이란 다 그런 건지, 한참 욕정을 불태우던 왕건의 마음에 걸리는 게 하나 있었다. 그녀의 미천한 신분이었다. 이에 왕건은 임신이 되지 않도록 일부러 잠자리에 사정을 하였다. 그러자 오씨는 곧 그것을 흡입하여 임신의 꿈을 이룬다. 오씨가 낳은 아이는 왕건의 장남이자 고려의 2대 임금 혜종(惠宗)이다. 특이한 과정으로 태어나서 그런지 혜종의 얼굴에는 자리무늬가 있었고, 당시인들은 그를 '자리무늬 대왕'이라고 불렀다고 한다. 훗날 조선시대 유명한 학자였던 점필재 김종직(金宗直)이 왕건과 오씨의 만남을 한편의 시로 읊었는데, 당시의 정황을 잘 그려주고 있다.

나주 완사천 왕건과 장화왕후가 만난 빨래터로, 전라남도 나주시 송월동에 있다.

용손(龍孫, 왕건)이 당일에 전함을 대고서

홀연히 아침엔 구름이 되고 저녁엔 비가 되는 선녀를 만났도다

천년의 박씨(薄氏) 계집이 진실로 좋은 짝을 만나니

행인들은 그곳을 완사천(浣紗泉)이라 하네

비단 빨던 강가는 혜종의 외가 고향이요

흥룡사(興龍寺) 안에는 그 서광이 어리었도다

지금도 부로(父老)들은 남긴 덕을 그리워하여

피리 불고 북 치면서 추대왕(鄒大王, 혜종)을 즐겁게 하네

『점필재집』 권 22 「금성곡(錦城曲)」

왕건은 장남이 임금이 될 덕성을 지녔으나 미천한 어머니의 신분으로 인해 왕위에 오르지 못할까 걱정하였다. 그래서 어느 날 옷상자에 임금을 상징하는 황적색깔의 두루마기를 넣어 오씨에게 주었다. 그러자 오씨는 당시의 대호족 박술희(朴述熙)에게 두루마기를 보여주었고, 박술희는 왕건의 속마음을 알고 오씨의 아들을 태자로 세울 것을 간청하기에 이르렀다고 한다. 그리하여 그녀의 아들은 무사히 태자에 오를 수 있었고, 훗날 국왕에 즉위하였다.

가문 배경이 좋지 않았던 오씨는 구인을 알아보고 임신에 적극적이었다. 그리고 지아비의 '훌륭한' 가문 출신의 28명의 부인과 그 사이에서 태어난 많은 자녀들 틈바구니에서 자신이 낳은 아들을 무사히 국왕의 자리에 오르게 하였다. 지아비의 의사도 있었지만, 지아비로부터 두루마기를 받아내고 아들의 후원자가 될 인물을 골라낸 것은 오씨였다. 그런 '극성'이 없었다면 아들의 즉위는 불가능했을지도 모를 일이었다.

섭정하면서 일인천하의 권력을 누렸던 여인

아들을 대신하여 섭정하였던 고려의 태후는 두 명인데 그중 한 명이 경종의 왕비였던 헌애왕태후(憲哀王太后)이다. 그녀는 본래 왕실에서 태어났다. 아버지가 태조 왕건의 아들이었으므로 태후는 왕건의 손녀가 된다. 지아비 경종 역시 왕건의 손자였다. 즉 두 사람의 결혼은 사촌 사이에서 이루어진 근친혼이었다. 그리고 그 사이에 아들 하나를 낳았는데, 20대 초반의 꽃다운 나이에 그만 지아비가 사망하여 태후는 과부가 되고 만다. 남편의 뒤를 이어 왕위에 오른 사람은 성종이었는데, 바로 태후의 친오빠였다.

과부로 천추궁(千秋宮)에서 지내고 있던 태후는 어느 날 한 남자를 알게 된다. 자신의 고향 사람 김치양(金致陽)이었다. 김치양은 음경(陰莖)이 수레바퀴를 끌 수 있을 만큼 강성하였는데, 거짓으로 삭발하여 승려의 흉내를 내면서 태후의 궁궐을 출입하여 자못 추한 소문이 있었다. 태후의 행동은 곧 오빠인 성종에게 알려졌고, 얼마 뒤 김치양은 먼 곳으로 유배되었다.

그 후 성종이 재위 16년 만에 사망하자 왕위는 그녀의 아들에게 돌아갔다. 당시 아들의 나이가 이미 18세였음에도 태후는 섭정의 자리에 앉아, 아들이 재위하였던 12년 동안 국정 전반을 관여하였다.

실질적인 만인지상의 자리에 오르게 되자 자신의 정치적 후원세력이 필요하다고 여겼던지, 태후는 자신의 추문 대상이었던 김치양을 다시 불러들였다. 나아가 그와의 사이에 아들까지 두게 되었다.

『고려사』는 이후 몇 가지 이상한 내용을 전하고 있다. 그 첫째는 태후가 김치양과의 사이에 낳은 아들을 당시의 국왕이자 아들인 목종의 후계로 삼으려 했다는 것이다. 두 번째는 김치양이 역모를 꾀하려고 한다는 풍문을 와병 중에 들은 목종이 대량원군(大良院君)에게 자신의 왕위를 물려주려고 했다는 것이다. 대량원군은 목종의 이모인 헌정왕후의 소생이자 당시 태조 왕건의 핏줄을 이어받은 몇 안 되는 종실의 인물이었다. 세 번째는 목종이 자신의 뜻을 이루기도 전에 강조(康兆)란 인물이 반란을 일으켜 김치양 일파를 내몰아 죽이고 국왕을 폐위하고, 목종이 후계로 삼으려 했던 대량원군을 즉위시켰다는 이야기다.

뭔가 앞뒤가 어긋나는 느낌을 주는 이상야릇한 내용이다. 어쨌든 이런 과정을 거쳐 목종은 살해되고 태후는 궁궐에서 쫓겨나 21년 동안을 고향인 황주(黃州)에서 쓸쓸히 지냈다고 한다. 그런데 정변을 일으킨 강조가 가장 먼저 김치양 부자를 죽이고 태후의 친속을 섬으로 유배 보냈다는 점에서 그때까지 그들이 권력을 누리고 있었음을 알 수 있다. 즉 강조에 의해 궁궐에서 쫓겨나기까지 태후가 국정 전반에 관여했던 것이다.

20대 초반에 과부가 되어 30대 후반에 태후로 섭정을 펼치면서 실질적인 '만인지상'에 오르지만, 두 아들을 앞서 보내는 아픔을 겪고 20년간을 쓸쓸히 고향 땅에서 지낸 그녀의 삶에서 인생의 무상함이 느껴진다.

섭정을 한 또 한 명의 고려 왕비는 사숙태후(思肅太后)이다. 사숙태후는 고려의 최고 귀족 가문인 경원이씨 가문에서 태어나, 문종의 둘째아들인 국원공(國原公)의 배우자가 된다. 그런데 문종의 장남이 즉위한 지 채 4개월도 못 되어 사망한다. 그리하여 둘째왕자의 배우자였던 그녀는 일국의 왕비가 될 수 있었다. 하지만 남편 역시 재위 11년 만에 46세의 나이로 불귀의 객이 된다. 태후에게 남겨진 것은 선왕의 왕비라는 지위와 11세의 어리고 병약한 아들뿐이었다.

아버지의 뒤를 이어 어린 아들이 국왕의 자리에 오르자, 병약한 아들을 대신하여 태후는 국가의 대사를 처결하였다. 이에 대해『고려사』는 "왕이 유약(幼弱)하여 국가의 기무(機務)를 청결(聽決)할 수 없으므로 태후가 '제(制)'를 칭하고 군국(軍國)의 크고 작은 일을 모두 처결하였다."고 전하고 있다. 국왕만이 할 수 있었던 '칭제(稱制)' 즉 국왕의 명령을 뜻하는 '제(制)'자를 자신의 명령서에 사용하였다는 것이다.

그러나 태후의 권력은 곧 물거품처럼 끝나버린다. 병약한 아들에 비해 강력한 남편의 형제들이 버티고 있던 상황에서 본래부터 태후의 섭정은 오래갈 수 없었다. 태후의 아들 헌종은 곧 숙부인 숙종에게 왕위를 선양하는 형태를 취하고 자리에서 물러난다. 그런데 왕위를 찬탈한 숙종의 원년에 다음과 같은 상소문이 올라온다.

"근래 어린 임금이 병환으로 누워 국사를 청단(聽斷)하는 것이 불분명하고 모후(母后)가 섭정(攝政)하여 심히 미혹됨이 도를 잃어 흉악한 사람으로 하여금 틈을 타서 변란을 꾀하게 하였습니다. 이로 말미암아 크게 주륙(誅戮)을 행하여 당류(黨類)를 남기지 않고 일의 정상(情狀)을 밝히지 아니하였으니 감옥에 갇힌 자 중에는 반드시 죄 없는 자가 있어서 원망하는 기운이 천지에 가득 차서 화기(和氣)가 변하여 재앙이 되었습니다. 엎드려 생각건대 성상(聖上)께서 천명에 응하여 대통을 이으셨으니 만기(萬機)를 모두 바르게 하소서."

『고려사』 권 11 세가 숙종 원년 4월

　사숙태후의 아들 헌종이 즉위한 기간이 17개월에 불과한데도, 그의 치세에 대한 평가는 너무나 가혹하다. 태후의 섭정에 대해 위의 상소문은 "죄를 주고 벌하는 것이 이치에서 벗어나면 재앙으로 서리가 내린다."와 "위에 있는 사람이 어느 한쪽 말만 듣게 되면 하정(下情)이 막힌다."는 글로 시작하고 있다. 그러고 나서 다음 문장에 불과 17개월 사이에 사람을 도륙하기를 남김없이 하였으며, 죄 없는 사람이 감옥에 갇혀 원망이 하늘에까지 미쳐 재앙이 되었다고 하니 말이다.

21

장가오는 남자들

고려시대에는 부부가 혼인한 뒤 어느 쪽에 신혼살림을 차렸을까?
당연히 남편 집에서 살았으리라고 생각하겠지만, 그렇지 않았다.

임금께서 말씀하시기를, '본국(本國)의 풍속은 중국과 달라서, 친
영(親迎)의 예는 행하지 않는다. 고로 혹은 아이를 외가에서 기르고
혹은 처부가(妻父家)에서 자라니, (처부모의) 은혜가 심히 크다.'라고
하였다.

『세종실록』 48 세종 12년 7월

세종은 고려와 조선 전기의 혼인풍습에 대해 이렇게 언급하였다.
세종은 우리의 풍속은 중국과 달라서 '친영'을 하지 않는다고 하였
다. 친영이란 신랑이 신부를 자기 집으로 데리고 가서 혼례를 치르
는 의례를 이른다. 즉 당시 혼인풍습은 중국의 친영제를 따르지 않
고, 정반대로 남편이 부인의 집에 머물면서 아이들이 외가에서 자
라도록 하는 형태였다.

세종이 이상에서처럼 당시의 혼인풍습을 언급한 것은 '오복제(五

服制)'의 제정 과정에서 처가와 외가 친척들의 지위에 문제가 생겼기 때문이었다. 즉 위의 글은 당시 "외조부모와 처부모의 복(服)이 모두 소공(小功)에 지나지 아니하니 합당치 못합니다. 청컨대, 한 달을 더 입게 하소서."라는 상소문이 올라온 것에 대한 세종의 답변 중 일부였다.

오복제는 죽은 사람과의 관계에 따라 입어야 하는 상복의 종류와 친족의 범위를 정한 법이다. 일찍이 부계사회가 정착된 중국에서 마련된 제도였기 때문에, 당연히 상복을 입는 친족의 범위는 부계친족 중심이었다. 외가나 처가의 친족은 좁은 범위만을 대상으로 삼고 상복의 등급도 낮게 책정하였다. 예를 들어 친할아버지가 돌아가셨으면, 손자는 자최복(齊衰服, 2등급의 상복)을 입는 반면에 외할아버지의 경우에는 소공복(小功服, 4등급의 상복)을 입었다. 같은 할아버지면서도 친할아버지를 더욱 소중한 친족으로 인식했기 때문이었다. 그런데 우리나라의 경우 아이들이 외가에서 자라고 사위가 처가에서 사는 결혼풍속으로 인해 외가와 처가친족이 중요했기 때문에, 중국의 제도를 그대로 따르기가 곤란하다는 것이 신료측의 입장이었다. 이에 대해 세종은 우리의 풍속상으로 외가와 처가친족이 중요하다는 사실을 인정하면서도, 선왕(先王)이 제정한 오복제의 내용은 바꿀 수 없다고 답변하였다.

어찌되었든 위의 기록에서 우리의 주목을 끄는 것은 사위가 처갓집에서 지내고 아이들은 외가에서 자라는 것이 당시의 오랜 풍습이었다는 점이다. 당시의 기록에서는 이러한 혼인을 '남귀여가혼(男歸女家婚)' 또는 '서류부가혼(壻留婦家婚)'이라 불렀다. 이는 대개 처갓집에서 혼례를 올리고 결혼 후에도 일정 기간 사위가 처가살이를 하는 풍습으로, 말 그대로 '남자가 여자의 집으로 가는', '사위가 처가에서 머무는' 혼인이다.

왕자도 외가에서 자랐던 고려

당시 서류부가혼이 어느 정도의 비율로 행해졌는지는 정확히 알수 없다. 다만 "전조(前朝, 고려)에서는 남자가 여자의 집에 가서 아들 및 손자를 낳고 아들과 손자는 외가에서 자라므로, 외조부모의 은혜가 크다."는 조선 태종(太宗)의 말을 참작해보면, 그 비율이 그리 낮지 않았을 것 같다. 더구나 고려의 경우 왕자까지도 외가에서 자란 사례가 있다. 어머니가 유명한 이자겸의 딸이었던 인종이 그러했다. 아버지가 처가살이를 한 것은 아니었지만 인종은 어머니를 따라 외가에서 자랐다.

아, 슬프다. 옛날에는 사람이 장가를 가서 부인을 맞이하여 왔기 때문에[親迎] 처가에 힘입을 바가 얼마 없었는데, 지금인즉 부인을 취(娶)함에 남자가 여자의 집에 가서 무릇 내 몸에 쓰이는 것을 모두 처가에 의지하였으니, 장인 장모의 은혜가 부모와 같도다.

『동국이상국집』 권 37 제외구대부경진공문

왕실뿐 아니라 일반 관리들도 처가에서 생활하였다. 위의 기록은 이규보가 쓴 장인의 제문(祭文)인데, "남자가 여자의 집에 가서 무릇 내 몸에 쓰이는 것을 모두 처가에 의지하였다."고 언급하고 있는 점이 주목된다. 처가에 살면서 자신이 생활하는 모든 것을 처가에 의지하며 처부모를 부모와 같이 여겼던 당시인의 모습을 엿볼 수 있다는 점에서 이 기록은 매우 흥미로운 자료이다.

처가살이가 고려시대 결혼 형태의 한 가지 유형이었던 만큼 가족 내에서 여성의 지위는 무시할 수 없었다. 조선의 여성들이 시집살이를 강요당했던 것에 비한다면 고려의 여성들이 누렸던 친정살이는 그 자체가 대단한 특권처럼 여겨진다.

또한 과부가 된 이후에도 계속해서 시집살이를 하면서 그 집 귀신이 되기를 강요받았던 조선과 달리, 고려에서는 설혹 남편의 생존시에 시집살이를 했더라도 과부가 되면 친정으로 되돌아갔다. 예를 들어, 종실 왕영(王瑛)의 누이는 과부가 된 이후 오빠와 함께 살았다. 또 최루백의 장녀 최귀강(崔貴姜)에 대해 어머니인 염경애의 묘지명에 "흥위위녹사(興威衛錄事) 최국보(崔國輔)에게 시집갔는데 최씨가 죽자 집에 돌아와 있다."는 기록이 있다. 고려시대에는 죽어도 시집의 귀신이 되어야 한다는 강요가 별로 널리 퍼져 있지 않았다. 귀신에게도 영혼의 자유를 주었다고나 할까.

서류부가혼의 비율이나 과부가 친정으로 되돌아가서 사는 비율은 부부 중 한쪽이 사망한 이후 그 사이에 태어난 아이가 어디에서 자랐는가를 살펴보면 알 수 있다. 조선 후기라면 한결같이 계모와 함께 살든지 아니면 친가에서 자랐을 터지만, 고려 때에는 계모와 함께 산 경우와 거의 같은 비율로 지부나 외가에서 자란 예를 찾아볼 수 있다. 결국 고려시대의 모든 혼인이 서류부가혼이었다고는 할 수 없으나, 상당히 많은 경우가 그에 해당한다고 하겠다.

점차 사위를 빨리 들이다

서류부가혼은 여자 쪽 집에서 보면 사위를 들이는 형태의 혼인이라고 할 수 있다. 그런데 고려 후기에 들어서면 사위를 맞이하는 시기가 점차 빨라진다. 이는 원나라의 공녀(貢女) 요구가 거세지면서 일어난 현상이었다.

공녀의 요구는 원종 15년(1274) 3월에 원에 투항하여 군대에 차출된 남송인(南宋人)에게 아내를 얻어 주기 위해, 원에서 고려에 부녀 140명을 선택하여 보내도록 한 것이 시초였다. 이에 고려는 결혼도감(結婚都監)이라는 임시 기구를 설치하여, 부녀를 구해 원나라에 보냈다. 그 후 원나라의 계속된 공녀 요구에 부응하기 위해 충렬왕 2년에는 과부처녀추고별감(寡婦處女推考別監)이란 기구까지 설치하였다. 말 그대로 과부와 처녀를 색출하기 위한 기구였다. 집집마다 딸들을 색출했던 당시의 정황은 다음 인용글에 생생히 묘사되어 있다.

"사신이 중국에서 고려에 이를 때마다 사람들은 곧 놀라 무엇 때문에 왔을까? 처녀를 잡으러 온 것은 아닐까? 아내와 첩을 데리러 온 것은 아닌가 합니다. 얼마 뒤에 군리(軍吏)가 집집마다 뒤지고 찾는데, 만일 여자를 감춘 것을 알면 이웃과 친족을 잡아들이고 구속하고 매질하여 고통을 주어 찾아내고야 맙니다. 그리하여 한 번 사신이 오면 나라 안이 소란하여 닭이나 개까지도 편안할 수가 없습니다. 처녀를 모아 놓고 선별할 때…… 사신에게 바쳐서 욕심을 채워주면 그 여자가 미인이더라도 놓아주고 다른 여자를 찾습니다. 한 여자를 데려갈 때마다 수백 집을 뒤지는데 오직 사신이 하자는 대로 할 뿐이요, 황제의 명령이라 아무도 거역하지 못합니다. 이런 것이 1년에 한두 번이나 2년에 한 번 정도 있는데 선발된 여성의 수효가 많을 때는 40~50명에 이르렀습니다. 선발 안에 들게 되면 그 부모나 일가친척은 서로 모여 통곡하여 밤낮으로 곡성이 끊이지 않으며, 국문(國門)에서 송별하는 데 이르러 옷자락을 붙잡고 발을 구르며 넘어져서 길을 막고 울부짖다가 슬프그 원통하여 우물에 몸을 던져 죽는 자도 있고 스스로 목매어 죽는 자도 있으며, 근심 걱정에 기절하는 자도 있으며 피눈물을 쏟아 눈이 먼 자도 있습니다."

『고려사』 권 109 열전 22 이곡

원나라에서 사신이 올 때마다 깜쯔·깜짝 놀랄 정도로 당시 사회적으로 공녀 문제가 무척 심각하였고, 결국 이로 인해 혼인 풍습마저 바뀌어 딸들을 일찍 혼인시키는 조혼(早婚)의 풍습이 생긴 것이다. 그런데 이때 역시 사위를 맞이하는 서류부가혼의 풍습은 그대로 지켜졌는데, 다만 그 혼인연령이 조금 빨랐다. 즉 사위를 그 전보다 '미리 맞이한다'고 해서 당시인들은 그것을 '예서제(預婿制)'라고 불렀다.

이 달에 탈타아(脫朶兒)가 아들을 위해 며느리를 구하는데 반드시 재상의 집에서 찾으니, 무릇 딸을 가지고 있는 자들은 두려워하여 다투어 먼저 사위를 맞이하였다. 나라에서 재상 2~3집을 기록하여 그로 하여금 스스로 택하게 하니, 탈타아는 자색(姿色)을 선발하여 김련(金鍊)의 딸을 맞이하려고 하였다. 그런데 그 집에서는 이미 미리 사위를 맞이했는데, (이 사실을 알고) 사위가 두려워 나갔다. 김련이 당시에 원나라에 가서 아직 돌아오지 않아, 그의 집에서는 아버지가 돌아오는 것을 기다려서 예식을 치를 것을 청하였으나 들어주지 않았다. 나라의 풍속에 나이 어린 사람을 들여서 집에 기르면서 나이가 들기를 기다리는 것을 일러 예서(預壻)라고 한다.

『고려사』 원종 12년 2월 경신조

원나라 관리인 탈타아가 김련의 딸을 자신의 며느릿감으로 지목하자, 김련의 집에 미리 와 있던 사위가 두려워 도망하였다고 한다. 즉 당시 나이가 어린 남자아이를 미리 집에 들여 기르면서 나이가 들기를 기다렸다가 사위로 삼는 '예서제'가 유행하였는데, 김련의 집에서 도망나간 사람이 바로 그 '예서'였다.

예서제의 유행으로 원나라가 요구한 공녀의 수를 채우기 힘들어지자, 고려 조정은 금혼령(禁婚令)까지 내렸다. 충렬왕 13년(1287)에는 "양갓집 처녀는 먼저 관청에 신고한 다음에 혼인시키고, 어긴 자는 처벌하라."는 명령을 하달했다. 조혼 풍습으로 인해 당시 여성의 혼인 연령은 14세보다 낮아진 것으로 보인다. "9월에 공주가 장차 원나라에 입조하려고 하여 인후와 염승익(廉承益)에게 명하여 양갓집 여자로 14, 15세인 자를 순군(巡軍)과 홀치(忽赤)로 하여금 인가에서 수색하도록 하였다."거나 "나이 16세 이하 13세 이상의 여자는 마음대로 혼인할 수 없게 하라."는 명령이 이를 입증한다.

어쨌든 흥미로운 점은 공녀의 문제로 인해 당시인들이 취한 결혼 형태가 딸들을 일찍 시집보내는 것이 아닌 사위를 미리 들이는 것이었다는 사실이다. 이 점 역시 당시의 혼인 형태 중 '서류부가혼'이 많았음을 다시 한번 확인시켜준다고 하겠다.

22 아들딸 구별 없는 균분 상속과 부부별산제

　고려시대에 부모의 재산은 자녀 간에 균분 상속되었다. 즉 법률상 부모의 유언이 없을 경우 재산은 아들과 딸 구분 없이 균등하게 분배되었다. 당시 균분 상속은 법률 문서상의 문구에 그치지 않는 일상적인 인식으로 퍼져 있어서 누구나 그것을 받아들였다. 한 가지 예를 살펴보자.

　나익희(羅益禧)는 집안의 외아들로 태어나 어머니의 사랑을 독차지하고 있었는데, 어느 날 어머니가 미리 재산을 나누어주면서 따로 그에게 노비 40구를 더 주려고 하였다. 그러자 그는 "1남으로 5녀 사이에 있으면서 어찌 차마 이것을 더 받아서 어머니의 은혜에 느(累)가 되게 하리오."라며 어머니의 호의를 사양하였다. 그러자 어머니는 그의 행동을 의롭게 여겨 자녀들에게 모두 공평하게 재산을 나누어주었다고 한다.

　재주(財主)인 어머니의 유언으로 나누어주는 것이기에 그에게 노비를 40구 더 주어도 전혀 법적인 하자가 없음에도 그는 그것을 거부했다. 왜일까? 그의 성품이 '너그럽고 인자해서'라고 설명할 수도 있다. 하지만 그보다는 균분 상속을 아주 당연한 일로 여겼던 당시의 관행 덕분에 자신에게 더 많은 재산을 주려 했던 어머니의 조치가 부당하다고 여겼기 때문은 아니었을까? 재산상속에 대한 당시의 관행을 좀 더 보자.

아들 딸 차별 없는 균등 상속

다음은 고려 고종 때의 인물인 손변(孫抃)이 경상도의 안찰부사(按察副使)로 재임하였던 시기의 이야기인데, 당시 고려에서 유지되고 있던 자녀간 균분 상속의 관행을 생생하게 보여준다.

손변이 경상도의 안찰부사가 되었는데, 그 고을에 남동생과 누이가 재산 문제로 송사를 벌이고 있었다. 남동생은 "다 같이 한 부모에서 태어났는데, 어찌 누이 혼자 재산을 갖고 동생인 나에게는 그 몫이 없단 말입니까?"라고 하였고, 누이는 "아버지께서 임종하실 때 전 재산을 나에게 주고 네가 가질 것으로는 검은 옷 한 벌, 검은 관 하나, 신발 1켤레, 종이 한 장뿐이었으니, 어찌 이를 어기겠는가."라고 하였다. 이에 송사가 여러 해 동안 해결되지 않았다. 손변이 부임해 와서 두 남매를 불러다가 앞에 세우고, "너희 아버지가 사망했을 때에 너의 어머니는 어디 있었는가?"라고 물으니, "어머니께서는 먼저 돌아가셨다."고 대답하였다. 손변이 계속하여 "그때 너희들의 나이는 각각 몇 살이었느냐?"라고 물으니, "누이는 이미 시집갔었고 동생은 아직 어린아이였다."라고 대답하였다. 손변이 다 듣고 나서 그 남매를 타이르기를, "자식에 대한 부모의 마음은 균등한데 어찌 장성하여 결혼한 딸에게는 후하고, 어미 없는 어린 아들에게는 박하였겠는가? 생각하건대 어린 아들이 의지할 자는 누이였으니 만일 누이와 균등하게 재산을 물려주면 동생을 사랑함이 덜하여 잘 양육하지 않을까 염려한 것이다. 따라서 아버지는 아들이 성장하게 되면 물려준 검정 옷과 검정 관을 갖추고 미투리를 신고 관가에 가서 고소하면 이것을 잘 분간하여 줄 관원이 있을 것이므로, 오직 이 네 가지 물건만 그 아이에게 남겨준 것이다."라고 하였다. 누이와 동생은 그의 말을 듣고, 비로소 깨닫고 감동하여 서로 부여잡고 울었다. 그래서 손변이 드디어 재산을 반으로 나누어 남매에게 주었다.

『고려사』 권 102 열전 15 손변

어린 아들에게는 거의 한 푼의 재산도 상속하지 않은 채, 장성하여 혼인까지 한 딸에게 모든 재산의 상속을 유언했던 아버지의 이상한 유언으로 인해 여러 해 동안 판결이 나지 않던 송사를 손변은 단 한마디로 깨끗이 마무리하였다. '물어서 아프지 않은 손가락은 없다.'는 단순하고도 명쾌한 한마디가 몇 년 간의 송사로 얼어붙어 있던 남매의 마음을 녹여내었던 것이다. 아들에게 재산을 상속하지 않은 것은 아버지의 깊은 뜻으로 말미암은 것이지 딸만을 사랑했기 때문은 아니었다. 아들이 무사히 장성하기만 하면 언젠가 훌륭한 재판관이 나타나 아들의 몫을 되찾아주리라는 믿음으로 그런 유언을 했다는 게 그의 판결이었다.

이 사례는 자녀 간의 불공정한 재산상속의 예인 동시에 역설적으로 너무나도 당연했던 당시의 자녀간 균분 상속의 관행을 보여준다. 즉 아들과 딸 차별 없는 균분 상속은 당시 일상적으로 용인되었

던 관행이어서, 설혹 부모님이 자녀에게 균등하지 못한 유산상속을
유언했더라도 그것이 본심은 아니었을 것이라고 판결할 수 있었다.
불공정한 재주(財主)의 유언을 바꿀 수 있을 정도로 고려에서 균분
상속은 철저히 이루어졌던 것이다.

여기서 우리는 당시인들이 가장 적절하다고 여긴 상속이 균분 상
속이었음을 알 수 있다. 재산의 주인인 부모님의 유언이 가장 중요
하기는 하지만, 유언의 내용이 현저히 균분 상속의 원칙에서 어긋
날 경우 그 유언은 사회적으로 재고의 여지가 있었다. 남매의 아버
지는 당시의 그런 관행을 미리 알고, 어린 아들이 제대로 성장할 수
있도록 딸에게 모든 재산을 물려주었던 것이다.

아들딸 구분 없는 균등 의무

재산의 상속에 대해 딸과 아들이 거의 동등한 권리를 가지고 있
었다면, 여기서 살펴보아야 할 것은 그에 따른 의무는 어떠했느냐
는 점이다. 부모님 살아생전의 봉양과 돌아가신 후 지내는 제사는
자식의 의무라고 할 수 있다.

앞서 살핀 것처럼 고려시대에 딸들이 아들 못지않게 상속분을 챙
길 수 있었던 것은 그만큼 그들이 의무의 주체자였기 때문이다. 아
니 '권리'의 주체자였기 때문이다. 오늘날 우리의 관점에서 보면 봉
양과 제사는 자녀를 '옭아매는' 의무인 듯 보이지만, 전근대 사회에
서의 그것은 의무이자 또 하나의 권리이기도 했다. 훗날 조선시대에
상속이 점차 아들 위주로 특히 장자 위주로 이루어졌던 것은, 부모

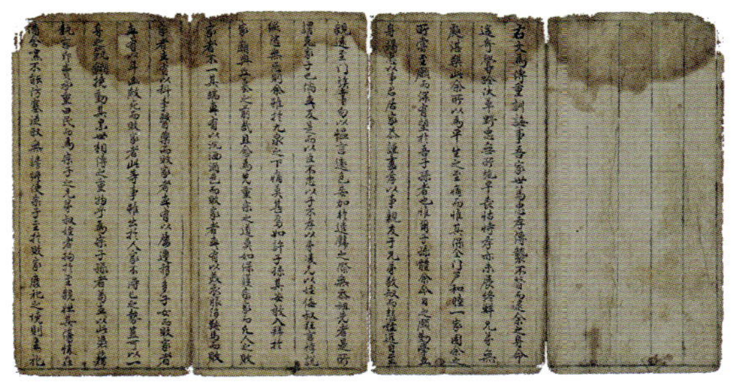

분재기 전근대 사회에서 재산을 나누었던 문서

에 대한 봉양과 제사가 장자의 몫이 되었기 때문이다. 의무를 전담하는 대신에 그만큼 많은 몫의 재산이 보장되었고, 의무에서 멀어져 간 딸들은 점차 재산상속에서 배제되기 시작하였다.

아들과 딸이 동등한 몫의 재산을 나누어 받았던 고려에서는 조상을 위한 제사도 동등하게 나누어 지냈다. 이를 윤행(輪行)이라고 한다. 윤(輪) 자는 '바퀴, 돌다'라는 뜻을 가지고 있으므로, 윤행이란 '돌아가면서 행한다'는 뜻이 된다. 즉 조상의 제사를 한 사람이 책임지는 것이 아니라, 형제와 자매들끼리 돌아가면서 지낸다는 의미다.

제사에 있어서 윤행의 관행은 조선 시기까지 지속되었다. 조선 중기인 1524년에 삼형제가 있던 어떤 집안에서 제사를 분담하는 내용을 기록한 분재기(分財記, 형제와 자매가 재산을 나누는 내용을 기록한 문서)가 전해진다. 그에 따르면 장남은 조상의 제사를, 차남은 부모의 기제사(忌祭祀)를, 막내는 외조부모의 제사를 전담하였다. 삼형제가 여러 제사를 나누어 지냈다는 점과 아울러 외조부모의 제사를 외손주가 맡고 있다는 점이 주목된다. 고려인이나 조선 전기의 사람들은 사실 꼭 가문의 대를 이어야 한다는 강박관념에 별로 시달리지 않았다. 아들이 있으면 좋겠지만, 딸만 있을 경우 자신의 제사를 사위나 외손주에게 맡겼다. 아들이 없는 경우 '대'가 끊어지지 않게 하려면 다른 사람의 아들을 입양해야 하는데 그렇게 하면 딸에게 돌아갈 상속분이 줄어들기 때문에, 당시인들은 입양을 꺼렸다고 한다. 그리하여 자신의 제사를 딸을 통해 외손주에게 맡기는 일이 상당히 진행되었던 것이다.

유명한 유학자이자 16세기 중엽의 인물인 이율곡의 집안에서도 이러한 윤행의 관행을 찾아볼 수 있다. 심지어 17세기 말에도 일부 집안에서는 여전히 윤행을 행하고 있었다. 기록에 따르면 1697년의 어느 8남매 집안에서, 가장 중요한 제사인 부모의 기제사는 장자가 담당하였지만 묘소에서 지내는 제사[墓昷祭]는 8자녀가 돌아가며 지냈다고 전해진다.

이처럼 재산의 상속에서 차별 받지 않았던 딸들은 그에 걸맞은 의무를 수행하고 있었다. 한편 고려시대에는 부모 생전의 봉양도 '주로' 딸이 도맡았다는 기록이 있다. 공녀의 문제로 원나라에 보낸 고려의 상소문 중, "고려의 풍습은 중국과 달라서 아들은 비록 따로 떨어져 살더라도 딸은 함께 동거합니다."라는 글이 그것이다. 이 상소문은 원나라의 공녀 요구가 너무나 과도해지자 고려가 불만을 토로하기 위해 작성한 글이어서, 집안에서의 딸들의 실제 지위를 부풀려 언급한 면이 없지는 않다.

하지만 어쨌든 부모에 대한 봉양의 책임이 무조건 아들, 그것도 장남의 몫이라고 여겼던 조선 후기와는 매우 다른 양상을 띠었던 것은 사실이다. 적어도 고려시대에는 딸들이 출가외인으로 치부되지 않았다. 고려의 여인들은 자식으로서의 의무와 권리의 주체자였다.

아내 재산 따로, 남편 재산 따로

고려 시기에는 여성에게 균등한 재산 상속이 이루어졌을 뿐 아니라, 상속받은 몫에 대한 여성의 재산권 행사가 인정되고 보호되었다. 당시의 호적 기록을 살펴보면 노비가 어디에서 유래했는지가 명시되어 있다. 즉 그 본래의 소유주가 누구였는지를 분명히 하고 있다. 다음의 기록을 보자.

자식이 없는 부부의 노비는 비록 믄계(文契, 유언장)가 없더라도 또한 자기 몸이 사용하는 것을 허락하고, 죽은 후에는 본손(本孫)에게 허급한다.

『태조실록』 권 12 태조 6년 7월 갑술

노비의 소유주를 기록한 이유는 위와 같이 자녀 없이 사망한 부부의 재산을 처리해야 하는 상황에 대비하기 위해서였다. 부부가 자녀 없이 사망하였을 경우 그들 소유의 노비는 각자의 본손(本孫),

즉 아내의 경우 친정집의 구성원이, 남편의 경우 본가의 친척이 상속받을 수 있도록 하기 위해서 그러한 조치를 취했던 것이다.

이러한 조치는 여성이 결혼하여 남편의 집에 산다고 해서 친정에서 상속받은 노비에 대한 소유권이 소멸되지 않았음을 뜻한다. 즉 여자가 결혼할 때 데리고 갔거나 이후 상속 등을 통해 얻은 노비의 소유권이 남편이나 남편의 가계에 곧바로 귀속되지 않고 부인에게 그대로 남아 있었음을 의미한다. 따라서 부부 사이에 자녀가 있을 경우 훗날 그 소유권은 자녀에게 상속되겠지만, 혹 결혼생활을 끝까지 유지하지 못하고 이혼하는 경우나 재산을 물려줄 후손이 없을 경우 부인 쪽에서 유래한 것으로 기록된 노비는 여전히 부인의 소유이거나 다시 친정으로 귀속될 수 있었다.

이상의 내용은 결혼한 여성이 자신 명의의 재산을 가지고 있었음을 뜻한다. 현재 부부별산제(夫婦別産制)를 법적으로 명시하고 있더라도 실제 함께 이룩한 재산을 공동명의나 부인의 명의로 하는 일에 인색한 것과 비교해볼 때, 고려시대 여성의 재산권 행사가 생각보다 안정적으로 보장되었다고 하겠다.

그러나 조선시대에 들어서서 이러한 여성의 재산권 행사에 약간의 제약 조치가 뒤따른다. 다음의 기록을 보자.

의정부가 형조의 상소문에 의거하여 아뢰기를, "지금 세상의 풍속에는 자식 없이 죽은 아내의 노비는 그 남편이 그대로 부리다가, 다른 아내를 다시 맞이하게 되면 그 노비를 즉시 죽은 아내의 친정집에 돌려줍니다. 가만히 생각하니, 남편의 죽은 아내는 남편이 비록 장가를 가더라도 부인이 개가(改嫁)한 것과는 달라서 의리를 끊는 도리가 없는 것인데, 노비를 친정집에 돌려주는 것은 온당하지 아니합니다. 또 자식이 없어서 전계(傳繼, 상속)할 데 없는 계모의 노비를 제사를 받드는 의자(義子)에게 반을 나누어주는 것은 이미 정한 법이 있는데, 오직 전모(前母)의 노비만은 제사를 받드는 의자(義子)가 부리지 못한다는 것도 또한 타당하지 아니합니다. 또 만약 적실(嫡室)에 아들이 없으면 천첩(賤妾)의 아들이 제사를 이어 받든다는 것도 일찍이 정한 제도가 있는데, 자식이 없는 적모(嫡母)와 전적모(前嫡母), 계적모(繼嫡母)의 노비는 급여를 전연 허락하지 않는다면, 제사를 받드는 뜻에 어그러짐이 있어서 모두가 정리(情理)에 맞지 아니합니다. 청하옵건대, 지금부터는 자식 없이 죽은 아내의 노비는 그의 남편이 부리다가 그가 죽은 뒤에는 후처(後妻)에게서 난 제사를 받드는 장자(長子)에게 3분의 1을 주되, 만약 적실(嫡室)의 아들이 없으면 제사를 받드는 양첩(良妾)의 아들에게 5분의 1을 주며, 천첩의 아들이면 7분의 1을 주고 그 나머지의 노비는 모두 친정집에 돌려주게 하며, 자식이 없는 전적모(前嫡母)와 계적모(繼嫡母)의 노비는 승중(承重, 아버지와 할아버지 대신 제사를 받드는 일)한 양첩자(良妾子)에게 3분의 1을, 천첩자에게 5분의 1을 주고 그 나머지의 노비는 이미 시행하는 격식과 관례에 의거하여 시행하게 하시기 바랍니다.……"라고 하니, 그대로 따랐다.

『세종실록』 권 97 세종 24년 7월 16일 갑술

위의 기록에 따르면 조선 세종대어 이르러 자녀 없이 죽은 부인 소유의 재산 중 일정부분을 후처(後妻)의 장자나 첩자(妾子)가 제사를 받든다는 명목으로 상속할 수 있는 권리를 갖게 되었다. 고려와 조선 초기까지 여성의 재산권은 여성에게 자녀가 없을 경우 친정에게 되돌려지는 게 관행이었는데, 이 같은 조치가 마련됨으로써 여성의 재산권 중 일부가 남편의 가계에 남겨지게 된 것이다. '출가외인'인 여성에 대한 제사가 남편의 집안에서 이루어지고 있다는 명목으로 말이다.

이러한 제도의 마련은 결과적으로 여성 상속권의 위축으로 이어졌다. 여성 쪽 가문의 입장에서 보면, 자신의 딸이 결혼하여 불행히도 자녀를 생산하지 못하고 일찍 죽게 되면 그 딸에게 상속했던 재산의 일부가 자신의 가문으로 되돌아오지 못하고 사위의 집안에 남겨지는 꼴이 되기 때문에, 자연히 딸에게의 상속을 주저하게 되는 것이 인지상정이었다. 즉 이 법률은 이후 딸에 대한 상속에 커다란 영향을 끼쳐, 자녀 균분 상속의 전통이 무너지는 결정적 계기 중 하나가 되었다.

참고문헌

1) 權純馨, 「고려시대 壻留婦家婚에 대한 연구」, 『梨大史苑』 30, 梨花女大 史學會, 1997.

2) 金甲童, 「高麗時代 羅州의 地方勢力과 그 動向」, 『한국중세사연구』 11, 2001.

3) 旗田巍, 「高麗時代における土地の嫡長子相續と奴婢の子女均分相續」, 『東洋文化』 22, 東京 : 東京大學東洋文化研究所, 1957 ; 『朝鮮中世社會史の研究』, 法政大學出版局, 1972.

4) 김당택, 「최씨무신정권의 성립과 전개」, 『한국사』 고려 무신정권 18, 국사편찬위원회, 1993.

5) 金塘澤, 「崔氏政權과 武人」, 『高麗武人政權研究』, 새문社, 1987.

6) 金塘澤, 「최씨정권의 붕괴」, 『高麗武人政權研究』 203~205쪽, 새문社, 1987.

7) 南仁國, 「高麗 肅宗의 卽位過程과 王位强化」, 『歷史敎育論集』 5, 1983.

8) 盧明鎬, 「高麗時代의 土地相續」, 『중앙사론』 6, 1989.

9) 閔賢九, 「高麗 武臣政權의 정치적 유산」, 『仁荷史學』 10, 仁荷歷史學會, 2003.

10) 朴惠仁, 「壻留婦家婚俗의 變遷과 그 性格—朝鮮時代 家族制度 變化를 中心으로—」, 『民族文化研究』 14, 고려대학교 민족문화연구소, 1979.

11) 李基白, 「高麗 成宗代의 政治的 支配勢力—慶州·羅州 地方 出身의 儒學者들과 近畿 地方 出身의 豪族系 官僚들」, 『湖南文化研究』 6, 1974.

12) 이정란, 「고려전기 서얼에 대한 사회적 인식」, 『민족문화논총』 28, 2003.

13) 李泰鎭, 「金致陽 亂의 性格—高麗初 西京勢力의 政治的 推移와 관련하여—」, 『韓國史研究』 17, 1977.

14) 장병인, 『조선전기 혼인제와 성차별』, 일지사, 1997.

15) 정수아, 「무신정권의 붕괴와 그 역사적 성격」, 『한국사』 고려 무신정권 18, 1993.

16) 崔在錫, 「高麗朝에 있어서의 土地의 子女均分相續」, 『韓國史研究』 35, 韓國史研究會, 1981 ; 『韓國家族制度史研究』, 一志社, 1983.

17) 국사편찬위원회, 『韓國史』 고려 무신정권 18, 국사편찬위원회, 1993.

18) 許興植, 「고려 女性의 지위와 역할」, 『한국사시민강좌』 15, 일조각, 1994.

5

역사의 갈림길에 선 사람들

23 순간의 선택이 생사를 가른다

우리는 흔히 "그때 그 순간에 만약 다른 선택을 했더라면"이라는 가정을 꿈꾼다. 역사에서 가정은 성립하지 않지만, 그래도 역사책을 읽으면서 우리의 흥미를 끄는 것은 언제나 '고구려가 삼국을 통일했더라면', '이성계가 위화도에서 회군을 단행하지 않았더라면' 같은 '~했더라면'에 있다. 그 순간에 다른 결정을 내렸다면, 후대의 역사는 어떻게 흘렀을까? '혹 좀 더 나은 역사가 전개되지는 않았을까?' 하는 아쉬움에서 비롯되는 가정이다. 물론 역사는 장기간의 긴 흐름이다. 하지만 순간의 선택에 역사가 결정되기도 한다는 점에서 그에 대해 알아보는 것은 무척 흥미로운 일이다.

또 역사를 결정짓는 순간은 아니더라도, 개인의 삶을 송두리째 바꿔놓은 결정의 순간을 살펴보는 일도 재미있을 것이다. 개인에게 그러한 순간은 여러 번 반복되지 않는다. 결정의 순간에 어떤 결정을 내렸고, 그것이 인생을 어떻게 바꾸어 놓았는지 살피는 것은 흥미를 떠나 인생의 교훈이 될 것이다.

목숨을 보전해준 왕건의 선택

역사를 거슬러 여행하다 보면 우리는 흔히 순간의 선택으로 목숨을 보전하거나 죽음에 이른 사람을 만나게 된다. 고려를 건국한 왕건 또한 생사의 기로에서 목숨을 구해 대업을 이룬 대표적 인물이다. 잘 알려진 것처럼, 신라가 멸망의 조짐을 보이고 있던 후삼국(後三國)의 분열 시기에 왕건은 궁예의 휘하에 들어갔다. 왕건이 궁예의 휘하에 있으면서 장군으로서 독보적인 공적을 세웠던 시기는 913년이다. 그 해에 궁예는 왕건이 여러 번 변방에서 공로를 세우자, 그의 관등을 높여 파진찬(波珍粲)으로 삼고 아울러 최고 관직인 시중(侍中)을 겸하게 하여 중앙으로 소환하였다.

그러나 왕건은 참소(讒訴)가 두려워 시중의 자리에 있는 것이 그리 달갑지 않았다. 이에 정부에 출입하고 국정을 논의할 때에는 언제나 자신의 감정을 억누르고 조심하였다. 또 인심을 얻기에 힘쓰면서 착한 이를 좋아하며 악한 자를 미워하여, 누가 참소를 입는 것을 보면 반드시 구출해주었다고 『고려사』는 전하고 있다.

그러던 중 아첨으로 궁예의 총애를 받고 있던 아지태(阿志泰)와의 사이에 틈이 벌어지는 사건이 발생했다. 당시 아지태의 농간으로 청주(淸州)에서 수년 동안 판결이 나지 않던 송사가 진행 중이었는데, 왕건이 그 흑백을 분명히 가려 아지태와의 사이가 벌어지게 된 것이다. 이에 왕건은 자신에게 화가 미칠까 두려워 궁예에게 다시 외방에 나갈 것을 청하였다. 궁예도 마침 수군 장수의 지위가 낮아 적을 위압할 수가 없다고 생각하던 참이어서, 914년에 왕건의 시중 벼슬을 해임하고 다시 수군을 통솔하게 하였다. 그 후 변방에서 왕건의 승승장구는 계속된다.

문제는 그때부터 시작된다. 궁예가 독재의 기미를 보이기 시작한 것이다. 궁예는 자신을 미륵불(彌勒佛)의 화신이라 칭하면서, 미륵의 관심법(觀心法)을 체득했다고 주장하였다. 즉 남의 마음을 읽을 수 있는 능력이 있다고 자부했던 것이다.

궁예는 관심법을 가장하여, 반역이라는 죄명을 덮어씌워 하루에도 백여 명씩 죽였다. 당시 유명한 장수나 정승으로서 해를 입은 자가 십상팔구(十常八九)였다고 한다. 그러면서 궁예는 "나는 미륵의 관심법을 몸에 체득하여 부녀자들의 음행까지도 알아낼 수 있다. 만일 나의 관심법에 걸리는 자가 있으면 곧 엄벌에 처하겠다."고 공언하면서, 3척이나 되는 쇠방망이를 만들어 죽이고 싶은 자가 있으면 곧 그것을 달구어 찔러 연기가 입과 코로 나오게 하여 죽였다고 한다. 훗날 그의 광기는 자신의 아내와 아들까지도 쇠방망이로 죽이는 데까지 이르렀다.

이런 와중에 왕건이 변방에서 공로를 세우면서 민심까지 얻자, 궁예는 그를 급히 대궐로 불러들였다. 왕건이 궁궐에 도착하였을 때 궁예는 마침 자신이 처형한 사람들로부터 몰수한 금은 보물과 가재도구들을 점검하고 있었는데, 왕건이 궁궐로 들어오자 성난 눈으로 한참이나 응시하였다. 그러고는 "그대가 어젯밤에 사람들을 모아서 반란을 일으키려고 음모한 것은 웬일인가?"라고 일갈한다. 그러자 왕건이 "어찌 그럴 리가 있겠습니까."라고 대답했다. 『고려사』는 그 순간에 왕건이 "얼굴빛을 조금도 변하지 않고 태연하게 웃으면서 말하였다."고 기록하고 있으나, 그 순간에 그럴 수 있는 사람이 몇이나 될까?

어쨌든 그 순간에 택한 왕건의 답변은 사실 죽음을 재촉하는 대답이었다. 궁예의 관심법으로 죽은 사람들 모두 그 순간에 똑같은 대답을 했을 것이 뻔하기 때문이다. 반역행위를 했는지 또는 음행을 저질렀는지를 묻는 국왕의 질문에 바로 "그렇다."고 실토할 사람이 누가 있겠는가?

궁예는 왕건의 대답이 떨어지기가 무섭게, "그대는 나를 속이지 말라. 나는 능히 남의 마음을 볼 수 있기 때문에 그것을 안다. 내가 지금 곧 정진에 들어가서 너의 마음을 읽어본 후 그 일을 이야기하겠다."고 말했다. 그러고는 눈을 감고 뒷짐을 지면서 한참이나 하늘을 향하여 고개를 젖히고 있었다. 그 다음의 일은 뻔했다. 궁예는 관심법을 통해 왕건의 음모 사실을 알아내고, 왕건은 형장의 이슬로 사라지는 일만 남았던 것이다.

바로 그때 궁예의 옆에서 일을 보던 최응(崔凝)이 왕건을 위기에서 구해준다. 왕건의 목숨이 경각에 달려 있음을 직감한 최응은 일부러 붓을 떨어뜨린다. 그리고 왕건의 앞으로 다가가 그것을 줍는 척하면서 귓속말로, "왕의 말대로 복종하지 않으면 위태롭다."고 전한다.

선택의 순간이었다. 최응의 말을 믿고 궁예에게 하지도 않은 반란을 꾸몄다고 실토할 것인지, 자신의 결백을 주장할 것인지에 따라 생사가 결정되는 순간이었다.

영웅들은 중요한 순간에 범인(凡人)과는 다른 선택을 한다. 반역을 꿈꾸었느냐는 질문에 왕건은 최응의 도움을 받아, "사실은 제가 모반하였으니 죽을죄를 지었습니다."라고 응대한다. 그 순간의 선택에 대해, 『고려사』는 왕건이 "그제야 깨달았다."고 표현하고 있다. 어쨌든 왕건의 대답을 들은 궁예는 기이하게도 껄껄 웃는다. 그러고 나서 "그대는 정직한 사람이라고 할 만하다."라고 하면서 도리어 금과 은으로 장식한 말안장과 굴레를 주었다. 아울러 궁예는 "그대는 다시는 나를 속이지 말라."고 당부했다고 한다. 참! 일반인인 우리로서는 이해하기 힘든 대목이다.

역사에서 가정은 성립하지 않지만, 만약 왕건이 다른 이들처럼 끝까지 자신의 결백을 주장했더라면, 훗날 삼국을 통일하고 왕조를 건설하는 대업은 달성하지 못했을 것이다. 혹 견훤(甄萱)이나 궁예가 삼국을 통일하거나 다른 영웅이 등장하기를 기다려야 했을지도 모를 일이다.

몰락의 길로 이끈 척준경(拓俊京)의 선택

왕건과 유사한 상황에 처한 순간, 다른 선택을 한 인물이 있었다. 이자겸과 함께 생사고락을 같이했던 척준경(拓俊京)이 그러했다. 향리 집안에서 태어난 척준경은 어려서 집이 가난하여 글공부를 하지 못했으며, 서리 자리를 구했으나 그조차 뜻대로 되지 않았다. 그러던 중 숙종 9년(1104)에 동여진(東女眞)과의 전쟁에서 큰 공을 세울 기회를 얻게 되었다. 이후 예종 2년(1107)에 윤관(尹瓘)을 따라서 동여진을 정벌할 때 다시 한번 공을 세워 합문지후(閤門祗侯)라는 벼슬에 임명되었고, 이후 계속 승진하여 인종 초기에 재상의 자리에 오른다. 나아가 당대 외척세력으로 최고의 권세를 누리고 있던 이자겸과 사돈관계를 맺기에 이른다.

승승장구하며 비교적 순탄하게 살아오던 척준경의 인생에 굴절이 일어난 시기는 인종 4년(1126)이었다. 사돈인 이자겸이 군사를 일으켜 대궐을 침범하는 변란을 일으켰는데, 그때 행동대장 역할을 했던 것이 바로 척준경이었다. 척준경은 궁성문의 자물쇠를 부수고 궁궐에 난입하였다. 국왕은 왕실의 재산을 털어 척준경의 휘하 군인들에게 주면서 갑옷을 벗고 무기를 버릴 것을 명하였지만, 척준경은 도리어 검을 뽑아들고 군졸에게 호령하면서 다시 갑옷을 입고 손에 병기를 잡고 고함을 치게 하였다. 그의 '패악한' 행동은 거기서 그치지 않았다. 밤에 국왕 편의 군사들이 어둠을 이용하여 발동할 염려가 있다고 여겨, 궁궐을 불태우는 만행을 저질렀다.

이러한 척준경의 적극적인 행동 덕분에 인종은 이자겸의 집에 '가택연금' 되는 지경에 이르렀고, 척준경은 이자겸과 함께 권력을 나누어 가지게 되었다. 그러나 인생을 '일장춘몽'에 비하듯, 사소한 일로 이자겸과의 사이에 척을 지게 되면서 그의 인생이 꼬인다. 이자겸의 아들 이지언의 종이 척준경의 종에게 "너희 상전은 임금이 계신 자리에 활을 쏘고 궁중에 불을 질렀으니 그 죄는 마땅히 죽어야 하며 너도 마땅히 관노(官奴)로 몰입돼야 할 것인데, 네가 감히 나를 욕하느냐!"라고 하였다. 이 말을 전해 듣고 크게 화가 난 척준경은 한걸음에 이자겸의 집으로 달려갔다. 그리고 의관을 벗어버리면서 이자겸에게, "너의 죄가 크다! 나는 법관에 가서 자수할 것이다."라고 하고는 자기 집으로 돌아가 드러누워버렸다. 이에 이자겸은 아들들을 보내어 화해를 청하였으나, 척준경의 서운한 마음을 풀어주지는 못했다. 척준경은 "전일의 변란은 모두 너희들이 한 일인데 어째서 내 죄만이 죽을죄라고 하느냐!"고 하였다고 한다. 종

싸움이 주인 싸움, 아니 훗날에 있을 주인의 죽음으로 번져나갔던 것이다.

두 사람 사이가 전과 달리 심상치 않음을 간파한 국왕측은 절호의 기회를 놓치지 않았다. 척준경에게 왕실을 위하여 충성을 바치라고 권유하여 '공명심'을 바라는 인간의 본성을 자극하였다. 인종은 "오직 과인의 불찰로 흉악한 자들로 하여금 일을 저지르게 하여 대신들에게 근심과 수고를 끼쳤다. 이것은 모두 과인의 죄다. 이제부터 내 자신을 반성하고 잘못을 뉘우치며 신민들과 함께 교화를 일신할 것을 하늘에 맹세하겠다. 그대는 더욱 몸을 닦아 기왕의 일은 다시 생각하지 말고 성심껏 나를 보좌하여 후환이 없도록 하라!"는 내용의 글을 그에게 내렸다.

선택의 순간이었다. 용서받을 수 없는 죄를 저질러 왕실과 역사의 죄인이 될 몸이었던 그가 이자겸을 버리고 국왕과 손을 잡음으로써 충신(忠臣)으로 남을 것인가? 아니면 의리를 지킬 것인가? 그에게는 어렵고도 신중해야 할 선택이었다. 그리고 그는 충신이 되기로 결심한다.

그가 "충정을 다할 것을 자원한다."고 맹세하자, 국왕은 "이자겸이 비록 참월(僭越)한 반역자이기는 하나 아직은 뚜렷한 반역의 죄상이 나타나지 않았으니, 내가 먼저 거사하면 친척을 사랑해야 하는 마음을 저버리는 것이 될 것이다. 서서히 변화를 기다려 대응해도 늦지 않을 것이다."라고 응대하였다. 당시 국왕과 이자겸은 '외손주-외할아버지'의 관계였다. 인종은 외할아버지를 제거하는 데 자신이 직접 나설 수 없다는 명분을 내세워 넌지시 척준경이 직접 행동에 나설 것을 독려함으로써, 결과가 잘못될 경우 자신은 책임에서 벗어나겠다는 의도를 드러낸 것이었다.

그러던 어느 날 척준경이 병부(兵部)에서 일을 보고 있었는데, 국왕측으로부터 쪽지가 전달되었다.

"오늘 이자겸의 군사들이 무기를 가지고 대궐의 북녘으로 온다. 만약 침문(寢門)에 침입하여 과인이 살해되면 그것은 실로 과인의 덕이 없는 데 연유한 것이다. 그러나 원통한 것은 태조가 창업하고 역대 성스러운 임금들이 이어받아온 왕통이 과인의 몸에 이르러서 만약 다른 성(姓)으로 바뀐다면, 이것은 과인의 죄가 아니라 실로 과인을 보좌한 대신들의 심대한 치욕으로 될 것이다. 그대는 대책을 강구하라!"

『고려사』 권 127 열전 40 이자겸

임금의 친필임을 확인한 척준경은 곧바로 행동을 개시하여, 이자겸 일당을 제거한다. 그리고 그는 역적에서 하루아침에 충신이 된다. 하지만 이미 저지른 역적 행위가 사라지지는 않았다. 뒷날 정지상의 글 한 장으로, 그는 다시 대역무도한 인간으로 추락하였고 곧 쓸쓸히 유배지에서 삶을 마감하였다.

"병오년(인종 4년) 봄 2월에 척준경이 대궐을 침범하였습니다. 이때 임금께서 신봉문으로 나가서 타이르니 군사들이 모두 갑옷을 벗고 환호하였습니다. 그런데 홀로 척준경만이 임금의 명령을 받들지 않고 군사를 위협하여 전진시켜 임금의 일산(日傘) 곁으로 화살이 지나가는 지경에 이르렀습니다. 또 군사를 데리고 대궐문으로 돌입하여 궁궐을 방화하였으며, 그 다음날 임금이 궁궐을 옮길 때 임금의 좌우에서 시종하는 자를 모두 잡아 죽였습니다. 옛날부터 찾아보아도 난신(亂臣) 중에서도 이 같은 자는 드뭅니다. 진실로 천하의 대악인(大惡人)입니다. 5월의 일(이자겸을 제거한 일)은 일시의 공이며 2월의 일은 만대(萬代)의 죄악입니다. 전하가 비록 인자한 마음을 가지고 있으시나, 어찌 일시의 공으로 만대의 죄를 덮어줄 수 있겠습니까?"

「고려사」 권 127 열전 40 이자겸

이자겸과 손을 잡지 않았다면, 이자겸과 끝까지 한배를 탔더라면 그의 인생은 조금 다르게 전개되었을 것이다. 순간의 선택으로 역적이 되었고, 역적의 오명을 씻기 위해 한 선택은 자신의 죽음을 재촉하였다. 물론 충신이 되려 했던 그의 선택이 무의미하지는 않았다. 죽기 며칠 전인 인종 22년(1144)에 "척준경이 비록 신하의 절도를 잃었으나 또한 사직을 보위한 공로도 있으니, 조봉대부·검교호부상서(朝奉大夫檢校戶部尙書)의 벼슬에 제수하라."는 왕명이 내려졌던 것이다.

묘청의 반란과 국왕 인종의 선택

고려 왕실을 송두리째 뒤흔들었던 외조부 이자겸의 반란을 진압한 뒤, 국왕 인종에게 남은 것은 재가 된 궁궐과 실추된 왕실의 위상, 그리고 반란의 진압에 큰 공로를 세웠다고 떠들고 다니는 개경의 귀족들이었다. 국왕 인종으로서는 그 모두가 짊어지고 가기에는 부담스러운 것들이었다.

위기에서 만난 구세주, 묘청

그토록 고민이 많은 인종 앞에 구세주처럼 등장한 사람이 바로 묘청(妙淸)이었다. 묘청은 서경(西京, 지금의 평양)의 승려로, 또 다른 이름은 '정심(淨心)'이었다. 인종 6년에 일관(日官, 현재의 기상청 관리)으로 서경에서 관직생활을 하던 백수한(白壽翰)을 만나 스승과 제자의 연을 맺은 묘청은, 그때부터 음양(陰陽)의 비술(秘術)이라고 하면서 여러 사람들을 미혹시키며 다녔다고 『고려사』는 전하고 있다.

그는 특히 언변에 뛰어났다. 그의 언변을 보여주었던 사건이 인종 8년에 발생한다. 당시 묘청은 국왕 인종에게 서경에 행차하면 재앙이 없어질 것이라고 강변하고 있었고, 그의 요청에 인종은 이미 한 차례 서경에 행차하기도 했다. 그런데 마침 당시 서경의 중흥사(重興寺)의 탑에 화재가 났다. 이에 혹자가 묘청에게 "스님께서 국왕에게 서경으로 행차하기를 청한 것은 재앙을 누르기 위한 것인데, 어찌하여 이런 큰 재앙이 생깁니까?"라고 물었다. 그러자 묘청은 처음에는 얼굴을 붉히며 대답하지 못했다. 그러고는 머리를 숙이고 한참 있다가, "주상께서 만약 개경에 계셨으면 재앙은 이보다 컸을 터인데, 지금 이곳에 행차한 까닭에 재앙이 밖에서 나 임금의 몸이 편안하시게 된 것이다."라고 대답했다고 한다. 세 치 혀의 위력을 알 만하다. 자신을 믿었기 때문에 재앙이 그만했다니 말이다.

이렇듯 의문스러운 이력의 소유자인 묘청은 서경 출신의 학자 정지상의 소개로 국왕과의 만남을 이룬다. 당시 정지상이 인종에게 묘청을 소개한 말은 대단했다. "묘청은 성인(聖人)이요, 백수한도 그 다음 가는 사람입니다. 국가의 일을 일일이 자문한 뒤에 행하시고, 그들이 아뢰는 바를 모두 들어주어야만 정사가 이루어지고 일이 성취되어 국가를 보존할 수 있을 것입니다." 모든 일에 대해 하나하나 묘청에게 자문을 구하고 자문대로 해야 국가가 보존된다는 거의 협박에 가까운 말이었다. 물론 이것이 역사의 승리자였던 김부식(金富軾)에 의해 기록된 문장임을 감안해야 하지만 말이다.

『고려사』는 이 대목에서 국왕 인종은 의심스럽게 여기기는 했으나 여러 사람이 역설하였으므로 부득이 믿었다고 소개하고 있다. 어쨌든 정지상의 소개로 인종을 만난 자리에서 묘청은 곧 '개경의 쇠퇴설'을 주장하였다. 그의 이야기를 들어보자.

"신 등이 서경의 임원역(林原驛)에 가서 땅을 살펴보니, 이는 음양가(陰陽家)의 말하는 대화세(大華勢)입니다. 만약 궁궐을 세워 이어(移御)하시면 천하를 합병할 수 있을 것이요, 금나라가 폐백을 가지고 와서 스스로 항복할 것이며 36국이 모두 신하가 될 것입니다."

『고려사』 권 127 열전 40 묘청

그의 말대로 된다면 더할 나위가 없었다. 무거운 짐을 지고 있던 인종에게 묘청의 제안은 골치 아픈 당면과제를 일거에 해결할 수 있는 더없이 좋은 묘안으로 들렸을지도 모른다. 개경의 타다 남은 궁궐 대신에 서경에 새로운 궁궐을 신축하여 실추된 왕실의 위상을 회복하며, 지세(地勢)를 다한 개경을 버리고 서경으로 수도를 옮김으로써 이자겸의 반란 진압에 공을 세웠다고 떠벌리고 다니며 자신을 위압하던 귀족들을 일거에 제거할 수 있는 묘안이었던 것이다. 한마디로 인종에게는 고민할 필요도 없는 제안이었다.

이에 인종은 곧바로 서경에 행차한다. 그리고 모든 일은 일사천리로 진행된다. 서경에 도착한 인종은 자신을 따라온 재상에게 명하여 묘청, 백수한과 함께 임원역의 지세를 살피게 하고는, 이내 김안(金安) 등에게 명하여 궁궐을 짓게 하였다.

새 궁궐은 그 다음 해 인종 7년(1129)에 완성된다. 그러자 인종은 다시 서경에 행차한다. 『고려사』는 이 대목에서 묘청의 무리가 국왕을 미혹하기 위해, 그 자리에서 칭제(稱帝)와 건원(建元)을 할 것을 권하고 제(齊)나라와 함께 금(金)나라를 협공할 것을 건의했다고 한다. 그러나 다행인지 불행인지 인종은 그 건의를 끝내 듣지 않았다.

국왕으로서의 선택의 순간

이후 인종의 행보는 갑자기 느려진다. 묘청을 만난 이후 서경으로의 행차와 궁궐의 건축이 모두 거침없이 진행되다가, 실제 새 궁궐의 건축이 일부 완성된 이후에는 왠지 모르게 미적거리기 시작한다. 그리고 임원역의 대화궐(大華闕)이 완성된 인종 10년이 되자, 인종의 태도에 약간의 변화가 일기 시작한다. 궁궐이 완성되자, 묘청은 "주상께서는 길이 대화궐에 임어(臨御)하심이 마땅하옵니다. 만약 그렇게 하지 못하겠다면 적어도 근신(近臣)을 보내어 예의를 갖추고 어좌(御座, 임금의 자리)를 설치하여 어의(御衣)를 안치하고 공경히 계시는 것과 같이 하면, 복(福)과 경사가 친히 납시는 것과 다름이 없을 것입니다."라고 하였다. 묘청 자신도 임금의 그런 심경 변화를 알았는지, 무조건 서경에 임어하라고 강권하지 못하고 어좌와 어의만이라도 안치하여 납신 것처럼 해달라고 부탁하였던 것이다. 그 뒤 인종은 직접 서경에 행차하지 않고 신하를 통해 어의를 보내는 형식으로 묘청의 간청을 일부 수용한다.

이후에도 인종은 서경으로 발걸음하지 않는다. 인종 12년에도 묘청이 서경에 오시기를 여러 차례 간청하였으나, 인종은 대신과 간관(諫官)의 말을 듣고 가지 않았다. 그러자 묘청이 역모를 꾀하였다고 『고려사』는 전하고 있다. 즉 인종 13년에 묘청은 서경의 관리인 조광(趙匡)·유참(柳旵) 등과 함께 서경에서 반란을 일으키고는, '국왕의 명령'이라 속여 서경의 관리를 잡아 가두고 죽였다. 아울러 국호(國號)를 '대위(大爲)'라 하고 '천개(天開)'라는 연호를 세웠다.

자료가 전하는 이상의 내용만을 근거로 한다면, 그것은 분명 반란이었다. 국호와 연호를 새로 만든 조치는 분명 왕조를 뒤엎는 역성혁명이기 때문이다. 그런데 앞뒤의 기록을 살펴보면 무언가 석연치 않은 구석이 한두 군데가 아니다. 특히 반란의 처리 과정이나 거기에서 드러나는 인종의 입장은 애매모호하기까지 하다.

우선 반란을 일으킨 장본인 중의 하나였던 백수한이 국왕에게 자신의 반란 소식을 전한다. 반란을 일으켰다면 반란 사실을 선포하기만 하면 그만인데, 그는 자신의 반란 행위를 서한으로 직접 국왕에게 알렸다. 더 이상한 대목은 반란의 소식을 전해 받은 인종의 태도이다. 인종은 반란이 일어난 정황을 대내외에 공개적으로 알리지 않고, 문공인(文公仁)이라는 신하를 불러 백수한의 편지를 보이고 의견을 묻는다. 그러자 문공인은 "이 일은 가히 의심스러워 진위(眞僞)를 알기 어려우니 아직 비밀로 해야 할 것입니다."라고 했다는 것이다. 서경의 반란 소식을 전하는 편지를 받고도 국왕 인종은 모든 대신들에게 의논하지 않았을 뿐 아니라, 몰래 문공인에게만 그 편지를 보여주었다. 게다가 편지를 읽은 문공인은 인종에게 신중한 판단을 요구하였던 것이다.

서경의 반란이 다른 대신들에게 알려진 시기는, "서경 사람들이 서울에 왕래하는 것을 금지하여 우리들은 낮에는 숨고 밤에만 이동하여 지름길을 따라서 왔다."는 병졸들의 보고를 받은 뒤였다. 그리고 그제야 인종은 대신들을 불러 서경의 반란을 공론화하였다. 그 후 반란의 진압은 국왕이 아닌 개경 귀족들 중심으로 이루어졌다. 즉 김부식 등이 주축이 되어 군사를 모아 서경에 대한 총공세를 펼쳤다.

앞뒤의 정황이 무언가 이상하다. 이는 이후 서경의 반란군을 달래는 국왕의 포고문을 받은 반란군 유참의 태도에서도 드러난다. 유참은 국왕의 포고문을 받고는 사신에게, "마땅히 국왕의 명령문을 받들어 아뢰었어야 했으나 창졸간에 그렇게 하지 못하였습니다. 바라건대 먼저 이것을 가지고 돌아가 국왕에게 아뢰어주십시오."라고 하면서 편지 한 통을 주었다. 역모를 저지른 '수괴'가 국왕에게 '역모를 미처 알리지 못해서 죄송하다'는 말투의 말도 안 되는 내용을 언급하였으니, 이상하다고 할 수밖에 없다.

국왕의 포고문에 대한 답변 형식으로 유참이 보낸 편지의 내용 또한 반란군의 장수가 국왕에게 쓴 내용이라고 보기에는 이상한 점이 많다. "엎드려 바라건대 주상은 이 서경으로 옮기소서. 그렇게 하지 않으면 반드시 변이 있을 것입니다."『고려사』는 이를 매우 불손한 언동이었다고 소개하고 있으나, 이미 국호와 연호를 정한 반란군의 장수가 '공손한 말'을 사용했을 리는 만무하다. 반란군의 '수괴'가 국왕에게 직접 서경으로 올 것을 호소하는 것이 오히려 이상한 일 아닌가?

이러한 모든 정황을 미루어, 묘청의 반란에 대한 현재의 연구는 국왕 인종이 묘청과 함께 서경으로의 천도를 주도했거나 그것을 원하고 있었다고 파악하고 있다. 이는 서경 반란군의 진압에 인종이 모호한 입장을 취한 것에서 다시 한번 드러나고 있다. 서경 반란군이 국왕에게 보낸 다음의 편지 내용을 보자.

"폐하는 음양(陰陽)의 지극한 말을 믿으시고 도참(圖讖)의 비설(秘說)을 상고하여 대화(大華)의 궁궐을 창건하고 황제의 도읍을 형성하였습니다. 또 신 등은 맹세한 꾀를 같이하여 도읍을 옮기는 것을 바라는 것입니다. 어찌 신하가 임금의 깊은 마음을 체득지 못하고 다만 자기의 고향만 생각하여 수도를 옮기는 것을 중(重)히 여기지 않으며, 문득 또한 공(功)을 막고 일을 해롭게 함을 기약하겠습니까? 인심(人心)은 가히 두렵고 뭇사람의 화는 막기 어려우나 어가가 만약 왕림하시면 병장기는 쉽게 할 수 있을 것입니다."

『고려사』 권 127 열전 40 묘청

이러한 편지가 도달하자, 김부식 등은 신하로서 감히 임금을 칭하였으니 사신을 베어야 한다고 주장했다. 그러나 인종은 싸움을 그치고자 하면서 오히려 반란군의 사신에게 술과 음식 그리고 비단을 주었다. 이후 서경 반란군 진압의 전면에 나선 것은 인종이 아니라 김부식으로 대표되는 개경 세력이었다.

타다 재로 남은 궁궐과 점점 세를 더해 가는 개경 귀족세력의 등쌀에 지친 인종에게 묘청과 서경천도 주장은 오랜 장마 끝에 보는 단비와 같았다. 그리하여 인종은 묘청의 뜻에 따랐고, 그 결과 서경 출신의 관리들이 하나의 세력을 형성하기에 이르렀다. 그러나 마지막 순간에, 즉 개경과 서경세력으로 나뉘어 반목하며 양극단으로 치달은 순간에 인종은 어느 쪽으로도 결론을 내리지 못하고 있었다. 그에게는 선택의 순간이었지만, 자기 의지대로 선택한 것은 아무것도 없었다. 모든 것을 흘러가는 대로 내버려두는 것이 인종의 선택이었다. 정작 왕권을 거는 도험을 감행해야 하는 순간에 이르러 아무것도 버리지 못하고 관망하면서 양 세력 중 이기는 편을 고르려고 했던 것이 인종의 선택이라면 선택이라 하겠다. 그리고 그는 아무것도 얻을 수 없었다. 하지만 별로 잃은 것도 없었다.

25 기괴한 만남과 신돈(辛旽)의 선택

공민왕은 즉위 이후 줄곧 쉬지 않고 개혁정책을 추진했고, 개혁의 주요 대상은 오랜 기간 동안 굳건히 세력을 떨치던 친원세력(親元勢力)이었다. 당연히 그의 개혁은 뜻대로 진행되지 않았다. 고려 조정에 뿌리 깊이 박혀 있던 대다수의 친원세력에 대항할 지지기반의 미흡으로 인한 원초적 결함이 실패의 원인이었다. 더구나 개혁과정에서 중요한 역할을 담당했던 인물조차 불법과 탈법을 조장하였던 권문세족과 완전히 분리되지 않은 상황이었으니, 공민왕의 개혁은 처음부터 실패의 가능성을 안고 있었다.

더욱이 공민왕 8년(1359)과 10년, 두 번에 걸친 홍건적(紅巾賊)의 침입은 지지부진하던 그의 개혁을 실패로 돌아서게 하는 결정적인 계기가 되었다. 중국에서 일어난 한인(漢人) 반란군 중 일부가 원나라 군사에게 쫓기어 고려의 내지(內地)에까지 밀려들어왔는데, 그들을 바로 홍건적이라 일컬었다. 홍건적의 침입은 곧 개경이 함락되는 사태로 이어졌다. 그리고 이런 외부 침략으로 인해 재위 5년부터 적극적으로 추진되었던 공민왕의 개혁은 최대의 위기에 봉착하였다.

승려 신돈과 공민왕이 만났을 때

실패의 맛은 매우 썼다. 이후 공민왕에게는 시련의 나날이 계속 되었다. 홍건적의 침입으로 복주(福州, 현재의 안동)로 피난하였다가 12년 2월에 개경으로 돌아오던 공민왕은 도중에 흥왕사(興王寺)란 사찰에 머물렀다. 그런데 때에 원나라 세력과 연결된 김용(金鏞) 등 이 자객을 보내 한밤중에 흥왕사에 난입하여 그를 시해하려다 실패 하는 사건이 발생하였다. 다행히 공민왕은 구사일생으로 목숨을 건 졌다.

그 후에도 정치적 위기는 계속된다. 자신의 오빠와 가문에 철퇴 를 내린 공민왕에게 원망을 품고 있던 기황후(奇皇后)의 요청으로 원나라 조정이 공민왕을 일방적으로 폐위하는 한편, 요양(遼陽)의 군사 1만을 내어 고려를 침입하였던 것이다.

그런데 당시 고려 국내의 사정은 미미하게나마 공민왕에게 유리 한 방향으로 변하고 있었다. 지속적인 공민왕의 개혁정치 덕분에

안동웅부(安東雄府) 공민왕이 홍건적의 침입을 피해 안동으로 파천했을 때 남긴 친필 현판으로, 현재 시청 현관입구에 걸려 있다.

친원세력의 기세가 약화된 상황에서 원나라의 쇠퇴 양상을 직접 보고 듣게 된 정치인들이 하나 둘 등장하여 하나의 세력을 이루기 시작하였다. 그리고 이들은 원나라의 내정 간섭을 더 이상 원치 않았고, 원나라의 침입에 대해 직접 군사 행동으로 맞섰다. 즉 공민왕의 명령을 받은 최영(崔瑩)·이성계 등이 원나라 군사를 물리쳐, 공민왕의 왕권에 어느 정도 안정을 가져다주었다.

그러나 홍왕사의 변란과 원나라에 의한 폐위 등 계속된 정치적 위기는 공민왕의 의욕을 앗아갔다. 즉위 이후 10여 년간 줄기차게 개혁·반원정책을 고수해왔지만, 그 결과는 왕의 눈에 참담해 보일 뿐이었다. 개혁은 제대로 이루지도 못한 채 자신을 원수처럼 여기는 반대세력만 양성하는 결과를 낳은 듯했다. 노골적으로 자신을 미워하는 세력의 증가는 개혁의 걸림돌일 뿐 아니라 자신의 목숨까지 위협하고 있다고 여기기 시작했다. 그런 와중에 목숨처럼 아꼈던 부인 노국공주가 재위 14년(1365)에 아이를 낳다가 산고 끝에 사망한다. 이에 공민왕은 정치에 염증을 느끼게 되었다고 『고려사』는 전하고 있다.

하지만 그의 개혁 의지가 완전히 꺾인 것은 아니었다. 다만 자신이 개혁의 전면에 나서는 것은 자신의 목숨을 위태롭게 하는 행동임을 깨달았을 뿐이었다. 이후 그는 아내의 죽음을 애통해한 나머지 모든 정치에 뜻을 잃은 듯이 행동하였다. 그러면서 자신을 대신하여 개혁을 이끌어나갈 사람을 찾고 있었다. 그 사람이 바로 신돈(辛旽)이다. 그들은 공민왕 14년(1365)에 만나게 된다.

신돈의 선택의 순간

신돈은 영산(靈山) 출신으로 어려서 중이 되어 이름을 편조(遍照)라고 했는데, 그 어머니는 계성현(桂城縣)에 있는 옥천사(玉川寺)의 종이었다. 승려가 되었지만 어머니의 신분이 천하여 무리에 끼지 못하고 항상 산방(山房)에 거처했다고 한다.

공민왕의 꿈에 누군가가 칼을 빼어 자기를 찌르는데 어떤 중이 이를 구원하여 죽음에서 면하게 되었다. 이튿날 꿈 이야기를 태후에게 고하였는데, 마침 김원명(金元命)이 신돈을 데려와서 보여주었다. 그런데 그 용모가 꿈에 나온 승려와 매우 닮았으므로 왕이 크게 이상히 여겨 더불어 말하여 보았더니, 총명하고 달변인데다 스스로 도(道)를 얻었다 하며 괴이하게 허풍을 떠는 것이 문득 왕의 뜻에 맞았다. 왕이 평소에 부처를 믿고 또 꿈에서 느낀지라, 이로 말미암아 자주 비밀히 궁중에 불러들여 그와 더불어 공리(空理)를 담론(談論)하였다.

『고려사』 권 132 열전 45 신돈

위의 기록은 공민왕과 신돈이 인연을 맺게 되는 과정을 설명하고 있다. 꿈에서 자신을 구해준 승려와 용모가 비슷한 신돈을 만나 이야기해보니, 현명하고 달변이어서 공민왕의 마음에 들었다는 것이 두 사람의 만남 과정이다. 그러나 꿈에서 자신을 구해준 사람과 얼굴이 비슷하다는 이야기는 공민왕이 신돈과의 인연이 범상치 않음을 드러내기 위해 만들어낸 핑계였던 듯하다. 공민왕은 이전부터 신돈과 같은 인물을 찾고 있었기 때문이다.

왕이 재위한 지 오래 되었으나 재상(宰相)이 많이 뜻에 맞지 않았
으므로 일찍이 말하기를, "세신대족(世臣大族, 대대로 관인을 배출한 가
문 출신의 인물)은 친당(親黨)이 뿌리를 이어 서로 잘못을 숨겨주고,
초야(草野)의 신진(新進)은 정으로 속이고 행동을 꾸며서 명예를 탐하
다가 관직이 높게 되면 자신의 가문이 보잘것없음을 부끄럽게 여겨
대족(大族)과 혼인하여서 모두 그 처음의 마음을 버리며, 유생(儒生)
은 유약하여 강직함이 적고 또한 문생(門生)이니 좌주(座主)니 동년
(同年)이라 칭하면서 서로 붕당을 지어 정(情)에 따른다. 이 세 부류
는 모두 쓰기에 부족하다."라고 하면서, 세상을 떠나 독립(獨立)한 사
람을 얻어 크게 써서 오래된 폐단을 고치려고 생각하였다.

『고려사』 권 132 열전 45 신돈

지난 10년 간의 개혁정치의 실패가 자신의 뜻을 보좌해줄 만한
정치세력이 없는 데서 기인했음을 뼈저리게 느낀 공민왕은, 당시의
정치세력을 세 부류로 나누어 평가하였다.

우선 대대로 관인을 배출한 세신대족은 곳곳에 친인척이 깊이 뿌
리를 내려 서로의 잘못을 숨겨주고 불법을 자행하니, 더불어 개혁
정치를 펼 수 있는 대상이 아니라 오히려 개혁의 대상이라고 여겼
다. 다음으로 새롭게 진출한 신진사대부(新進士大夫)에 대해서는 "자
신의 마음을 속이고 행동을 꾸며서 명예를 탐하다가 높은 관직을
얻게 되면, 처음의 마음을 모두 버리고 도리어 세신대족과 혼인을
하여 그들과 같은 부류가 되어버린다."고 평가하면서, 함께 개혁을
논할 수 없는 부류라고 여겼다. 마지막으로, 유생들은 유약하여 뚝
심이 부족한데다가, 문생 · 좌주 등의 관계를 이용하여 자기들끼리

옥천사지 신돈의 어머니가 종 노비로 있던 옥천사터. 경남 창녕군 창녕읍 옥천리에 소재하는데, 아직도 이곳에는 연화대석이나 석탑재와 같은 석물들이 전해지고 있다.

붕당을 짓기 일쑤여서 이들 또한 개혁을 함께 논하기에는 부족하다고 생각했다.

공민왕은 위의 세 부류가 모두 쓰기에 부족하니, 세상에서 독립한 인물을 얻어 함께 오래된 폐단을 개혁하기를 바랐다. 바로 그때 속세를 떠나 세상의 물욕(物慾)과 거리를 두고 있으며 어머니의 신분이 천하여 승려 사회에서조차 따돌림 받고 있던, 정말로 '이 세상에서 독립한 사람'인 신돈을 만났던 것이다.

신돈을 만난 공민왕은 그를 "도를 얻어 욕심이 적으며 또 미천하여 친당(親黨)이 없으니, 큰일을 맡기면 반드시 마음대로 하여 돌아보거나 다른 사람에게 의지함이 없을 인물"이라고 여겼다. 그리고 그에게 국정을 맡기기로 결심하였다. 그리하여 어느 날 공민왕은 그를 불러 "불법을 닦는 수행(修行)을 굽혀 세상을 구하는 것은 어떻습니까?"라고 극진하게 청하였다.

신돈으로서는 일생일대의 선택의 순간이었다. 그렇지 않아도 공민왕은 자신에게 충성을 다하였던 공신조차도 역적으로 몰아 죽인 전력이 있는 '의심 많은' 국왕이었다. 10년 동안 원나라에서 인질 생활을 했을 때 자신을 돌봐준 공신 조일신(趙日新)을 제거하는 과정에서 피도 눈물도 없는 임금임을 유감없이 보여주었던 것이다.

두려움 없는 선택과 허무한 죽음

충신마저 가차 없이 제거한 전력을 지닌 공민왕의 제안인지라, 신돈으로서는 아주 신중히 대처하지 않을 수 없었다. 그는 얼굴에 기뻐하는 기색을 드러내지 않고, 억지로 따르는 듯하면서 다음과 같이 정곡을 찌르는 말로 대답했다. "일찍이 듣자오니 왕은 대신(大臣)의 참소와 이간을 많이 믿는다 합니다. 바라건대 이같이 하지 않으시면 가히 세상을 복되고 이롭게 할 것입니다."라고 했다. 그러자 공민왕은 그 자리에서 손수 맹세하여 말하기를, "스승께서 나를 구하고 나는 스승을 구하여, 사생결단하여 다른 사람의 말에 미혹됨 없을 것을 부처님과 하늘에 증명하겠습니다."라고 하였다.

일생일대의 선택의 순간에 신돈은 일단 국왕의 맹세를 믿기로 결정하였다. 훗날 이 믿음은 배신으로 끝났지만, 어쨌든 신돈으로서는 목숨을 건 선택이었다. 이후 공민왕은 신돈에게 절대적인 신임과 전권을 주었다. 공민왕의 신임은 신돈에게 내린 벼슬에서도 알 수 있다. 공민왕은 신돈을 진평후(眞平侯)로 책봉한 뒤, 수정이순논도섭리보세공신 · 벽상삼한삼중대광 · 영도첨의사사사 · 판중방감찰사사 · 취성부원군 · 제조승록사사 · 겸판서운관사(守正履順論道燮理保世功臣 · 壁上三韓三重大匡 · 領都僉議使司事 · 判重房監察司事 · 鷲城府院君 · 提調僧錄司事 · 兼判書雲觀事)라는 51개의 글자로 이루어진 어마어마한 관직에 제수하였다. 이는 승려 세계와 속세의 모든 일을 관장하는 최고의 직책이었다.

굉장한 직책에 임명된 신돈은 공민왕을 대신하여 우선 개혁에 걸림돌이 되는 중요 정치세력을 제거하는 작업을 수행하였다. 개혁의 대상에는 오래 전부터 문제가 된 친원세력이나 권문세족뿐 아니라, 흥왕사의 난과 홍건적 · 왜구의 침입 등으로 국내에서 급부상하게 된 무장세력까지 포함되었다.

공민왕은 신돈을 등용함으로써 일석이조(一石二鳥)의 효과를 얻었다. 자신이 직접 정치에 참여함으로써 초래될 신변의 위험 가능성을 줄이는 한편 신돈의 손을 빌려 과감하게 기존의 정치세력을 제거할 수 있었다. 특히 즉위 초에 개혁하려다 실패한 토지와 인민(人民)에 대한 불법적 탈취 문제를 전민변정도감(田民辨整都監)을 설치하여 과감하게 추진할 수 있었다. 기존의 어떤 정치세력과도 연결되지 않은 '유아독존'적인 신돈은 왕을 대신해서 어느 누구보다도 과감하게 이 문제를 해결할 수 있었던 것이다.

그러나 신돈의 입장에서 보면 국왕의 의지대로 과감히 기존 정치세력들을 제거하였지만, 이는 결국 자신에 대한 반대파를 양산하는 결과를 초래하는 일이었다. 살아남으려면 자신의 지지세력을 마련할 필요가 있었다. 이에 신돈은 성균관(成均館)의 재건축 사업을 통해 신진세력을 자신의 세력으로 끌어들이려 했다.

중국에서 시작된 신유학인 성리학이 고려 후기에 본격적으로 수입되면서, 이제현(李齊賢)·이곡(李穀)·이색(李穡) 등의 유종(儒宗)과 그들의 제자인 신진세력이 고려의 중요 정치세력으로 등장하기 시작하였다. 이들은 사상적으로 불교를 숭상하고 대외적으로 원나라에 의지하였던 권문세족과는 그 기반부터 큰 차이가 있던 세력이었다. 그리하여 신돈은 이들과의 접촉을 통해 이들을 자신의 지지세력으로 삼으려 했다.

이를 위해 신돈은 무신정권 이래 거의 무너졌던 교육기관인 성균관을 다시 건축한다는 명분으로 신진세력과의 접촉을 시도했다. 실제로 재건축된 성균관에 학관(學官)으로 임명된 사람들은 이색을 비롯한 김구용(金九容)·정몽주(鄭夢周)·이숭인(李崇仁) 등 당시의 대표적인 신진세력들이었다. 그러나 이들을 자신의 지지세력으로 만들려고 했던 신돈의 꿈은 쉽사리 이루어지지 않았다. 불교를 배척하는 성리학에 상당한 영향을 받고 있던 당시의 신진세력에게는 승려 신돈 역시 개혁의 대상으로 비쳤기 때문이었다.

한편 신돈에 의해 개혁의 대상이 되었던 권문세족은 끊임없이 신돈을 제거하려 하였으나, 번번이 공민왕의 옹호로 실패하였다. 그러나 공민왕 18년(1369)에 이르러 급격한 개혁 추진에 따른 부작용이 속출하고 흉년까지 겹쳐 국내외의 조건이 신돈에게 불리하게 돌아가기 시작하였다. 게다가 동녕부(東寧府, 지금의 평양)의 정벌과 왜구 격퇴 등으로 다시 무장들의 입지가 강화된 상황에서 한편으로 신돈의 비리(非理)가 하나씩 밝혀지기 시작하였다. 신돈은 여전히 공민왕의 군은 약속을 믿고 있었지만, 공민왕의 뇌리에서 약속은 이미 희미해지고 있었다. 도리어 의심의 눈초리를 점차 번뜩일 뿐이었다.

마침내 공민왕은 19년에 친정(親政)을 단행하고 20년에 신돈을 반역 혐의로 제거한다. 그러나 실제 그가 반역을 저질렀다는 제대로 된 증거는 없었다. 신돈이 역모를 꾀했다는 익명으로 된 글과 모진 고문으로 이루어진 신돈 휘하 인물의 자백이 전부였다. 그럼에도 공민왕은 반역 혐의를 물어 신돈을 유배하였고, 곧 이어 수원에서 그를 처형하였다.

처형되는 마지막 순간에도 신돈은 공민왕의 맹세를 믿었다. 그러나 공민왕은 그의 마지막 바람에 대하, 이처럼 차갑게 응대한다.

"네가 일찍이 말하기를 여자들을 가까이 한 것은 그들의 기(氣)를 키워주려고 한 것이지 감히 사통(私通)한 것은 아니라고 하더니, 이제 다른 사람의 말을 들어보니 자식까지 낳았다고 하니 이것이 나와의 맹서(盟書)에 있는 것이냐? 네가 성 안에 훌륭한 집을 지은 것이 일곱 채에 이르렀으니, 이것도 맹서에 있느냐? 이 같은 몇 가지 일로써 너의 죄를 스스로 헤아리기를 마치거든 가히 이 맹서를 불사르도록 하라."

『고려사』 권 132 열전 45 신돈

그 후 참수된 신돈의 사지는 잘려서 각 고을에 보내졌고 머리는 서울의 동쪽 문에 내걸렸다.

국왕과 다름없는 무소불위의 전권(全權)을 휘둘렀던 신돈이 이렇

듯 허무하게 제거되었던 것은 그의 권력 기반이 오로지 공민왕에게
있었다는 데 기인한다. 즉 국왕의 위임으로 모든 권력을 행사했던
신돈은 자신이 펼친 개혁이 제대로 이루어지지 않자 홀로 그 책임
을 떠맡아야 했다. 어찌 보면 국왕을 대신하여 개혁을 추진하고 국
왕 대신 목숨을 내놓았던 것이다. 그의 죽음은 곧 공민왕의 죽음이
었고 또한 고려가 펼친 마지막 개혁의 실패였다.

26

최영(崔瑩)의 선택과 위화도회군

고려 말기 혼란한 대내외 정세 속에서 국가와 운명을 함께한 영웅 최영(1316~1388)은 죽은 지 수백 년이 지난 오늘날에도 신격화되어 있다. 그는 고려의 마지막 충신이며 청렴한 자세를 평생 견지하였던 인물로, 긍정적인 평가를 받기에 충분한 외적 요소를 갖추고 있었다. 그래서 아버지의 유언인 "황금 보기를 돌같이 하라."는 명언이 그의 대명사처럼 일반인들에게 널리 알려졌을 것이다. 그러나 한편으로 그는 고려 멸망의 책임에서 자유롭지 못하다. 고려의 멸망을 이끌었던 '위화도회군'을 이성계가 단행하게 되었던 배경에는 그가 추진했던 '요동정벌' 계획이 있었기 때문이다.

용맹으로 맹위를 떨친 노장

최영은 고려의 최고 명문가인 철원(鐵原)최씨의 일원이었다. 그러나 자신의 직계 조상 쪽에는 고위직에 오른 인물이 많지 않았다. 더구나 그의 아버지는 종6품의 관직을 지냈으나 최영이 16세 되던 해

최영의 초상화 서울 마포구 옛 광흥창 인근에 있는 공민왕 사당에 위치해 있다.

에 요절하였다. 즉 최영은 당대 최고의 가문 출신이었지만, 어린 시절 유복한 생활을 누리지는 못했다.

최영은 35세에 우달치[于達赤]로 정계에 발을 들여놓았으나, 본격적으로 출세의 길에 올랐던 때는 공민왕 원년(1352)이었다. 그 해에 일어난 조일신의 반란*의 진압에 공을 세워 호군(護軍)으로 임명되면서부터였다. 그 후 공민왕 3년에 한족(漢族)의 반란에 제대로 대처하지 못한 원나라가 원병을 요청하자 고려는 유탁(柳濯) 등 장수 40여 명과 군사 2천여 명을 원에 파견하였는데, 최영도 참여하였다. 그는 수십 차례 전투를 치르면서 원나라의 쇠망함을 보았고, 이를 계기로 공민왕 5년 5월에 단행된 반원정책에 적극 가담하게 되었다. 그리하여 최영은 압록강 서쪽 영토를 공략하여 고려의 옛 영토를 회복하려는 공민왕의 반원정책에

---

* 공민왕 원년(1352)에 조일신이 친원파(親元派)인 기철(奇轍) 등을 죽이고 국왕을 협박하여 정권을 잡았던 변란. 이 변란은 국왕의 최측근이었던 조일신이 주도하였다는 것과 친원파를 제거하였다는 점 등으로 인해, 공민왕이 변란에 어느 정도 관여했을 것으로 보기도 한다.

서 큰 역할을 담당하였다.

최영이 중앙정계에 입지를 굳건히 하게 된 계기는 반란 진압과 왜구 격퇴 등에서 보여준 그의 무력 때문이었다. 공민왕 6년(1357)에 왜구 400여 척을 격파하고, 8년에 서경을 함락한 홍건적 4만 명을 물리쳤으며, 10년에 개경을 점령한 홍건적을 격퇴하여 개경을 수복하였다. 또 12년에는 공민왕을 시해하려던 흥왕사의 변란을 진압하였고, 같은 해 5월에 공민왕을 폐위하고 덕흥군(德興君)을 고려 국왕으로 추대하려는 원나라의 1만 군사를 이성계와 함께 물리쳤다. 이와 같이 일련의 외침과 내란을 진압하는 과정에서 무장세력들이 자연히 득세를 하게 되었는데, 그중에서 가장 눈에 띄는 인물이 최영이었다.

공민왕은 권력 안배와 왕권 강화어 뛰어난 재주를 지닌 인물이었다. 무장세력의 입지가 강화되자, 공민왕은 14년에 신돈을 정권의 전면에 배치하여 권력구조의 재편을 단행하였다. 이에 무장세력의 대표격이었던 최영은 좌천과 유버의 쓴맛을 보지만, 공민왕 20년에 신돈의 제거와 함께 다시 복직되었다. 이후 최영은 무장으로서 이전과 마찬가지로 왜구와 내란의 진압에 큰 공로를 세웠다. 공민왕 23년에 제주에서 반란이 일자, 최영은 양광도·전라도·경상도 도통사로서 정벌에 나섰다. 그런더 그 와중에 개경에서 자제위(子弟衛)가 공민왕을 시해하는 사건이 발생하였다.

우왕이 즉위한 후에도 최영은 야전사령관으로서 수많은 전투에 직접 참여하였다. 우왕 원년(1375)에는 60세 노구를 이끌고 홍산전투(鴻山戰鬪)에 직접 참여하였고, 6년에도 서강(西江)에 침입한 왜구를 격퇴하였다. 특히 홍산전투에서 그의 용맹이 한껏 드러났다. 홍산에서 최영이 선봉에 서서 한 길만 통하는 험하고 좁은 곳으로 길을 잡자, 모든 장수가 두려워하여 앞으로 나아가지 않았다. 이에 몸소 먼저 돌진하다가 숲 속에 숨어 있던 적이 쏜 화살에 입술을 맞았다. 피가 낭자했지만 최영은 얼굴색 하나 변하지 않은 채 적을 쏘아 죽인 후 맞은 화살을 빼냈다고 한다.

첫 번째 선택의 순간, 이인임(李仁任)과의 만남

'청렴함'의 대명사로서 최영의 지위는 그 당시나 지금이나 거의 타의 추종을 불허한다. 그는 아버지의 유언을 평생 명심하여 실천하였다. 재산을 늘리는 행위를 하지 않고 집이 누추하여도 편안하게 거처하였다. 심지어 의복과 음식이 검소하여 여러 번 창고가 비기도 하였다. 또 살진 말을 타며 가벼운 비단옷을 입은 자를 보면 개나 돼지처럼 여겨 세상이 모두 그의 청렴함에 탄복하였다.

그는 왕의 하사품을 여러 번 사양하기도 하였다. 양백연(楊伯淵)[*]을 제거한 뒤인 우왕 6년에 왕은 "그대가 토지를 사양하고 받지 않을 것이므로 다만 철권(鐵券)을 주어 특별한 예우를 표한다."고 하였다. 또 최영이 여러 번 토지를 주어도 모두 버리고 그 세금을 거두지

---

[*] (?~1379) 공민왕대의 무신. 공민왕 12년(1363)의 홍왕사의 변란 진압에 공을 세워 1등공신이 되었고 최영·이성계 등과 함께 왜구 격퇴에 큰 공로를 세웠으나, 우왕 3년(1377) 왜구를 격파한 뒤 전공을 믿고 교만을 부리다가 이인임(李仁任)·임견미(林堅味) 등의 미움을 받아 합주(陜州: 陜川)에 귀양 가서 살해되었다.

않으므로, 우왕은 그 다음 해에 일부러 그의 아버지 무덤 곁에 있는 토지를 주었다고 한다. 우왕 10년에 우왕이 다시 토지를 주었는데, 최영은 국가의 창고가 비었다고 사양하면서 도리어 자신의 쌀 200석을 내어 군사들의 양식을 보조하도록 하였다. 그러자 나라에서는 하는 수 없이 곡식 80석을 내어서 그에 보충해주었다고 한다. 그의 청렴함은 이미 정평이 나 있었던 것이다.

그러나 한편으로 『고려사』는 그를 청렴과 함께 무자비하고 인정 없는 인물로도 묘사하였다. 「최영전(崔瑩傳)」은 "성품이 조금 어리석고 또 학술이 없어 일을 다 자기 뜻으로 결단하고 사람을 죽여 위엄 세우기를 좋아하니, 죽을죄를 저지르지 않았는데도 또한 죽음을 면하지 못한 자가 많았다."고 평하고 있다. 또 군정 다스림이 엄하여 반드시 이기기를 기약하고 군사가 한 걸음이라도 물러가면 곧 베었다고 서술하고 있다.

"군정을 엄히 다스렸고 사람을 죽여 위엄 세우기를 좋아하였다."는 평가는 실제로 몇몇 사례가 입증한다. 공민왕 23년에 제주 반란을 진압하는 과정에서 군사들이 방황하며 진군하지 않자 최영은 한 장수를 베어서 순시하였고, 승리 후에 군사들이 소와 말을 마구 잡아먹자 군사의 머리를 베거나 팔을 끊어서 순시하였다. 그러자 군졸들이 두려워하여 감히 군법을 범하는 자가 없었다고 한다. 또 우왕 3년에 사열하다가 대열이 바르지 않자, 최영은 왕에게 "원컨대 신은 대오(隊伍)의 장(長)을 베겠나이다."라고 청하였다. 그러자 우왕이 "그대는 이미 (다른 사람을) 죽이지 않았느냐? 죄가 중하면 매 치고 가벼우면 용서하라."고 하였다고 한다. 군정을 엄하게 하기 위해 과도하게 사람을 죽이는 최영의 성품에 우왕이 제재를 한 것이었다.

정적의 제거에서도 그의 독선적 면모가 엿보인다. 우왕 14년에 요동정벌을 의논하는 과정에서 이자송(李子松)이란 인물이 반대의견을 제시하였다. 그러자 최영은 임견미(林堅味)에게 아부하는 사람이라고 그를 몰아붙이고는, 귀양 보냈다. 그리고 마침내 그를 죽였다고 한다. 여기서 우리는 자신에 대한 반대에 강한 거부감을 갖는 최영의 독선적인 면모를 볼 수 있다.

물론 이는 고려 말의 혼란기를 살아간 지도자로서 사회 개혁의 차원에서 행한 '엄격한 법집행'이었다고 볼 여지도 있다. 엄격한 법집행의 원칙에 있어 자신의 친인척도 봐주지 않았기 때문이다. 우왕 원년에 최영의 조카사위인 안덕린(安德麟)이 함부로 사람을 죽여 헌사(憲司)에 보내졌는데, 이때 최영은 순위부(巡衛府)의 책임자였다. 이에 최영의 위신을 염려한 도당(都堂)은 안덕린의 죄를 가볍게 하고자 하여 순위부로 옮겨 가두도록 하였다. 그러나 최영은 도리어 노하여, "내 사위가 무죄한 사람을 죽였으니 헌사가 마땅히 결단해야 할 것이다. 하물며 내가 순위부에 있으니 어찌 마땅히 국문하겠느냐."라고 하고는 사위를 헌사에 돌려보냈다.

그런데 이러한 그의 투철한 법집행 정신은 이인임과의 만남을 계기로 오점을 남기게 된다. 우왕 전반기에 불법과 탈법의 원흉으로 지목되었던 이인임 세력과 연합정권을 형성하였던 것이다. 즉 이인임은 당시 임견미·염흥방(廉興邦)과 함께 토지의 겸병·매관매직 등 불법을 많이 저지르던 인물이었는데도, 최영은 그들과 연합세력을 형성하고 군사적 기반을 제공하였다. 비단옷 입은 사람도 개나 돼지처럼 여겼던 그가 왜 그랬을까?

최영이 이인임의 불법행위를 몰라서 그랬던 것은 아니었다. 일찍이 이인임에게 "국가에 어려움이 많은데 공(公)이 수상(首相)이 되어 어찌 근심하지 않고 다만 가산(家産)만 생각하느냐."라고 일침을 놓은 적이 있었기 때문이다. 철두철미한 법집행으로 유명한 그의 성품대로라면 임견미·염흥방과 같은 인물을 개나 돼지처럼 취급하여 상종도 하지 않았을 텐데, 그는 도리어 그들과 연합세력을 형성하고 그들의 정적을 적극적으로 제거해주었다.

이인임에 대한 그의 모호한 태도는 권좌에서 쫓겨난 이인임을 처리하는 과정에서도 엿볼 수 있다. 최영은 임견미와 염흥방 무리를 처벌하면서 어떠한 정상 참작도 없이 1천 명에 이르는 관련 인물을 처형하고 가산을 몰수하였다. 개중에는 선정을 베풀어 백성들의 추앙을 받던 사람과 집에 한 섬도 모아 둔 것이 없다고 알려진 청렴한 인물이 포함되었다고 할 정도로 그의 처사는 매우 가혹했다. 그러나 이인임에 대해서만은 "그가 계책을 결정하고 대국(大國)을 섬겨 국가를 안정시켰으니 공로가 허물을 덮을 만하다."고 하면서, 그와 그 일족에 대해 유배 이상의 조치를 취하지 않았다. 이로 인해 그는 "대법(大法)을 알지 못하여 위로 천심(天心)을 어기고 아래로 인망(人望)을 어겨 괴수를 놓아주었다."거나 "정직한 최공(崔公)이 사사로운 정으로 늙은 도적을 살렸다."는 당대의 비난을 감수해야만 했다.

청렴과 원칙주의자로 추앙을 받던 그였지만, 이인임과의 만남·연합은 인생의 최대 오점이 되어 비난의 칼끝이 자신을 향하도록 하였다. 이인임과의 만남이 그에게는 인생의 최대 고비이자 실패의 시작이었다. 그가 권력을 나누어 가질 파트너로 이인임을 선택한 순간, 새로운 정치세력으로 부상하고 있던 신진사류(新進士類)들은

이성계를 선택했기 때문이다. 그리고 그것은 이후 최영의 몰락과
고려의 멸망으로 이어지는 첫 발걸음이 되었다.

역사의 선택, 위화도회군

최영이 다시 한번 선택의 기로에 서게 된 때는 이인임 일파를 제
거한 후 최고 권력자의 자리에 있었던 우왕 후반기였다. 개인으로
서 최영에게 이 시기는 또 하나의 선택의 순간에 불과했지만, 한편
으로 '고려 멸망과 조선 건국'이라는 대변동의 시기이기도 했다. 즉
그의 선택은 곧 역사의 선택이기도 했다.

당시 중국에서는 대륙의 주인이 몽고에서 한족으로 바뀌는 대변
동이 일어나고 있었다. 그리고 대륙 주인의 교체는 곧이어 고려에
게 선택을 강요했다. 대륙의 새 주인인 명나라가 우왕 14년 3월에
갑자기 압록강변에 철령위(鐵嶺衛)를 설치하겠다는 일방적인 통보
를 보내왔던 것이다.

요동도사(遼東都司)가 승차(承差) 이사경(李思敬) 등을 보내어 압록
강에 이르러 방문을 붙이기를, "호부(戶部)가 황제의 명령서를 받들
어 철령(鐵嶺)의 이북(以北)과 이동(以東)과 이서(以西)는 본래 개원
(開原)에 소속하였으니, 그 관할하의 군인은 한인(漢人)·여진(女
眞)·몽고·고려를 막론하고 그대로 요동(遼東)에 소속한다."고 하
였다.

『고려사』 권 113 열전 26 최영

본래 압록강 일대의 땅은 행정구역상 몽고가 관할하였던 개원에 소속되어 있었고 이제 명나라가 몽고를 대신하여 대륙의 주인이 되었으니, 그 일대의 땅은 이제부터 명나라가 소유한다는 것이 그들의 논리였다. 그리고 명나라는 이상의 논리를 내세워 별안간 압록강 주변의 땅과 인민에 대한 권리를 일방적으로 선포했다.

고려로서는 선택의 순간이었다. 또한 당시 최고 권력자였던 최영 개인으로서도 모든 것을 책임져야 하는 선택의 순간이었다. 최영은 재상들을 소집하였다. 요동을 정벌하여 명나라와 대립각을 세울 것인가, 아니면 철령 이북의 땅을 내어주는 굴욕적인 화친(和親)을 감내할 것인가에 대한 의견을 듣기 위해서였다. 재상들은 대개 철령 이북의 땅을 내어주는 것에 반대하면서도, 전자의 의견에 쉽사리 찬동하지 못했다. 결정은 최영의 몫이었다.

최영은 굴욕적인 화친 대신 요동정벌을 선택하였다. 그리고는 요동정벌에 반대한 사람을 귀양 보낸 흐 죽여, 자신의 의사를 대내외적으로 확고히 했다. 정벌의 불가함을 네 가지로 조목조목 역설한 이성계의 의견을 묵살하고, 그로 하여금 군대를 이끌고 요동을 정벌하도록 강박하였다.

그러나 정벌의 강행은 명나라의 강압적이며 일방적 조치에 대해 무장으로서 울분을 참지 못해 둔 무리수였다. 당시 대외정세를 고려해볼 때 그의 대책은 무모했다. 하지만 그것은 어디까지나 나라에 충성하는 그 나름의 방식이었다. 그리고 이성계가 위화도회군에 성공했을 때, 그는 자신의 선택에 책임을 져야 했다. 그로서는 어쩔 수 없는 불가피한 정치적 선택이었지만, 그에게 남겨진 것은 죽음뿐이었다.

위화도

이성계가 회군을 단행한 위화도는 평안북도 의주군 의하면에 딸린 조그마한 섬이다 당대인은 정치가로서 최영의 행적에 대해서 "공로는 일국(一國)을 덮었으나 죄는 천하에 가득 찼다."고 했다. 그러면서 한편으로는 그의 요동정벌에 대해 "그 정을 생각할 때, 최영이 요동을 친 것은 나라의 영토가 삭제되는 것을 차마 좌시할 수 없었기 때문"이라고 평하였다. 그의 처형을 주장한 사람즈차 "최영의 공으로서 불행하게 이런 반역의 죄가 있었으니 (그의 처형은) 진실로 일국이 차마 하지 못할 바"라고 하였다. 비록 죄인으로 처형되었지만, 당대인들도 그의 요동정벌이 당시 상황에서 불가피한 정치적 선택이었음을 이해하였던 것이다.

참고문헌

1) 姜聲媛, 「妙淸의 再檢討」, 『국사관논총』 13, 1990.

2) 강은경, 「고려후기 신돈의 정치개혁과 이상국가」, 『韓國史學報』 9, 2000.

3) 金南奎, 「高麗 仁宗代의 西京遷都運動과 西京叛亂에 대한 一考察」, 『慶大史論』 1, 경남대학교 사학회, 1985.

4) 金永壽, 「위화도 회군의 정치 : 최영·이성계의 요동공벌 정쟁과 이색·이성계의 정치개혁·정통성 논쟁」, 『한국정치학회보』 33-1, 1999.

5) 남인국, 「귀족사회의 전개와 동요」, 『한국사』 12: 고려왕조의 성립과 발전, 국사편찬위원회, 1993.

6) 盧明鎬, 「李資謙一派와 韓安仁一派의 族黨勢力; 高麗中期 親屬들의 政治勢力化 樣態」, 『韓國史論』 17, 1987.

7) 李亨雨, 『고려 禑王代의 政治的 推移와 政治勢力 研究』, 고려대 박사학위논문, 1999.

8) 閔賢九, 「辛旽의 執權과 그 政治的 性格(上), (下)」, 『역사학보』 38·40, 1968.

9) 신호철, 「弓裔와 王建과 淸州豪族 一高麗 建國期 淸州豪族의 政治的 性格一」, 『中原文化論叢』 2·3, 忠北大學校 中原文化研究所, 1999.

10) 柳昌圭, 「高麗末 崔瑩 勢力의 형성과 遼東攻略」, 『歷史學報』 143, 1994.

11) 李貞信, 「고려의 대외관계와 묘청의 난」, 『史叢』 45, 1996.

12) 李亨雨, 「高麗 恭愍王代의 政治的 推移와 武將勢力」, 『軍史』 39, 1999.

13) 鄭淸柱, 「新羅末·高麗初 支配勢力의 社會的 性格; 後三國 建國者와 豪族」, 『全南史學』 9, 1995.

14) 朱碩煥, 「辛旽의 執權과 失脚」, 『史叢』 30, 1986.

6

세계 속의 고려

27

세계 속의 고려, Korea

대외활동이 활발했던 고려 왕조의 이미지는 흔히 'Korea'란 단어로 표현된다. 국제무역항으로서의 벽란도(碧瀾渡)와 아라비아 상인의 왕래가 고려 왕조의 대외적 이미지 조성에 큰 역할을 했다.

고려 때는 송(宋)의 장삿배들이 해마다 자주 예성강(禮成江)에 닿았으며, 백 가지 재화(財貨)가 몰려들었다. 고려왕은 예절을 차려서 대우했으므로, 당시에 서적들은 훌륭히 갖추어졌고, 중국의 기물(器物)로서 안 들어온 것이 없었다. 오늘날 우리나라는 뱃길로 중국 남방과 통상을 하지 못하므로 문헌에는 더구나 캄캄하며, 삼왕(三王)* 의 일을 몰랐던 것도 모두 이 때문이다.

『열하일기(熱河日記)』

---

* 명나라가 망한 뒤에 남방으로 도망한 명나라 왕족으로 임시 정부를 조직한 복왕(福王)·계왕(桂王)·당왕(唐王)을 이른다.

개성 예성강과 예성강 철교

대동지지의 벽란도

고려 때 대외무역이 활발했음을 부러운 어조로 언급하고 있는 조
선후기 학자 박지원(朴趾源)의 기록이다. 그 내용만 보더라도 폐쇄
적이었던 조선에 비해 고려가 활발한 대외활동을 펼쳤음은 부정하
기 어렵다. 하지만, 그것은 어디까지나 상대적인 평가에 불과하다.
어떤 국가의 이미지를 상대적인 측면만으로 규정하면 오해의 소지
가 많아진다. 상대적인 것은 어디까지나 상대적인 것으로 남겨두어
야 한다.

세계 불교와 고려의 대외 지향성

고려의 대외적 성격을 지나치게 부풀려서도 안 되지만, 그렇다고
굳이 축소시킬 필요는 없다. 아무리 상대적이라 해도, 고려가 실제
로 대외무역에서 적극성을 띠었던 점을 부정할 수는 없는 일이다.
이는 고려가 그때 당시로서는 상당히 먼 거리에 있는 나라와 간접
적인 교류와 무역을 하였던 사실만으로도 충분히 입증된다.

그렇다면 고려는 왜 대외무역에 적극적이었을까? 고려가 대외적
성격을 갖게 된 요인 중 하나는 불교였다. 불교를 국교(國敎)로 한
고려는 불교사상의 수입에 그만큼 적극적이었다. 왕자였던 의천(義
天)이 국왕과 왕실의 반대를 무릅쓰고 혈혈단신으로 송나라에 밀항
해서 불법(佛法) 전수에 몰두했던 사실로 미루어 보면, 고려의 승려
들이 불교 사상 수입에 얼마나 목말라했는지 짐작할 수 있다.

그러다 보니 자연히 불교사상의 본류인 인도 등의 서역인이 직접
고려에 와서 포교활동을 한 경우도 있었다. 충숙왕 시기에 서역에

서 온 승려 지공(指空, ?~1363)은 고려에서 활동한 가장 대표적인 서역 승려였다. 지공은 원나라의 고승으로, 범명(梵名)은 제납박타(提納薄陀)이며 본래 인도 마갈제국의 왕자였다. 19세의 나이에 남인도의 보명(普明) 밑에서 정진하였으며 그 뒤 중국에 귀화하였다. 그후 고려에 와서 왕사(王師)가 되었다가, 다시 중국의 법원사(法源寺)에 머물면서 고려 승려 혜근(慧勤)에게 선종(禪宗)을 전수하였다. 고려 불교 사회에 미친 지공의 영향력은 상당했다. 훗날 고려와 조선 사회에 불교의 꽃을 피운 대선사 나옹(懶翁)과 무학(無學) 또한 그의 가르침을 받은 인물이었다.

그의 영향력은 승려 사회에 그치지 않았다. 고려에 있을 때 지공선사는 개경의 동쪽에 위치한 숭복사(崇福寺)에 머물면서 따로 연복정(延福亭)에 계율도량(戒律道場)을 만들어 매달 초하루와 보름에 설법하였다. 이에 초하루와 보름날이면 술 마시고 떠드는 사람이 없었고, 푸줏간이 모두 문을 닫을 지경에 이르렀다고 당시의 기록은 전한다. 그의 영향력이 상당했음을 알려주는 대목이다. 또한 경주의 지방 관리였던 이광순(李光順)이란 인물이 지공의 설교에 감복하여 성황당의 제사에 고기를 쓰지 못하게 하고 돼지의 사육을 금지하여, 화가 난 백성들이 하루 동안에 돼지를 다 죽여버렸다고 한다. 광신도에 가까운 모습이라 하겠다.

고려인들은 승려뿐 아니라 일반인들도 쉽게 서역에서 온 승려의 설법을 들을 수 있었다. 서역에서 온 이방인을 전혀 거리낌 없이 받아들였던 고려인의 모습에서, 조선 후기 서양의 선교사들이 우리의 땅에 들어와 숨어 지내면서 포교하였던 장면이 떠오르는 것은 왜일까?

남방인과의 교류

고려가 활발한 대외활동을 펼치게 된 두 번째 요인은 세계 대제국을 건설하였던 몽고, 즉 원나라의 존재와 관련된다. 세계 제국을 건설하였던 원나라에는 그 외양에 걸맞게 수많은 서역인들이 왕래하였다. 색목인(色目人)이라고 불렸던 이들 서역인들은 원나라 조정에서 주로 재정업무를 담당하였는데, 이들 중 몇몇은 고려의 신하가 되기도 했다. 그래서 고려인들은 파란 눈의 '서역인'을 친숙하게 여길 수 있었다.

고려시대에 송이나 아라비아의 상인들이 빈번히 왕래하였다는 것은 익히 알려진 사실이다. 그런데 고려와 교류를 맺었던 나라에는 이들 이외에 동남아시아의 작은 왕조들도 있었다. 즉 당시 이들 나라의 물품이 고려에 수입되었는데, 주로 송이나 아라비아 상인을 통해 들어왔다. 송과 아라비아 상인들은 자국의 물품뿐 아니라 남방 지역의 특산물을 고려에 가져와서 팔았고, 이를 계기로 고려는 남방국가와 간접적인 교류를 할 수 있었다. 그리고 이러한 교류는 고려가 세계 대제국을 건설하였던 몽고에 편입되면서 더욱 활발하게 이루어졌다.

남방 제국과의 교류를 보여주는 사례는 여러 가지가 있다. 충렬왕 19년에 원나라에서 탐라의 다루가치를 교지(交趾, 현재 베트남의 중부지방)로 유배 보낸 적이 있었는데, 다루가치란 원나라에서 고려에 파견한 민정행정관이다. 그런데 당시 고려인들은 이미 교지에 대해 어느 정도 정보를 가지고 있었다.

충렬왕 16년에 정가신(鄭可臣) 등이 고려의 세자를 모시고 원나라에 갔는데, 때에 원의 황제 쿠빌라이가 교지를 칠 것을 의논하게 하였다. 이에 정가신 등이 아뢰기를, "교지는 먼 데 있는 오랑캐이으니, 군사를 피로하게 하여 치는 것이 사신을 보내어 불러오는 것단 못합니다. 만일 그 나라가 미혹함을 잡고 복종하지 않으면 그 때 죄를 성토하여 물리치면 가히 일거(一擧)에 만전(萬全)할 것입니다."라고 하였다. 그의 의견을 옳게 여긴 쿠빌라이는 그에게 한림학사의 벼슬을 내렸다. 또 그가 어느 날 세자를 모시고 있었는데, 어안(御案) 앞에 이상한 물건이 있었다. 그 모양은 크고 둥근데 조금 뾰족하며 빛이 정결하고 곤은데 높이가 1척 5촌 가량으로 그 안에는 술 몇 말을 담을 수 있었다. 쿠빌라이가 이르기를, "이는 마가발국(摩訶鉢國)에서 바친 타조(駝鳥)의 알이다."라고 하면서, 세자에게 이를 보게 하고는 이내 세자 및 신하들에게 술을 하사하였다. 이어서 정가신에게 시를 짓게 하니 즉석에서 "알이 있어 크기가 옹기와 같으니 그 속에 불로춘(不老春)을 간직하였도다. 원컨대 천세수(天歲壽)를 누리셔서 해동인(海東人)에게 남은 향기를 미치게 하소서."라고 하였다고 한다.

또 충렬왕 24년에는 마팔아국(馬八兒國)의 왕자가 고려에 사신과 선물을 보내왔다.

"마팔국왕자 패합리가 사신을 보내와 은사모(銀絲帽)·금수수박(金繡手箔)·침향(沈香) 5근 13냥과 토포(土布) 2필을 바쳤다. 이에 앞서 왕이 채인규(蔡仁揆)의 딸을 승상(丞相) 상가(桑哥)에게 보내었더니 상가가 피살되자 황제가 채씨를 패합리에게 하사하였다. 패합리는 자신의 나라 국왕과 틈이 생겨 원나라에 와서 천주(泉州)에 살았는데,

이때에 이르러 채씨 때문에 사신을 보내 통하게 된 것이다."

『고려사』 권 33 세가 충선왕 즉위년 6월 을축

마팔아국(Mobar)은 인도반도(印度半島) 동해(東海)의 코로만델(Coromandel) 해안에 있는 작은 나라이다. 특히 면포(綿布)의 산지로 유명한 곳으로, 그곳의 면포를 '서양포'라고 불렀던 까닭에 국명을 '서양쇄리(西洋鎖里)'라고도 했다. 이 나라가 갑자기 고려와 교류를 시작하게 된 계기는 위의 기록처럼 당시의 대신이었던 채인규의 딸과 연관된다. 그녀는 일찍이 공녀로 원나라의 승상인 상가에게 시집 갔다가 이 시기에 다시 마팔아국 왕자에게 개가를 하였다. 이때의 교류 내용은 결혼 예물을 고려에 보낸 것이라 할 수 있다.

남방이나 서역의 여러 나라와의 교류는 사실 간접적인 교류가 훨씬 큰 비중을 차지했다. 실상 이들과의 교류는 주로 중국으로의 사신 파견 과정에서 이루어진 경우가 많았다. 특히 중국 황제의 즉위 때 고려를 비롯한 각국에서 사신을 보냈는데, 이를 통해 고려는 간접적이나마 이들 지역과 접촉할 기회를 얻을 수 있었다. 공민왕 19년에 주원장이 중국의 황제로 즉위하였을 때에, 고려·점성(占城, 베트남 남쪽의 나라)·교지 등의 여러 나라가 '신하'라고 일컬으면서 축하사절을 보냈으나 오직 사막지방의 여러 나라에서만 아직까지 축하사절을 보내지 않았던 일을『고려사』가 기록하고 있다. 또 같은 왕 22년에 고려가 새해를 축하하는 사신을 명나라에 파견하였는데, 주원장은 "그 밖의 번국(蕃國)과 원국(遠國) 가운데 점성, 안남(安南, 베트남), 서양쇄리(西洋鎖里), 과와(瓜蛙, 현재의 자바섬), 발니(勃泥, 현재의 보르네오섬), 삼불재(三佛齋, palembang의 국명, 현재의 수마트라섬), 섬라곡

(暹羅斛, 현재의 타이), 진랍(眞臘, 현재의 캄보디아의 옛 국명) 등의 새로
귀부한 나라들도 빈번히 사람을 보내오는데, 이는 또한 그곳의 백성
들을 괴롭히는 것이다. 그 사신이 올 때에는 그에게 말해서 단지 옛
사람의 예에 의거하도록 하라.”고 하면서, 고려에게도 너무 많은
공물을 가져오지 말고 토산물 몇 가지만 가져와 백성의 고통을 덜어
주라는 명령을 내렸다.

당시 새로 중국에서 흥기하던 명나라에 대해 주변의 여러 나라들
이 새로운 관계를 맺으려고 사신을 파견하였고, 그 와중에 고려는
다시 여러 남방의 나라들과 간접적으로 접촉할 수 있었던 것이다.

고려의 길거리를 누볐을 이방인들

간접적이든 직접적이든 서역이나 남방 여러 나라들과의 교류는
곧 인적 왕래로 이어졌다. 공녀 · 환관 · 독로화(禿魯花, 원나라에 보낸
고려의 인질) 등의 각종 형태로 원나라에 머물러야 했던 고려인과 다
루가치 · 겁령구(怯怜口) 등의 자격으로 고려에 파견된 원나라인의
존재는 당시 활발했던 양국 간의 인적 교류를 보여준다.

이 같은 양국 간의 인적 교류는 양국 사람들만의 왕래로 끝나지
않았다. 양국을 통해 ‘눈의 색깔이 다른’ 색목인들도 고려에 입국하
였다. 나아가 색목인이나 회회인(回回人, 아랍인)으로 고려에서 벼슬
살이를 하는 사람들이 배출되기에 이르렀다. 설장수(偰長壽)가 그
대표적 사례다. 그는 공민왕 때에 경순부사인(慶順府舍人)이란 벼슬
을 하던 중에 아버지의 상을 당하였는데, 공민왕은 그가 색목인이

라는 이유를 들어 상복(喪服)을 벗고 과거시험을 볼 수 있도록 했다. 물론 그는 국왕의 은혜에 보답이라도 하듯 과거에 합격하였다. 그리고 계속해서 고려 조정에 벼슬하여 훗날 이성계와 함께 공양왕을 옹립한 공신이 되었다.

또 주목되는 사람은 왕삼석(王三錫)이다. 그는 본래 남만인(南蠻人)인데 성품이 경망스럽고 간특하며 재능이나 기술이 없었다. 일찍이 상선(商船)을 타고 연(燕)나라에 가서 남에게 의지하여 먹고살고 있었는데, 마침 원에 있던 충숙왕과 인연을 맺어 고려로 왔다. 그 후 자신의 의술 재능으로 왕을 잘 섬겨 충숙왕의 총애가 비교할 데 없었다고 한다. 그에 대한 국왕의 총애는 그를 사부(師傅)라고 호칭하였다는 데서 어느 정도 짐작이 간다.

양재(梁載)는 왕삼석의 소개로 고려 조정에서 벼슬을 한 외국인이었다. 그는 본래 연남인(燕南人)으로 왕삼석에게 붙어서 권세를 마음대로 하여 당시 사람들로부터 미움을 받았다. 그러다 왕삼석이 죽은 뒤 연나라로 돌아갔는데, 충숙왕이 마침 원에 가게 되어 다시 국왕의 사랑을 얻게 되었다. 때에 청탁하는 자가 그의 집 앞에 넘쳐나고 뇌물이 공공연하게 행해졌으며, 그의 집에서 사대부가 많이 나왔다고 한다. 당시 그에게 돈을 쓰고 벼슬을 얻은 자가 거의 100여 명에 이르렀는데, 그중에는 최노성(崔老星)이라 불린 색목인도 있었다.

회회인으로는 장순룡(張舜龍)이란 사람이 주목된다. 그의 처음 이름은 삼가(三哥)였는데, 제국대장공주의 겁령구(怯怜口)로 고려에 와서 고위직에 오른 사람이었다. 겁령구는 원나라 공주가 고려에 시집올 때 데려오는 사속인(私屬人)을 지칭하는 말이다. 이들은 본래 본국에서는 노비의 신분에 가까웠지만 원나라 공주의 위엄을 등에 업고 고려에서 행패를 부렸다. 그러다 보니 원나라 공주의 사망 이후에도 본국에 돌아가지 않고 고려에 머물면서 원과의 관계를 이용하여 계속해서 악행을 저지르는 경우도 왕왕 있었다. 장순룡이 그 대표적 인물이었다.

좋든 나쁘든 고려 후기의 고려 영토 내에는 이처럼 많은 이국인들이 벼슬살이를 하거나 무역에 종사하며 살고 있었고, 고려인은 길거리에서 이들과 흔히 마주칠 수 있었다. 그러다 보니 고려인들은 회회인인 만두 가게의 주인이 고려 여인네의 손을 잡는 '망측한' 상황을 자연스레 노래할 수 있었던 것이다. 「쌍화점」을 감상해보자.

쌍화점에 쌍화(雙花) 사라 가고신딘	❖ 쌍화점에 만두 사러 갔더니
회회(回回) 아비 내 손모글 주여이다	❖ 아라비아 주인이 내 손목을 쥐더이다
이 말스미 이 점(店) 밧긔 나명들명	❖ 만약 이 말이 점포 밖으로 나간다젼
다로러 거디러	❖ 다로러 거디러
죠고맛간 삿기광대 네 마리라 호리라	❖ 조그만 새끼 광대(꼬마 심부름꾼) 네가 퍼트린 줄 알겠노라
더러둥셩	❖ 더러둥셩
다리러디러 다리러디러	❖ 다리러디러 다리러디러
다로러 거디러 다로러	❖ 다로러 거디러 다로러

외국인의 마음을 사로잡은
명품과 토종 브랜드

고려가 외국과 많은 교역을 했다는 사실은 고려만이 내놓을 수 있는 명품이 있었다는 이야기가 된다. 고려만의 특산품이 없었다면 굳이 먼 지역 사람들이 고려를 들락날락할 필요가 없었을 것이기 때문이다.

고려는 산을 의지하고 바다를 굽어보며 땅은 척박하고 돌이 많다. 그러나 여러 종류의 곡식이 있고 길쌈에 이롭고 소와 양을 기르는 데 알맞으며 여러 가지 좋은 해산물이 있다. 광주(廣州)·양주(楊州)·영주(永州) 등 3주(州)에는 큰 소나무가 많다. 소나무는 두 종류가 있는데, 다만 다섯 잎이 있는 것만이 열매를 맺는다. 전라도에도 소나무가 있으나, 위의 3주의 풍부함만 못하다. 열매가 처음 달리는 것을 솔방울[松房]이라고 하는데, 모양이 마치 모과[木瓜]와 같고 푸르고 윤기가 나고 단단하다가, 서리를 맞고서야 곧 갈라지고 그 열매가 비로소 여물며, 그 방울은 자주색을 이루게 된다. 고려의 풍속이 비록 과실과 안주와 국과 적에도 이것을 쓰지만 많이 먹어서는 안 되니, 사람으로 하여금 구토가 멎지 않게 하기 때문이다.

고려의 토산물에 대해 언급한 송나라 서긍의 저술 『고려도경』의 글이다. 저자는 고려의 토산으로 가장 먼저 소나무와 솔방울에 대해 언급하고 있다. 지금과 마찬가지로 고려인 역시 솔방울을 안즈와 국 그리고 적의 재료로 사용하였다. 솔방울 이외에도 더덕·복령·밤·앵두와 함께 능금〔來禽〕·청리(靑李)·참외〔瓜〕·복숭아·배·대추 등의 토산물이 서긍의 이목을 끌었다. 다만 재미있는 사실은 고려인은 연근(蓮根)을 감히 따지도 먹지도 않았다는 것이다. 서긍이 그 이유를 묻자 고려인이 대답하기를, "연근은 부처가 탔던 것이기 때문이다."라고 했다고 한다.

물가풍경무늬정병 본래 정병은 맑은 물을 담아 두는 병으로, 한가로운 물가의 모양을 잘 형상화하였다.

모란무늬매병

물가풍경무늬완

외국에 알려진 고려의 대표 명물

외국에 알려진 고려의 대표 물품 리스트는 고려 후기에 원나라에서 보낸 외교문서에 나와 있다.

> "승상(丞相) 안동(安童)이 김유(金裕)·신백천(申百川) 등을 보내어 대령산(大嶺山)의 향백자(香栢子, 향내나는 측백나무 열매)·비자(榧子, 비자나무 열매)·송고병(松膏餠), 지령동(智靈洞)의 전밀(全蜜)·유체인삼(有體人蔘, 사람의 인체 모양의 인삼), 영동군(永洞郡)의 향누룩[香麴子], 남해도(南海島)의 실모송(失母松), 금강산의 석이(石耳, 돌 틈에 붙어 자라는 버섯)·관음송상수(觀音松上水)·풍면송엽(風眠松葉, 소나무 잎의 일종)을 요구하였다."
>
> 『고려사절요』 권 18 원종 9년 11월

당시 원나라 승상 안동의 명령을 받고 고려의 유명 물품을 가져오기 위해 파견된 김유와 신백천은 둘 다 고려인이었다. 김유는 고려에서 일찍이 과거에 합격한 인물이었다. 고려가 한참 몽고와 전쟁을 하던 중에 항복의 의사로 왕족을 몽고에 인질로 보낸 적이 있었는데, 그중 한 사람이 영녕공(永寧公)이었고 김유는 그의 시종이 되어 몽고에서 오랜 기간을 보냈다. 고향 생각에 잠 못 이루던 김유는 승상에게 "바다 동쪽의 3곳의 산에 약물이 있는데, 만일 나를 그곳에만 보내준다면 그것들을 얻을 수 있다."고 했다. 이 말을 믿은 원나라 승상이 물품 목록을 작성해서 그를 고려로 돌려보냈던 것이다.

이들의 파견으로 인해 고려가 곤란에 빠졌음은 불을 보듯 훤하다. 더구나 위에 나열된 물품 중 관음송상수는 본래 고려에 없는 물건이었다. 그런데도 김유는 "낙산(洛山) 위에 있다."고 우겼다. 이에 고려의 국왕은 사람을 시켜 김유와 신백천을 따라가서 구해 오게 했는데, 정작 낙산에 이르자 김유가 말하기를, "풍면송엽만 많이 얻으면 관음송상수는 없어도 무방하다."고 했다. 한편 김유는 '송고병'에 대해 원나라 승상에게 "소나무 위에서 저절로 나는 먹거리"라고 말했으나, 그런 것이 있을 리가 만무했다.

『고려사절요』는 이 모두가 원나라 승상을 속여서 한 말이었다고 평하고 있다. 물론 모두가 거짓은 아니었다. 관음송상수나 송고병은 아니더라도, 향내 나는 측백나무 열매·비자나무 열매·유체인삼·향누룩·석이버섯 등은 고려의 특산품이었다. 그중에서도 의국에 가장 많이 알려진 대표 물산은 단연 인삼이었다.

사람 잡는 고려 인삼

'고려' 하면 떠오르는 대표적 명품은 '고려인삼'이다. 고려인삼에 대한 서긍의 이야기를 들어보자.

인삼의 줄기는 특별히 나는데 어느 지방에나 있으나 춘천의 것이 가장 좋다. 인삼에는 생삼(生蔘)과 숙삼(熟蔘) 두 가지가 있다. 생삼은 빛이 희고 허(虛)하여 약에 넣으면 그 맛이 온전하나 여름을 지나면 좀이 먹으므로 쪄서 익혀 오래 둘 수 있는 것만 못하다. 예로부터 전

하기를, 그 모양이 평평한 것은 고려 사람이 돌로 이를 눌러 즙을 짜
내고 삶은 때문이라 하였지만, 이제 물으니 그것이 아니다. 찐 삼의
뿌리를 포개서 만들기 때문에 그렇게 된 것이다. 인삼을 달이는 데
에도 마땅한 법이 있다.

　서긍도 고려의 인삼에 대해 대단한 관심을 가졌던 모양이다. 고
려의 토산물을 언급하던 중 가장 많은 분량을 할애해가면서 고려인
삼에 대해 소개하고 있다. 또 단순히 인삼의 종류만 언급한 것이 아
니라, 인삼을 찌고 달이는 방법에 유의하여 고려인들에게 물어보고
위와 같은 글을 남겼다.

　그런데 인삼과 관련하여 재미있는 일화가 있다. 고려의 3대 임금
인 정종의 재위 시절에 중추원(中樞院)이 상소문을 올렸다. "임금께
서 내리신 명령을 살펴보니, 인삼 3백 근을 바치도록 하셨습니다.
그런데 요사이 이미 올린 1천 근으로도 임금의 쓰임에 넉넉히 이바
지할 만합니다. 국부(國府)의 공물은 모두가 백성의 고혈이므로 함
부로 거두어들여서는 안 되니, 다시 바치지 않게 하소서." 이러한
상소문이 올라오자, 정종은 싫어하는 낯빛을 보였다. 그러자 이번
에는 문하성(門下省)에서 "전의 임금들께서 즐기고픈 욕심을 줄이고
사치를 없애며 자신을 공손히 하고 몸을 닦으며 자기의 주장을 버
리고 간언을 받아들인 것은, 백성들을 기르고 태평한 업적을 이룩
하기 위해서입니다. 지금 재변이 자꾸 일어나니, 마음을 깨끗이 하
고 스스로를 반성해야 옳을 터인데 어찌 쓸데없는 수요에 허비하여
백성의 고혈을 손상시켜서야 되겠습니까. 중추원이 아뢴 대로 받아
들이소서."라고 했다. 인삼에 대한 임금의 애착이 백성의 고혈을 짤

뻔하다가 다행히 중도에 그만두게 된 일화이다.

그러나 고려의 명품 인삼은 조만간 사람 잡는 물건이 돼버렸다. 고려의 대표적 명품으로 알려진 인삼은 원나라의 황제를 위해 특별히 진상되는 경우가 많았다. 충렬왕 5년(1279)에 중랑장 정복균(鄭福均)을 원나라에 보내어 인삼을 바쳤고, 같은 왕 25년에 장군 이백초(李白超)를 원나라에 보내어 인삼과 고니 고기를 바쳤다는 기록이 전해진다.

인삼이 약초가 아니라 해초(害草)가 되었던 것은 원나라의 극심한 인삼 요구가 계기가 되었다. 충렬왕 3년(1277) 4월에 원나라에 파견되었던 중랑장 조윤통(曹允通)이 돌아왔다. 그는 뛰어난 바둑솜씨로 정평이 나 원 황제의 부름을 받아 원나라에 들어갔었다. 그런데 황제가 그에게 이르기를, "세상에 전하기를, 너희 나라에서 나는 인삼이 매우 좋다고 하는데, 네가 짐(朕)을 위하여 가져올 수 있겠느냐."라고 하였다. 이에 조윤통이 대답하기를, "만일 신에게 캐게 한다면 해마다 수백 근은 얻을 수 있겠습니다."라고 호언장담하였다. 이후 조윤통은 해마다 지방을 순회하면서 백성들을 징발하여 인삼을 캐는 요역에 동원하였는데, 혹 조금이라도 썩고 상한 것이 있거나 제때에 바치지 못하면, 곧 은이나 비단을 징수하여 도리어 자신의 사욕을 채웠다고 한다. 건강에 좋은 특산품 인삼이 인간의 사욕으르 인해 백성을 해치는 도구가 된 것이다. 아니 조만간 인삼은 정말르 사람을 잡았다.

충혜왕 재위시기에, 영부금(寗夫金)이란 인물이 왕명을 받아 강릉도(江陵道)에 인삼을 구하러 갔다. 그런데 때에 인삼이 귀해서 많이 얻지 못하였다. 그러자 영금부는 죄를 받을까 두려워 마음대로 직세(職稅)를 거두고 돌아와서는 의기양양하게 임금에게 이렇게 아뢰는 것이었다. "강릉에 가서 보니, 벼슬에 있던 사람이 시골에 물러가 살면서 백성들에게 폐를 끼치는 일이 매우 많았습니다. 이에 신이 전하를 위하여 그들에게 직세를 징수하여 주·군에 보관하여 두고 전하의 명령을 기다렸습니다. 벼슬이 있으면서 지방에 가서 사는 자가 강릉만 있겠습니까? 전국이 모두 그러하오니, 만일 신의 계책을 따르시면 국가에 유리할 것입니다."

이에 왕이 그의 말을 받아들여 각도에 사람을 파견하여 직세를 징수했다. 직세의 내용은 6품 이상의 관직을 지낸 사람은 베 1백50필, 7품 이하는 1백 필, 산직(散職)은 15필이었다. 직세를 거둔다는 소문이 퍼지자, 사람들은 가족을 데리고 산으로 올라가거나 배를 타고 달아났다. 이에 사자들이 숲에 불을 질러 엄하게 수색하자 불똥이 그들의 친족에까지 미쳐 백성들이 매우 원망하였다고 한다. 그러던 어느 날 직세의 압박을 견디지 못한 경상도의 전직 하급관료가 딸과 함께 자살하는 일이 벌어졌다. 그 하급관료는 집이 몹시 가난하여 가산을 다 팔아도 직세의 액수를 충당할 수 없었다. 아버지가 욕을 당하는 것을 마음 아프게 여겼던 딸이 자신의 머리카락을 잘라 베〔布〕로 바꾸어 납부하고는, 부녀가 함께 목을 매어 죽었던 것이다. 인삼이 결국에는 사람을 잡고야 말았다.

이러한 인삼이 어쨌거나 고려의 대표적 명품이었던 것은 틀림없는 사실이다.

세 가지에 다섯 잎이
양지를 등지고 응달로 향했구나

「열하일기」

위의 시는 중국의 문헌에 흔히 실려 있는 「고려인삼찬(高麗人蔘讚)」이라는 글이다. 이러한 시가 읊어지고 각종 문헌에 실려 있다는 사실 자체가, 고려의 대표 명품으로서 인삼이 중국인에게 어느 정도 각인되었는지를 여실히 보여준다고 하겠다.

종이와 먹의 나라, 고려

외국에서도 그 품질을 인정받았던 고려의 제품이 몇 가지가 있었다. 흔히 알고 있듯이 고려청자도 그중 하나이다. 그런데 청자뿐단 아니라 고려는 종이를 잘 만드는 나라로도 유명했다.

종이는 전혀 닥나무만을 써서 만들지 않고 등나무를 간간이 섞어 만든다. (고려인의 종이는) 다듬이질을 하여 다 매끈하며, 좋고 낮은 것의 몇 등급이 있다.

고려의 종이에 대한 『고려도경』의 기록이다. 닥나무와 함께 등나무를 섞어 만들지만 품질이 매끈하다고 서긍은 언급하고 있다. 그런데 종이를 만드는 과정은 매우 힘들어, 백성들에게는 그것이 큰 고역의 하나였다. 공장에서 만드는 게 아니라 백성의 노동력을 착

취하여 종이를 생산했기 때문이었다. 그런데 지배층은 이러한 백성들의 어려움을 제대로 헤아릴 줄 몰랐다.

충렬왕 시기에 감찰사(監察司)가 "여러 도의 지방관들이 임금에게 바친다는 명목으로 백성에게 비단·가죽·포·과일·종이 등의 물건을 거두어 권귀(權貴)에게 뇌물로 보내니, 자기가 올바르지 않고서 어찌 능히 다른 사람을 바르게 할 수 있겠습니까?"라고 상소하였더니, 임금은 "닥나무는 땅에서 나는데, 종이를 거두는 것이 백성에게 무슨 폐가 되는가?"라고 되물었다고 한다. 이에 옆에서 모시고 있던 신하가 "신이 일찍이 전주 지역의 지방관으로 있을 때 종이를 만드는 것이 매우 고됨을 알았는데, 지금 관직이 높으면 그만큼 종이를 많이 사용하게 되니 백성에게 매우 부끄럽습니다."라고 대답하였다. 그러자 왕은 다만 종이를 제외하고 나머지 모든 물건은 전과 같이 바치도록 하였다고 한다. 이렇듯 당시의 국왕은 종이를 만드는 것이 백성들에게 얼마나 큰 고통을 주는 일인지 전혀 모른 채, 종이는 그저 닥나무만 심으면 그곳에서 저절로 나는 것으로 알고 있었다. 이런 상황에서 백성을 위한 제대로 된 정책이 나올 리 만무했다.

종이 이외에 중국에 알려진 물품으로 묵(墨), 붓 그리고 나전(螺鈿)이 있었다. 『고려도경』에서는 묵에 대해 "송연묵(松煙墨, 소나무를 태운 그을음을 원료로 하여 만든 먹)은 맹주(猛州)의 것을 귀히 여기나, 색이 흐리고 아교가 적으며 모래가 많다."고 악평을 했고, 붓에 대해서도 "고려의 황호필(黃毫筆, 족제비의 털로 만든 붓)은 연약해서 쓸수가 없다."고 하였다. 다만 나전은 "그릇에 옷〔漆〕 칠하는 일은 그리 잘하지 못하지만 나전(螺鈿)하는 일은 세밀하여 귀하다고 할 만하다.”는 긍정적 평가를 하였다.

서긍에게 그리 좋은 평가를 받지는 못했지만, 고려는 스스로 대표적 특산물로 나전과 함께 먹과 종이를 꼽는 데 주저하지 않았다. 이는 외국과의 중요 왕래에 선물로 종이와 먹을 빠짐없이 이용하였던데서 알 수 있다. 정종 4년(1038) 7월에 거란에 바친 조공 물품 중에큰 종이와 가는 먹〔細墨〕이 포함되어 있었다. 또 문종 34년(1080) 7월에 송나라에서 보낸 외교문서에 고려가 송에 보낸 물품의 목록이 기재되어 있는데, 대개 의복용 비단·용무늬를 새겨 넣은 휘장〔畵龍帳〕·금은으로 도금하고 가죽으로 싼 기장(器仗)·화살·말 등과 함께 큰 종이 2,000폭(幅)과 묵 400정이 포함되어 있었다. 물론 황제에게 따로 바친 물건 중에는 삼(蔘) 1,000근과 나전으로 장식한 수레〔螺鈿裝車〕가 있었다. 그런데 외교 선물용으로 애용되었던 먹은 종이만큼이나 만드는 과정이 매우 까다로웠다.

“문방(文房)의 네 가지 보물은 모두 선비에게 요긴한 것인데, 그중에서도 오직 먹 만들기가 가장 어렵다. 그러나 서울에서는 모든 보배로운 물건들이 모이는 곳이라 구하기가 쉽다. 그러므로 사람들이다 귀하게 여기지 않는다. 내가 맹성(孟城)의 수령으로 나갔을 때, 도독부(都督府)의 공문서를 받들어 어묵(御墨, 임금이 사용할 먹) 5천 정을 만들어 올려야 했는데, 기한이 늦어도 봄까지는 바치게 되어 있었다. 그래서 급히 공암촌(孔巖村)에 이르러 백성들을 다그쳐 송연(宋煙, 소나무 그을음) 백 곡(斛)을 채취하게 하고 솜씨 좋은 장인을 모아몸소 독려해서 두 달 만에 끝마쳤다. 얼굴이며 의복이 그을음 일색이어서 다른 곳으로 옮겨, 빨리 닦고 오랜 고초를 겪은 후에 맹성으로 돌아올 수 있었다. 이후로 먹을 보면 비록 한 마디 작은 것이라도 천금처럼 중히 여겨져 감히 소홀히 볼 수가 없었다. 따라서 세인들이 쓰는 종이·비단 같은 것들이 다 이와 같은 것들이라 생각했다. 옛 사람들이 농민의 고생을 민망히 여기면서 지은 시에 '쟁반에 밥이 알알이 다 고생덩어리란 것을 뉘가 알리요.'라고 한 것은 실로 인자(仁者)다운 이야기라."

『파한집(破閑集)』

먹을 만드는 과정을 직접 감독했던 이인로(李仁老)가 쓴 글이다. 먹을 만드는 데 고된 백성의 노동력이 소요된다는 사실을 깨달은 그는 이후 작은 먹 하나도 천금처럼 여기게 되었으며, 종이나 비단 같은 물품도 모두 백성들의 피땀이 들어가 있음을 절감하였다고 한다. 외국에까지 품질의 우수성이 널리 알려진 고려의 도자기·종이·먹·비단 등의 물품뿐 아니라, 보잘것없어 보이는 생활용품 하나하나에 이렇듯 백성들의 고된 피땀이 서려 있음을 생각해본다면, 그 하나하나가 모두 명품이 아니겠는가?

29 '황제의 나라'를 표방한 고려

　고려사를 전공하는 필자에게 가장 아쉬운 점이 있다면 고려인이 쓴 자신들의 역사책이 거의 없다는 점이다. 고려사는 『고려사』와 『고려사절요』를 기본 사료로 연구되고 있는데, 아시다시피 둘 다 조선시대에 서술된 역사서다. 따라서 알게 모르게 두 책에는 조선인의 역사인식이 깊게 투영되어 있으며, 조선인의 인식과 현격한 차이가 나는 고려인의 세계관은 삭제되거나 왜곡되어 있다.

　예를 하나 들어보자. 고려는 불교의 나라이다. 자연 불가에 귀의한 승려들이 상당수에 달했을 것으로 짐작된다. 그런데 두 사서에는 승려에 대한 기록이 매우 적다. 심지어 불교사에 커다란 족적을 남긴 승려 지눌(知訥)에 대해 두 사서는 별다른 언급을 하지 않고 있다. 그에 비해 사회적 물의를 일으킨 승려에 대해서는 비교적 자세히 다루고 있다. 물론 불교를 이단시하였던 조선인이 굳이 불교를 좋게 기재하거나 승려에 대한 기록을 자세히 남길 필요는 없었을 것이다.

　그러나 기록에 있어서의 이러한 '조직적' 삭제와 왜곡은 자녀수의 기재에서 그 심각성을 확인하게 된다. 『고려사』의 열전(列傳)은

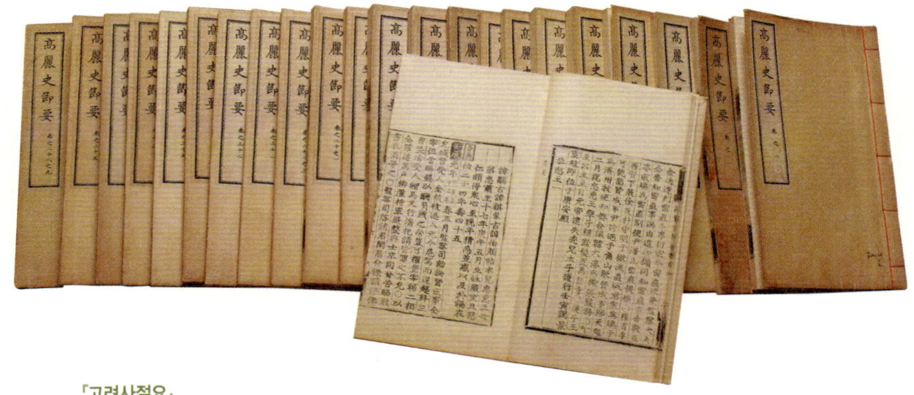

「고려사절요」

대체로 주인공의 자녀가 몇 명인지를 밝히고 있는데, 그 숫자가 실제의 자녀수와 불일치하는 경우가 많다. 이는 대개 자녀 중 출가한 인물을 그 셈에서 제했기 때문이다.

진실은 사막에서 바늘 찾기

두 사서의 고려사 왜곡(?)은 조선 세종대 『고려사』의 편찬과정을 살펴보면 더욱 분명해진다. 현존하는 『고려사』는 조선초 정도전(鄭道傳) 등에 의해 편찬된 『고려국사』를 여러 번 수정하여 문종 원년(1451)에 완성한 것이다. 특히 세종대에 여러 번의 수정 과정을 거쳤는데, 이는 세종이 유교적이고 사대적인 관점이 『고려사』에 실제와 달리 과도하게 투영된 점을 좋아하지 않았기 때문이었다. 예를 들어, 정도전은 '제칙(制勅)'이나 '태자(太子)' 등의 용어가 제후국이 사용하기에는 너무 참월하다고 하여 일률적으로 '교(敎)'나 '세자(世子)'로 고쳐 썼다. 이에 대해 당시 젊은 사관(史官)들은 "고려의 관제와 칭호를 고쳐서 그 실(實)을 없애서는 안 된다."고 주장하였고, 결국 세종은 정도전이 고친 바를 『고려실록(高麗實錄)』의 원문 그대로 환원할 것을 명령하였다.

이상의 과정을 거쳐 현재의 『고려사』가 편찬되었다. 젊은 사관들의 노력으로 그나마 고려의 실상이 많이 복원되었지만, 현존하는 『고려사』 역시 『고려실록』의 원형이 그대로 복원되지는 못했다. 정도전 등에 의해 이미 많은 용어들이 고쳐진 터라 다시 완전히 새르 쓰기도 어려웠지만, 실은 세종의 의견에 완전히 동의하지 않았던 당시의 몇몇 사관들이 왕의 명령을 받아 형식적으로 몇몇 군데의 몇 가지 용어만을 환원하여 편찬하는 데 그쳤기 때문이었다. 『고려사절요』 역시 이 문제에서 크게 벗어나지 못했음은 다시 말할 필요도 없다.

따라서 현존하는 『고려사』나 『고려사절요』를 토대로 고려의 역사상을 올바르게 복원하는 일은 상당히 어려운 작업이라고 할 수 있다. 특히 유교사상 및 사대주의와 일정한 거리를 두었을지 모를 고려인의 세계관을 살펴보는 것은 아마도 사막에서 바늘을 찾는 것과 마찬가지로 어려운 일인지도 모른다.

국왕을 황제로 칭했던 시절

얼마 전 대한민국의 정체성을 묻는 정치인들의 '고담준론'이 한창 진행되었다. 이 시점에서 우리의 선조들은 자신이 살고 있는 나라에 대해 어떻게 인식하고 규정하였는지 궁금해진다. 병자호란 이후 조선인들이 조선을 '소중화'의 나라로 인식하였음은 널리 알려져 있는데, 그렇다면 그 이전의 선조들은 나라의 정체성에 대해 어떻게 인식했을까? 이에 대해 우리는 흔히 강대국인 중국에 이웃해 있던 우리의 선조들이 언제나 스스로 나라를 낮추어 '제후국'으로 규정했을 것이라고 생각해왔다. 간혹 독자적인 연호를 사용하면서 그들과 대등한 위상을 부르짖던 고구려의 광개토왕(廣開土王)이나 고려의 광종(光宗) 시기에 열광하면서, 그 나머지 시기의 대부분은 무력한 제후의 나라였을 것이라고 우리는 스스로를 낮춰왔다. 그러나 고려인의 세계관을 살펴보면 그런 생각이 옳지만은 않음을 곧 깨닫게 된다.

앞서 언급했던 것처럼, 고려에 대한 가장 기본적 사실을 알려주는 '최고'의 역사서인 『고려사』나 『고려사절요』를 통해 조선인의 인식에 배치되는 고려인의 세계관을 살펴보는 것은 상당히 어려운 일이다. 사대(事大)에 어느 정도 길든 조선인이 두 사서를 편찬하면서 사실을 왜곡하였기 때문이다.

그런데 다행스럽게도 『고려사』에는 고려인의 세계관을 엿보게 하는 몇몇 용어들이 남겨져 있다. 『고려실록』의 원문 그대로 환원할 것을 명령한 세종 덕분이라고 할까? 세종은 고려 국왕의 묘호(廟號)와 시호(諡號)를 모두 그대로 쓰고 태후(太后)나 태자(太子) 등의 칭호도 개칭하지 말고, 다만 "크게 천하에 사면령을 내렸다〔大赦天下〕."에서 천하(天下) 두 자를 삭제할 것을 명령하였다. 태후나 태자는 천자(天子)의 나라에서 천자의 어머니와 맏아들에게 사용하는 칭호로, 제후국에서는 쓸 수 없는 것들이다.

이렇듯 제후국에서 사용할 수 없는 용어가 『고려사』에 간혹 기재되어 있다. 우선 고려의 국왕을 '천자'로 호칭한 사례가 눈에 띈다. 『고려사』에서 음악 관련 기록을 고아놓은 「악지(樂志)」에, 고려 국왕을 '해동천자(海東天子)'로 기록하고 있는 「풍입송(風入松)」이란 제목의 노래가사가 있다.

해동(海東)의 천자이신 지금의 황제〔今帝〕 이르러

부처님이 돕고 하느님이 도와서 덕화(德化)가 펼쳤네

깊은 은혜로써 백성을 다스리니

원근(遠近)과 고금(古今)에 이런 선정(善政) 드물다.

외국 사람들도 자진하여 귀순해오고

사방이 무사하니 무장이 쓸 데 없다.

아! 그 성덕(盛德)은 요(堯)임금, 탕(湯)임금인들

이에다 비할쏜가!

태평 시절 즐거워라(이하 생략)

이 노래는 궁정 연회가 끝날 무렵 부른 것인데, 고려의 국왕을 '해동의 천자'이며 '제(帝)'로 칭하고 있다. 풍입송은 가사가 아름다워 훗날 조선시대에도 계속 연주되었는데, 다만 태평성대를 이룬 성스러운 천자는 조선의 국왕이 아니라 명나라 황제로 변경되어 사용되었다고 한다.

국왕에 대한 천자 호칭은 당시 고려인이 가진 본국에 대한 정체성이 '천자의 나라'였음을 단적으로 보여주는 것이다. 따라서 조선인에 의해 왜곡의 과정을 거친 『고려사』에는 국왕을 '천자' 또는 '제'로 호칭한 기록이 위의 노래를 제외하면 거의 없다. 노래가사였기 때문인지, 위의 노래가 거의 유일무이하게 남겨진 기록이다.

그런데 고려인에 의해 서술된 당대의 기록을 보면 국왕을 '황제'나 '제'로 호칭한 예는 좀 더 쉽게 찾을 수 있다. 예를 들어, 고려 문종 15년에 서술된 이자연(李子淵)의 묘지명(墓誌銘)에는 고려의 국왕을 '성황(聖皇)', 즉 성스러운 황제로 기록하고 있다. 또 이자연의 묘지명보다 16년 뒤에 작성된 이정(李頲)의 묘지명에 "오황지자 개아공지생…… 저황급황비 · 친왕등(吾皇之子 皆我公之甥…… 儲皇 及皇妃 · 親王等)"이란 문장이 있다. 이 기록은 경원이씨 출신인 이정의 집안을 자랑하기 위해 서술된 문장으로, 그 뜻은 "우리 황제의 자녀는 모두 우리 공(이정)의 조카이시다.…… 저황 및 황비와 친왕……."이다. 이 기록은 당시 이정의 여동생이 왕비가 되어 그 소생인 왕자들이 모두 그의 조카임을 언급한 것인데, 그들을 부르는 호칭이 모두 '황제'와 관련되어 있다. 우선 조카들이 '황제의 자녀〔皇之子〕'라는 사실을 언급하면서, 아울러 태자를 '저황(儲皇)'으로, 누이를 '황비(皇妃)'로 칭하고 있다.

국왕과 그 자녀를 '황제'와 관련된 용어로 호칭한 사례는 다른 묘지명에서도 여러 건 찾아볼 수 있다. 예종 12년 김계방의 묘지명에 왕비를 '황후(皇后)'로, 의종 10년의 이식(李軾) 묘지명에 왕자를 '황자(皇子)'로, 고종 6년에 작성된 최충헌의 묘지명에는 국왕의 동생을 '황태제(皇太弟)' 즉 황제의 큰 동생으로 기록한 것이 그 예들이다. 이외에도 개경을 '황도(皇都)'로 묘사하는 등, 당시인이 나라의 정체성을 황제의 나라로 인식했음을 보여주는 사례는 더 많이 있다.

『고려사』에 상당수 기재되었으며 고려가 스스로를 황제의 나라로 인식했음을 보여주는 용어로 '왕자'를 호칭하는 말이 주목된다. 『고려사』에는 국왕이 "제왕(諸王)과 재추(宰樞) 등을 불러 연회를 베풀었다."거나 "제왕과 재추에게 차등 있게 물품을 하사하였다."는 기사가 다수 기재되어 있다. 그중 '제왕'은 고려가 황제의 나라였음을 보여주는 대표적 용어다. 제왕은 '여럿'이라는 뜻이 있는 제(諸)와 왕의 합성어로, '여러 명의 왕'이란 뜻이다. 왕조 국가에서 왕은 한 명이어야 하는데, 이렇듯 제왕이라는 용어가 흔히 사용되고 있다는 것은 고려에 여러 명의 왕이 있었음을 반증한다. 다시 말해 고려라는 국가의 일인자는 왕이 아니었음을 나타낸다. 즉 여러 명의 왕 위에 군림할 수 있는 존재가 고려의 일인자이며, 그 일인자는 곧 '황제'나 '천자'일 수밖에 없다.

사실 제왕은 천자의 나라인 중국에서 황제의 아들·형제 등을 흐칭하는 용어였다. 즉 제왕은 황제의 아들이나 형제에게 '왕'의 작위를 내려준 데서 유래하였다. 좀 더 구체적으로 말하면 황제의 아들에게는 각각 '왕'이라는 작위를 내려줌과 동시에 그들을 통틀어 부를 때는 '친왕(親王)'이라 하였다. 친왕이 받은 작위는 그의 적장자 즉 황제의 장손자에게 세습되었고, 그들을 아울러 사왕(嗣王)이라 불렀다. 그리고 이렇게 '왕'의 작위를 가진 사람을 '제왕'이라고 층칭했던 것이다.

이상과 같은 어원을 지닌 '제왕'이 『고려사』에는 수없이 기재되어 있으며, '친왕'이나 '사왕'이란 용어 역시 여러 곳에서 살필 수 있다. 눈썰미가 있는 독자라면 앞서 살핀 이정의 묘지명에 '친왕'이란 용어가 사용되었던 사실을 금방 떠올릴 수 있을 것이다.

세계를 향한 고려인의 유연성

앞서 고려인이 자신의 나라를 '황제의 나라'로 인식하고 규정지었음을 살펴보았다. 그런데 재미있는 사실은 고려인이 자신만을 황제의 나라로 여기고 다른 나라는 오랑캐의 나라라고 폄하하는 편협한 사고에 빠져 있지 않았다는 점이다.

고려인은 자국을 해동(海東)의 천자 나라라고 여기면서도, 황제의 나라인 금나라와 천자의 나라인 송나라의 존재를 그대로 인정했다. 화이관(華夷觀)에 입각하여 중화민족만을 천자의 나라라고 여기며 이웃한 모든 나라를 '오랑캐'로 여겼던 중국인이나, 중국 한족의 왕조만을 '천자의 나라'로 인식하고, 중국대륙을 차지하여 세계를 호령하던 청나라나 원나라를 '오랑캐의 나라'라고 폄하하던 조선인의 세계관에 견주어보면, 고려인만의 독자성을 엿볼 수 있다. 나와 다른 남을 포용하면서 자신의 가슴을 넓힌 고려인의 유연성이 거기에 묻어 있기 때문이다.

물론 이러한 고려인의 세계관에 당시의 세력관계가 전혀 고려되지 않았던 것은 아니다. 여진족과 거란족이 각각 흥기하여 금과 요나라를 건국하였을 때에는 그들의 나라가 '황제'의 나라임을 인정하였다. 그러나 그들이 일개 유목민족으로 흩어져 있었을 때, 고려는 그들을 오랑캐의 무리로 여겼다. 소중화인임을 자처하면서 스스로 고립을 자초했던 조선인에 비해 포용력 아니 국제감각을 유지하고 있었다고 할까?

고려인의 세계관에서 엿볼 수 있는 또 하나의 재미있는 사실은 대외적 역학관계를 무시하면서 자신이 황제임을 고집하지는 않았다는 점이다. 자국이 황제의 나라임을 의심하지 않았지만, 동아시아 세력 판도의 변화에 맞추어 일개의 왕국임을 자임하기도 했다. 국내에서는 황제의 나라이면서도 대의적 판서가 불리한 쪽으로 돌아갈 때는 조금 허리를 굽혀 '왕의 나라'라고 낮추기도 했다. 이를 두고 흔히 고려는 '내제외왕(內帝外王)'했다고 하거나 '이중체제'였다고 한다.

이렇듯 고려인이 황제의 나라임을 자처할 수 있었던 이면에는 자국문화에 대한 자신감이 있다. 그러나 더 근본적 원인은 당시의 대외 역학관계에 있었다. 중국의 한족 왕조가 천하에 군림하면서 위세를 떨쳤던 당나라나 명나라의 시기와 달리, 송 왕조는 군사적인 면에서 약체였다. 송은 언제나 거란·여진·몽고라는 북방 유목민족의 외침에 시달려 허덕이고 있었다. 이러한 상황을 당시 동아시아 국제정세 면에서 보면 한마디로 세력균형 상태였다고 할 수 있다. 거대한 영토를 차지하고 있던 한족 왕조 송나라, 그 북방에서 중국 영토 절반을 차지하고 있던 유목민족, 그리고 그 사이에서 자신의 목소리를 낼 수 있던 고려가 있었다. 대륙의 귀퉁이에 있으면서 중국 한족 왕조의 조그마한 재채기에도 커다란 영향을 받아야 했던 우리 역사 속에서 이와 같은 세력균형은 자신의 목소리를 낼 수 있는 절호의 기회였다.

고려는 이 기회를 놓치지 않고 한껏 만끽했다. 거란족이 쇠망하고 여진족이 막 흥기하던 시기에 송나라 황제 휘종(徽宗)은 그동안 거란족에게 당했던 수모를 갚기 위해 여진족과 손을 잡을 계획을 세웠다. 그러나 아무래도 혼자 힘으로 거란과 여진 양쪽을 상대하기는 벅차다고 여겼는지, 휘종은 자신의 계획에 고려가 동참해줄 것을 요구하였다.

당시 고려 국왕은 예종이었다. 예종은 휘종의 계획에 대해 여우를 잡으려고 호랑이를 끌어들이는 형국이 될 것이라면서 만류하였다. 하지만 휘종은 예종의 충고를 듣지 않았다. 예종의 예언대로 휘종은 여진족과의 연합작전에서 자국의 군사가 약체임을 고스란히 드러냈고, 결국 여진족의 인질이 되고 말았다. 휘종의 계획에 휘말리지 않고 송과 여진의 관계에서 중립을 잘 지켰던 고려는 그 전후 시기에 펼쳐진 여진과의 전쟁에서도 다시 한번 현명하게 대처하여 커다란 손실 없이 양국 간의 관계를 정리하였다.

이후 고려가 동아시아 국제정세에서 누린 위상은 여진족의 금나라가 고려를 황제의 나라로 인정하였던 사실에서 엿볼 수 있다. 동북아시아의 판도변화에 민감하게 대처하면서 자신의 실익을 찾았던 고려의 현명함이 오늘을 사는 우리에게 절실하게 요구된다. 언젠간 통일이 될 우리의 미래를 보며, 강대국의 세력균형 속에서 어떻게 절호의 기회를 놓치지 않고 현명한 외교술을 펼쳐나갈 수 있을 것인가? 이것이 우리에게 남겨진 과제다.

명분과 실리의 현명한 조화,
고려의 '외교술'

대한민국의 외교가 요즘처럼 한심해 보인 적도 없다. 얼마 전 제 나라 '백성'이 이웃 나라에서 범죄로 사형되었음에도 전혀 그 사실을 몰랐다고 하면서 오히려 그 사실을 통보해주지 않은 이웃 나라에 원망을 퍼부었다가 도리어 행정적 '착오'가 있었음이 밝혀져 국제적 망신을 당한 일이 있었다. 또 '인질'로 잡힌 제 나라 백성의 목숨이 경각에 달려 있는데도 제대로 된 정보망 없이 허둥대며 다른 나라의 언론사에 이리저리 끌려 다니다가 아까운 목숨을 앗아가도록 그대로 '방치'한 일이 있은 지도 얼마 되지 않았다. 이런 한심한 작태를 '외교'라고 불러야 할지 의문이다.

그런데 더 큰 문제는 이상의 사실을 특정사건의 처리과정에서 빚어진 '실수'로 치부해버릴 수 없다는 데 있다. 나라 사이의 통상적이며 일상적인 관계에 있어서도 제대로 된 '외교'를 볼 수 없었기 때문이다. 강대국의 눈치만을 살피다가 결국 그들의 논리에 끌려 다니기 일쑤였던 것이 우리의 외교라면 외교이다. 이 점에서 약소국이면서도 대국과의 외교에 적극성을 띠며 주도권을 쥐려고 했던 고려 왕조의 외교에 주목해야 할 필요가 있다.

명분을 선점한 자가 승리하는 세계

고려의 외교가 돋보였던 첫 번째 사건은 성종 12년(993)의 일이었다. 세치 혀로 피 한 방울 흘리지 않고 영토를 얻어낸 것으로 유명한 서희(徐熙)와 관련된, 거란과의 1차 전쟁이 그것이다. 사실 거란과 고려의 관계는 건국 초부터 순조롭지 못했다. 왕건은 926년에 약속을 어기고 발해를 멸망시킨 거란을 오랑캐 나라로 지목하면서 그들에게 적대적 태도를 보였다. 고려가 그들과 맺은 외교의 첫 단추는 그들이 보낸 낙타를 '만부교(萬夫橋)'에 매어두고 굶겨 죽인 일이었다. 즉 국초만 해도 고려는 거란을 오랑캐의 나라로, 상대할 필요

서희와 소손녕의 외교 기록화

도 없는 '하찮은' 유목민족에 불과한 존재로 여겼던 것이다.

그러나 상황은 곧 일변한다. 거란의 야율아보기(耶律阿保機)가 916년에 거란족의 통일을 이룬 이후, 그의 아들인 태종(太宗, 야율광덕)이 중국의 연운(燕雲) 16주를 차지하였고 947년에 이르러 대요국(大遼國)을 건설하였다. 이후 991년에 빼앗긴 연운 16주를 되찾으려고 전쟁을 도발한 송나라 태종을 대패시킴으로써, 거란은 동북아의 강자로 굳게 자리매김하였던 것이다.

송과의 전쟁에서 승리하고 아울러 주변 여진족을 정리한 상황에서 거란은 고려와의 외교에 눈을 돌리게 된다. 중원을 차지하기 위해서 유목민족이 우선적으로 내린 조치는 언제나 배후의 위험요소를 제거하는 것이었다. 요나라를 건국한 거란족뿐 아니라 이후 금나라를 세운 여진족과 원나라의 몽고 역시 같은 수순을 밟아 고려와의 전쟁을 감행했다.

거란은 고려의 성종 12년 5월에 우선 화의를 요청한다. 그러나 고려로부터 별다른 반응을 얻지 못하자, 일단 고려를 침략한다. 지휘관 소손녕(蕭遜寧)은 80만 대군을 거느리고 고려의 봉산군(蓬山郡)을 쳐 고려의 선봉장을 사로잡은 뒤, 고려의 항복을 요구하였다. 그들의 목적은 송과 중국 내륙을 놓고 결전을 펼치기 전에 고려와 송의 동맹관계를 단절하고 더 나아가 고려를 복속시키려는 데 있었다. 하지만 안융진(安戎鎭) 전투에서 고려의 강력한 반격을 받은 후, 거란은 전략을 바꾸어 고려의 항복을 받는 방법을 모색하게 된다.

이러한 상황 속에서 고려 내에서는 거란문제를 둘러싸고 강경파와 온건파의 대립이 벌어진다. 80만 대군에 지레 겁을 먹고 서경 이북의 땅을 할양하자는 온건 세력과 그에 반대하고 거란과의 일전을 주장하는 서희로 대표되는 강경파가 대립하고 있었던 것이다.

그때 고려에게 절호의 기회가 찾아온다. 마침 거란이 재차 남하를 시도하다가 고려군의 요격으로 참패하고 더 이상의 남진을 멈춘 채 고려에게 거듭 항복만 요청하게 된 것이다. 그리고 이러한 거란의 태도에서 화해의 가능성을 탐지한 서희는 자원하여 협상에 나아가게 된다.

당시 거란의 전쟁 명분은 '고구려'의 계승권을 가진 거란이 고구려의 옛 땅을 모두 장악해야 한다는 것이었다. 즉 신라의 계승국인 고려가 도리어 고구려의 영토를 차지하고 있는 것이 잘못이며, 고구려의 옛 영토는 고구려의 진정한 계승자인 자신들에게 소유권이 있다는 것이 그들의 명분이었다. 최근에 중국과 우리나라 사이에서 일고 있는 동북공정을 떠올리게 하는 장면이다.

서희는 소손녕과의 담판에 들어간다. "본국의 국호는 '고려' 다. 국호만 보더라도 고려는 신라가 아니라 고구려를 계승한 나라이다. 당신들의 논리대로라면, 고구려의 영토였던 압록강 동쪽 땅은 고구려의 정당한 계승자인 고려에게 귀속되어야 한다."는 것이 그의 논리였다. 이 담판의 결과 고려는 거란의 침략을 중지시켰을 뿐 아니라 압록강 동쪽 280리에 있는 강동 6주의 영유권을 인정받게 되었다. 말도 안 되는 명분으로 침략을 감행했던 거란에 대해 명분으로 승리를 얻어낸 것이었다.

물론 이 전쟁에서 고려만 실리를 얻었다고 할 수 없다. 거란의 진정한 목적은 고려와 송의 외교관계를 끊는 데 있었고, 전쟁을 통해 그것을 얻었기 때문이다. 즉 고려는 고구려의 계승권을 인정받고 강동 6주라는 영토를 얻었지만, 한편으로 송과의 외교단절을 약속하고 형식적이지만 거란에 복속되는 형국을 취했다. 이러한 결과에 대해 흔히 거란은 명분을 얻고 고려는 실리를 얻었다고 한다. 그러나 어찌 보면, 거란은 '껍데기' 뿐인 명분을, 고려는 고구려의 계승 국이라는 대외적 명분과 영토의 획득이라는 실리를 모두 얻었다고 할 수 있다. 이 점은 거란이 빼앗긴 영토를 되찾기 위해 현종 즉위년에 2차 침입을 단행하는 데서도 알 수 있다.

정보력에서 앞선 고려의 외교, 친아들과 사랑하는 아들의 차이는?

고려의 뛰어난 외교가 돋보인 시기는 몽고와의 전쟁이 한창 진행 중인 때였다. 고려는 세계 대제국을 건설하였던 몽고에 맞서 무려 40년에 가까운 기간 동안 항쟁을 펼쳤다. 몽고의 대외전쟁 역사상 고려만큼이나 끈질기게 항쟁했던 나라는 없었다.

40여 년간 지속된 전쟁에서 몽고가 끊임없이 요구했던 항복조건은 국왕의 친조(親朝)였다. 수차례의 침략과 연이은 국왕 친조 요구에 맞서 고려는 전쟁의 종식을 위해 일단 항복한 이후 갖가지 핑계를 대고 국왕의 친조를 수행하지 않았다.

그러자 몽고는 국왕 대신 태자의 조회를 요구해왔다. 국왕의 친조 요구를 그때그때 임기응변으로 모면해왔던 고려로서도 그들의 이러한 요구를 묵살할 수 없었고, 어느 정도 선에서 그들의 요구조건을 충족시켜줄 필요가 있었다. 그리하여 몽고의 3차 침입 시기인 고종 25년에 고려는 몽고에 사신을 파견하여 철군을 호소하고, 몽고의 철군에 보답하는 형식으로 이듬해 12월에 신안공(新安公) 왕전

(王佺)을 왕의 친동생이라 하여 몽고에 파견하였다. 사실 신안공은
왕족이긴 했으나 국왕의 동생은 아니었다. 그의 계보는 8대 임금인
현종의 8대손이었다. 당시 국왕 고종은 현종의 7대손이었으므로,
부계의 계보로만 따지면 신안공과 고종은 상당히 먼 친척이라 할
수 있었다.

고종 37년에 또 한 번의 위기가 닥치자 영녕공(永寧公) 왕준을
'왕자'라고 하여 몽고에 파견하였다. 물론 그도 왕자가 아니었다.
신안공의 종형(從兄)이라고 하니, 부계 계보상으로는 국왕의 직계로
부터 상당히 먼 친척이라 할 수 있었다.

고려의 이러한 '사기행각'은 고종 40년 무렵에 발각된다. 당시
몽고와의 전투에 지칠 대로 지친 고려의 재상들은 몽고의 요구를
수용하고 전쟁을 종식시키자는 데로 의견이 모아지고 있었다. 이에
고려의 재상들은 태자 대신 왕자를 보낼 것을 의논하였다. 그러나
국왕 고종이 이를 거절하였다. 당시 재상인 최린(崔璘)은 이러한 국
왕의 행동에 대해, "자식을 사랑하는 정은 귀천이 없이 모두 같습니
다. (그럼에도 불구하고) 불행히 사별하는 자가 있는데 전하는 어찌
한 자식을 아낍니까? 지금 백성의 생존한 자가 10명 중에 2~3명이
니 몽고가 돌아가지 않으면 백성이 생업을 잃고 모두 저들에게 투항
할 것이오니, 비록 강화(江華) 한 곳을 지킨다 한들 무엇으로서 나라
라고 하겠습니까."라고 하니, 임금이 마지못해 허락하였다고 한다.

이에 고종의 아들 안경공(安慶公)이 몽고에 파견된다. 당시 몽고
의 황제는 이미 몽고에 인질로 있던 영녕공과 안경공이 친형제라
여겨 그를 매우 후하게 대해주었다. 그런데 그때 사건이 벌어졌다.

당시 고려인 중에는 고려를 배반하고 몽고에 도망해 와서 사는

부류들이 많았는데, 그중 한 명이 황제에게 영녕공이 왕의 친자(親子)가 아니라는 사실을 고해버린 것이다. 화가 머리끝까지 난 황제는 당장 영녕공을 불러들여, "네가 전에 왕자라고 칭한 것은 무엇 때문이냐?"라고 물었다. 그러자 영녕공은 엉뚱하게도 다음과 같이 대답하였다. "신이 어려서부터 궁중(宮中)에서 자라나 국왕을 아버지라 하고 왕후를 어머니라 하였으니, (이제까지 제가) 친아들이 아니란 사실을 알지 못하였습니다." 즉 그는 자신이 국왕의 친아들이 아니라는 사실을 알지 못했다고 발뺌하면서, 자신과 같이 온 재상에게 물어보라고 대답하였다. 이에 황제가 고려의 재상을 불러 자초지종을 물어보니, 그 재상이 더답하기를, "왕준은 곧 국왕의 '사랑하는 아들〔愛子〕'이지 친아들〔親子〕은 아닙니다. (고려가 몽고에) 올린 외교문서가 있으니, 살펴보소서."라고 대답하였다. 기가 막힌 황제가 "애자(愛子)와 친자가 다른 것이 있느냐?"라고 힐문하자, 재상은 "애자는 다른 이의 아들을 길러 자기의 아들로 삼은 경우에 부르는 호칭입니다. 만약에 낳은 아들이면 무엇 때문에 다시 '사랑하는 아들〔愛子〕'이라고 칭하겠습니까?"라고 대답하였다. 친아들을 '사랑하는〔愛〕' 것은 당연하므로, 굳이 친아들을 '애자'라고 칭하지 않는다는 것이었다. 이에 황제가 전에 고려가 올렸던 외교문서를 살펴보게 하였더니, 영녕공을 한결같이 '사랑하는 아들'이라고 호칭하였음이 확인되어 더 이상 묻지 못했다고 한다.

친자·애자 소동은 고려와 몽고의 교류 초기, 고려의 사정에 정확한 정보력을 갖추지 못했을 몽고에 대해 고려가 취하였던 나름의 외교술이라 하겠다.

명분을 내세워 실리까지 얻는다

고종 45년을 기점으로 40여 년간 지속된 대몽항쟁에 커다란 지각 변동이 시작되었다. 그동안 대몽항쟁을 주도해왔던 최씨정권이 붕괴되는 초유의 사태가 발생했기 때문이다. 더구나 고종 40년(1253) 전후 7년간 펼쳐진 몽고군의 적극적 공세에 지칠 대로 지친 고려 조정 내에서는 위기감 조성으로 강화론이 고개를 들고 있었다. 그런데 때마침 고종 44년에 몽고에서 "국왕이 만약 몸소 오면 우리가 곧 회병(回兵)할 것이요, 또 왕자(王子)로 하여금 입조(入朝)하게 하면 길이 후환(後患)이 없을 것이다."라는 메시지가 도착하였다. 결국 최씨정권의 붕괴와 강화론의 형성에 뒤이은 몽고의 항복조건 완화로, 드디어 고려는 고종 46년 4월 태자가 몽고에 입조하게 된다. 40여 년간 지속된 대몽항쟁이 종지부를 찍게 된 것이다.

그런데 그때 행운의 여신이 고려에게 미소를 보내고 있었는지, 훗날 원종이 된 고려의 태자 전(倎)이 몽고로 가는 도중 몽고의 황제가 사망하고 후사가 결정되지 못하는 사태에 직면하게 된다. 몽고에 항복하러 가는 고려 태자의 입장에서 보면 항복의 대상이 없어진 것이었다.

당시 몽고에서 제위를 이을 후보는 전 황제의 동생인 아리크부카(阿里不哥)와 쿠빌라이(忽必烈)가 유력했다. 그런데 객관적 조건은 여러모로 아리크부카에게 유리했다. 몽고에서는 막내아들에게 상속하는 것이 전통이었는데, 아리크부카는 전 황제의 막내동생이었다. 또 황제에 즉위하기 위해서는 쿠릴타이라고 불리는 제실회의(帝室會議)에서 합의가 이루어져야 했는데, 쿠릴타이는 수도인 '카라코룸'

에서 열리게 되어 있었다. 그때 아리크부카는 수도에 있었고, 쿠빌라이는 남송을 정벌하고 있었다. 즉 모든 면에서 아리크부카가 즉위하기 좋은 조건에 있었다.

그런데 이런 상황에서 고려의 태자는 누군가의 이끎이 있었는지, 남송에서 수도로 급히 올라오고 있던 쿠빌라이에게 가서 항복한다. 쿠빌라이는 고려의 태자를 만나자, "고려는 만리(萬里)나 되는 큰 나라이다. 당나라의 태종(太宗)도 몸소 정벌하고도 항복받지 못하였는데, 이제 그 나라의 태자가 스스로 와 나에게 귀복(歸服)하니, 이것은 하늘의 뜻이로다."라고 기뻐했다고 한다. 정말 하늘의 뜻이었는지 무엇 하나 유리한 조건에 있지 못했던 쿠빌라이는 아리크부카를 제거하고 제위에 등극했다.

오래 지속된 몽고와의 전쟁을 종식시키는 순간에 고려에 행운이 찾아들었던 것이다. 끈질긴 항쟁에 대한 선물이었을까? 어쨌든 쿠빌라이는 고려가 자신에게 행운을 안겨주었다고 생각했는지, 이후 양국이 맺은 협약은 승전국과 패전국 사이의 조약이라고 하기에는 퍽이나 어색한 내용들로 채워져 있다. 그 내용을 요약하면 다음과 같다.

1. 고려의 의관(衣冠), 즉 풍속은 본국의 풍속을 그대로 따를 것
2. 사신(使臣)은 몽고 조정에서만 보낼 것
3. 개경(開京)으로의 환도(還都)를 재촉하지 말 것
4. 군대를 철수시킬 것
5. 다루가치(達魯花赤)를 소환할 것
6. 전쟁 중에 몽고에 항복한 고려인들을 돌려보낼 것

  물론 위의 조항은 항복의 조건으로 고려가 몽고로부터 얻어낸 것이므로, 고려측의 요구만 실려 있다. 따라서 이후 실제로 몽고가 공물·공녀·인질뿐 아니라 조군(助軍)의 파병까지 고려에 과도하게 요구했다는 점을 간과해서는 안 된다.

  그렇지만 당시 항복한 고려의 입장에서 보면 요청한 6가지 조건 모두를 쿠빌라이가 허락해주었다는 점과 그 내용이 고려에게 상당히 유리하였다는 점에서 위의 내용은 주목할 만하다. 몽고의 모든 정복국에 설치되었던 다루가치를 소환한다는 조항도 주목되지만, 그중에서도 눈여겨볼 것은 전쟁 중에 몽고에 항복한 고려인들을 돌려보낸다는 조건이다. 고려와 몽고의 전쟁 중에 몽고에 항복했다는 사람이란 고려측에서 보면 반역자지만 몽고의 입장에서는 '충신'에 해당한다. 그런데 고려는 그들의 소환을 강력하게 요청하였고 몽고

 강화읍 관청리에 있는 고려 왕궁터로, 고려 고종19년(1232)부터 원종11년(1270)까지 39년간 고려의 국왕들이 몽고를 피하여 머물렀던 곳이다.

역시 이에 수긍하였다. 패전국이 승전국에게 이러한 요청을 하는 것이 현대의 전쟁에서도 가능할까? 어쨌든 당시 고려와 몽고 사이에서는 가능했던 일이었다. 물론 몽고는 '고려의 반역자'들이 모두 도망하여 찾을 수 없다는 이유를 내세워, 끝내 그들의 소환을 실현시켜주지는 않았다. 그렇지만 교섭 조건에 '반역자의 소환'을 명시하였다는 점만으로도 당시 고려와 몽고의 관계를 충분히 짐작할 수 있겠다.

조약이나 약속을 맺었다고 해서 국가 사이의 관계가 모두 정리되는 것은 아니다. 그 뒤 그것의 이행 여부에 따라 또 다른 관계가 설정될 수 있기 때문이다. 따라서 외교전은 조약을 맺은 이후에도 여전히 진행형이다. 특히 불리한 조약을 맺은 측에게는 그것이 더욱 중요한 과정 중의 하나일 것이다.

고려의 외교력이 더욱 빛을 발한 것은 이상의 교섭 내용을 처리하는 과정이었다. 이상의 6가지 조건 중 고려가 지켜야 할 것은 세 번째 조항이었다. "개경으로의 환도를 재촉하지 말라."는 것은, 환도를 항복조건으로 하되 몽고로부터 그것을 너무 재촉하지 말라는 양보를 얻어낸 것이었다. 그런데 고려가 강화도에서 나와 개경으로 수도를 옮긴 것은 그로부터 10년도 더 지난 이후의 일이었다. 원종이 태자 시절에 출륙환도(出陸還都)를 약속하고 난 이후, 고려 조정이 개경으로 수도를 옮길 것을 천명한 것은 원종 11년 5월 23일이었다.

몽고의 인내력이 바닥을 드러낼 대가 돼서야, 고려는 수도를 개경으로 옮긴 것이다. 물론 개경으로의 이전에 이토록 오랜 시일이 걸린 것은 '외교적 지연전술' 때문만은 아니었다. 원종이 태자로서 몽고에 입조한 이후에도 고려 국내에 대몽항쟁을 주도한 '무인정권'이 건재하고 있었고, 그에 따라 몽고에 복속하기를 끝까지 거부하는 사람들과 그들에 의해 주도된 여론이라는 버팀목이 존재하고 있었기 때문이었다.

그렇지만 강대국의 압력에 그대로 주저앉지 않고 국내의 여론과 여건의 미성숙 등을 핑계로 끝까지 버텼던 고려의 전략이 맞물려 그러한 결과를 이끌어낼 수 있었던 것이다. 국내의 반대여론이 거셌음에도 강대국의 압력을 핑계로 이라크 파병을 '조용히' 단행한 최근 우리의 행태를 떠올릴 때, 씁쓸한 뒷맛을 느낀다.

명분을 거머쥐고 지난한 '인내력'을 동원하여 이웃 나라와의 관계를 차근차근 풀어가는 전략이 오늘을 사는 우리에게 필요하다. 그리고 명분을 한번 잡았을 때 그것을 끝까지 놓지 않고 버티는 모습도 우리가 보고 싶은 장면이다.

물론 고려도 약 100년간 몽고의 간접 지배 하에서 몽고와 친원파(親元派)의 책동에 말려 왕조가 멸망 직전까지 간 적이 한두 번이 아니었다. 그러나 그때마다 고려가 끝까지 잡았던 명분은 '세조구제(世祖舊制)', 즉 쿠빌라이의 약속이었다. "본국의 풍속을 그대로 따르라."는 쿠빌라이의 약속은 곧 왕조를 그대로 유지시켜주겠다는 것이었다. 고려를 몽고에 흡수시키려는 책동이 일어날 때마다, 고려 조정은 틈만 나면 쿠빌라이의 약속과 말을 후대 황제들에게 상기시켜주었다. 그들의 뇌리에 박아놓으려는 듯이. 그리고 그러한 전술은 언제나 유효했다.

참고문헌

1) 高柄翊,「麗代 東아시아의 海上通交」,『震檀學報』71 · 72, 震檀學會, 1991.

2) 金庠基,「麗宋 貿易 小考」,『震檀學報』7, 震檀學會, 1937.

3) 金基德,「高麗의 諸王制와 皇帝國體制」,『국사관논총』78, 1997.

4) 김상기,「해상의 활동과 문물의 교류―예성항(禮成港)을 중심으로―」,『국사상의 제문제』4, 국사편찬위원회, 1959.

5) 盧明鎬,「高麗時代의 多元的 天下觀과 海東天子」,『韓國史研究』105, 1999.

6) 李益柱,「高麗 · 元關係의 構造에 대한 研究―소위 '世祖舊制'의 분석을 중심으로―」,『韓國史論』36, 1996.

7) 박종기,「11세기 고려의 대외관계와 정국운영론의 추이」,『역사와 현실』30, 1998.

8) 朴鍾進,「高麗時期 貢物의 收取構造」,『蔚山史學』6, 1993.

9) 邊太燮,『〈高麗史〉의 研究』, 三英社, 1982.

10) 徐炳國,「高麗 · 宋 · 元의 三角貿易考」,『白山學報』15, 白山學會, 1973.

11) 이정신,『고려시대의 정치변동과 대외정책』, 경인문화사, 2004.

12) 李鉉淙,「南洋諸國人의 來往貿易에 對하여」,『史學研究』18, 韓國史學會, 1964.

13) 全海宗,「麗 · 元貿易의 性格」,『東洋史學研究』12 · 13, 東洋史學會, 1978.

· 역대왕계표
· 찾아보기

고 려 편

1. 태조(太祖) ─ 2. 혜종(惠宗)
(918~943)　　(943~945)

─ 3. 정종(定宗)
(945~949)

─ 4. 광종(光宗) ─ 5. 경종(景宗) ─ 7. 목종(穆宗)
(949~975)　　(975~981)　　(997~1009)

─ 대종(戴宗) ─ 6. 성종(成宗)
(981~997)

─ 안종(安宗) ─ 8. 현종(顯宗) ─ 9. 덕종(德宗)
(1009~1031)　　(1031~1034)

─ 10. 정종(靖宗)
(1034~1046)

─ 11. 문종(文宗) ─ 12. 순종(順宗)
(1046~1083)　　(1083)

─ 13. 선종(宣宗) ─ 14. 헌종(獻宗)
(1083~1094)　　(1094~1095)

─ 15. 숙종(肅宗) ─ 16. 예종(睿宗)
(1095~1105)　　(1105~1122)

─ 17. 인종(仁宗) ─ 18. 의종(毅宗)
(1122~1146)　　(1146~1170)

─ 19. 명종(明宗) ─ 22. 강종(康宗) ─ 23. 고종(高宗) ─ 24. 원종(元宗) ─ 25. 충렬왕(忠烈王)
(1170~1197)　　(1211~1213)　　(1213~1259)　　(1259~1274)　　(1274~1308)

─ 20. 신종(神宗) ─ 21. 희종(熙宗)
(1197~1204)　　(1204~1211)

─ 26. 충선왕(忠宣王) ─ 27. 충숙왕(忠肅王) ─ 28. 충혜왕(忠惠王) ─ 29. 충목왕(忠穆王)
(1298)　　　　　(1313~1330)　　　(1330~1332)　　　(1344~1348)
(1308~1313)　　(1332~1339)　　　(1339~1344)

─ 30. 충정왕(忠定王)
(1348~1351)

─ 31. 공민왕(恭愍王) ─ 32. 우왕(禑王) ─ 33. 창왕(昌王)
(1351~1374)　　(1374~1388)　　(1388~1389)

············ (5世) ············ 34. 공양왕(恭讓王)
(1389~1392)

인명

주제어